日本の365日を愛おしむ——季節を感じる暮らしの暦

日本生活歲時曆

從365日的節氣、活動、特殊節日認識最道地的日式文化與風俗習慣

◎本間美加子 作 ◎蘇暐婷 譯

前言

除了四年一度的閏年以外，一年共有三百六十五天。在這一年裡，有幾天對你而言是「特別的日子」呢？

自己和家人的生日、人生大事的紀念日，令人難忘的那一天……每個人的一生都會不斷累積「特別的日子」。當那天到來，我們或許會緬懷，或許會慶祝，或許會熱烈地聊起回憶，或許會獨自安靜地過……

除了特別的日子以外，回顧過往，會發現隨著年齡增長，一天、一週、一個月，以及一年彷彿過得愈來愈快。長輩也異口同聲地說：「以後還會過得更快。」是啊，每天光是做家事、帶小孩、忙工作，馬不停蹄地過，不知不覺間五年、十年就過去了。安穩的每一天固然可喜，但一成不變的日子卻也令人覺得有些遺憾……

這本書，就是為了讓我們重新認識每一天而誕生的。書裡介紹了一年三百六十五天裡，人們熟悉的節慶習俗、紀念日、代表季節遞嬗的詞彙，並收錄了讓生活多彩多姿的大自然風景及時令食材。不過，這畢竟是由出生於山形縣、目前居住於東京的我所介紹的三百六五十天，或許有人會覺得節慶習俗的內容有誤，或者季節感不對。只要把這些差異想成是日本豐富的多樣性來閱讀就可以了。

解讀一年四季的祭典、節慶、二十四節氣、七十二候，不難窺見日本人每天努力生活的身影，以及對大自然賦予的恩惠與季節輪替的感激之情。大量的紀念日，證明了祖先偉大的發明與功勞，與我們的生活緊緊聯繫在一起。

「珍惜」有「憐愛、重視」的涵義在裡頭。將每天當作「特別的日子」或許很困難，但我們可以「珍惜」它。在資訊爆炸、瞬息萬變的現代，這不正是我們應該具備的心態嗎？當你想在忙亂的日子裡稍微停下腳步時，就沙沙沙地翻翻這本書吧。

願大家能隨著先人流傳下來的節慶、諺語及各式各樣的習俗，珍惜生命中的每一天。

本間美加子

目次

※新曆與農曆的換算每年日期皆不同。本書的二十四節氣、七十二候、各雜節的日期，是以二〇一九年的曆法要項（國立天文台公布）為基準推算出來的。七十二候除了本書介紹的以外，也有其他數種版本。

日本生活歲時曆

日本の365日を愛おしむ——季節を感じる暮らしの暦

從365日的節氣、活動、特殊節日
認識最道地的日式文化與風俗習慣

作者　本間美加子
繪者　井上文香
翻譯　蘇暐婷
責任編輯　張芝瑜
美術設計　郭家振

發行人　何飛鵬
事業群總經理　李淑霞
副社長　林佳育
主編　葉承享
出版　城邦文化事業股份有限公司　麥浩斯出版
E-mail　cs@myhomelife.com.tw
地址　104台北市中山區民生東路二段141號6樓
電話　02-2500-7578
發行　英屬蓋曼群島商家庭傳媒股份有限公司城邦分公司
地址　104台北市中山區民生東路二段141號6樓
讀者服務專線　0800-020-299（09:30～12:00；13:30～17:00）
讀者服務傳真　02-2517-0999
讀者服務信箱　Email: csc@cite.com.tw
劃撥帳號　1983-3516
劃撥戶名　英屬蓋曼群島商家庭傳媒股份有限公司城邦分公司
香港發行　城邦（香港）出版集團有限公司
地址　香港灣仔駱克道193號東超商業中心1樓
電話　852-2508-6231
傳真　852-2578-9337
馬新發行　城邦（馬新）出版集團 Cite (M) Sdn. Bhd.
地址　41, Jalan Radin Anum, Bandar Baru Sri Petaling, 57000 Kuala Lumpur, Malaysia.
電話　603-90578822
傳真　603-90576622
總經銷　聯合發行股份有限公司
電話　02-29178022
傳真　02-29156275

製版印刷　凱林彩印股份有限公司
定價　新台幣660元／港幣220元
2020年12月初版一刷・Printed In Taiwan

ISBN　978-986-408-647-4

NIHON NO 365 NICHI WO ITOOSHIMU --- KISETSU WO KANJIRU KURASHI NO KOYOMI
by Mikako Honma

國家圖書館出版品預行編目(CIP)資料

日本生活歲時曆：從365日的節氣、活動、特殊節日認識最道地的日式文化與風俗習慣 / 本間美加子著；蘇暐婷譯. -- 初版. -- 臺北市：城邦文化事業股份有限公司麥浩斯出版：英屬蓋曼群島商家庭傳媒股份有限公司城邦分公司發行, 2020.12
面；　公分
譯自：日本の365日を愛おしむ——季節を感じる暮らしの暦
ISBN 978-986-408-647-4(平裝)

1. 文化 2. 風俗 3. 生活方式 4. 日本

731.3　　109019162

1月

睦月

むつき

新年到來，全日本一片喜氣洋洋。
來，讓我們滿懷期待，
迎接新的三百六十五天吧。

1日

元旦

距離除夕尚有…………364日

〔二十四節氣〕冬至

〔七十二候〕末候 雪下出麥

一「元」復始，萬象更新

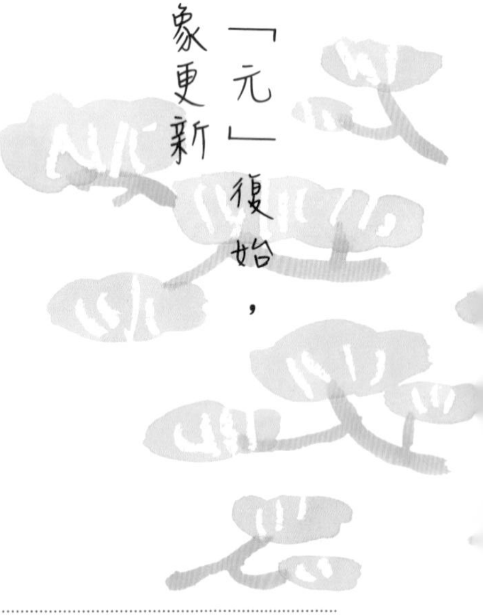

元旦的「元」具有「初始」的涵義，代表新的一年開始。對日本人而言，這是一個非常特殊的日子。

自古以來，日本人便認為新年是由「年神」帶來的。新年時不絕於耳的賀詞「新年快樂」，相傳也是從平安迎接年神與新年的喜悅中誕生的吉祥話。

新年之所以有那麼多習俗、需要那麼多準備，都是為了款待年神。例如在門口與玄關擺放門松與注連繩，就是一種訊號，藉此告訴年神：「我家已經準備好迎神了。」鏡餅除了是祭拜年神的供品以外，也是讓年神降臨的替身，繽紛豐盛的年菜，也都是要獻給年神的。祈福時不可或缺的「祝筷」，兩端尖尖的，一端給年神使用，一端給人們使用，為的也是讓我們能與神明一同用餐。

此外，先人們也很重視隨著迎接年神而來的各種新年「初始」。

例如大年初一的初詣（新年第一次參

●今天的樂趣

【雪下出麥】

「雪下出麥」是新年的第一個七十二候，意思是「麥子從厚厚的積雪下抽芽、探出頭來」。

【一月的別稱】

「睦月」這個稱呼據說是從「親朋好友歡聚一堂、和睦共處」衍生而來。也有「祝月」、「初月」等別稱。

【年菜】

於節氣時獻給神明的菜餚稱為「節供」，後來演變為「御節料理」，最後則專指過年時吃的年菜。年菜盒裡的每一道菜都有吉祥的涵義，例如蛋數纍纍的鯡魚卵，象徵多子多

拜）、初書（新年第一次寫毛筆字），甚至是初夢（新年第一次作夢）、初笑（新年第一次展露笑容）、初湯（新年第一次泡溫泉）、初富士（新年第一次看富士山）、初鏡（新年第一次攬鏡化妝）……以及在一片喜氣洋洋的催化之下，讓人荷包不知不覺變扁的初賣（新年第一次做生意）及初市（新年第一次擺市集）。等初三結束，各地市場還有初競（新年第一次競標），消防隊則有出初式（新年第一次消防演習）。「緣日」是指與各神佛結緣、參拜可累積功德的日子，像這種日子也有初水天宮（新年第一次參拜水天宮）、初藥師（新年第一次參拜藥師佛）、初觀音（新年第一次參拜觀音菩薩）等等……讓人們透過嶄新、神聖、盛大的各種「初始」，祈求一年的繁榮與福氣。

日本有一句代代相傳的俗諺「一年之計在元旦」，也證明了日本人一直以來都很重視「初始」。順帶一提，「旦」字代表的是太陽從地平線探出頭來的模樣，因此在日本，「元日」才是指一月一日，「元旦」則是指一月一日的早晨。

孫；黑豆與健壯同音（日文發音皆為まめ），象徵身體健康等等。

【初詣】

「初詣」源於一種叫「年籠」的習俗，族長或家長會到宗族的神社，從除夕守夜到元旦，以祈求家族興旺。

【若水】

一月一日早晨打起的第一桶水稱為「若水」。人們認為若水具有清除整年晦氣的力量，因此拿它祭拜年神，或在初書時用來磨墨。

1月　睦月

2日

距離元旦經過…………1日
距離除夕尚有…………363日

〔二十四節氣〕
冬至

〔七十二候〕末候
雪下出麥

初夢之日

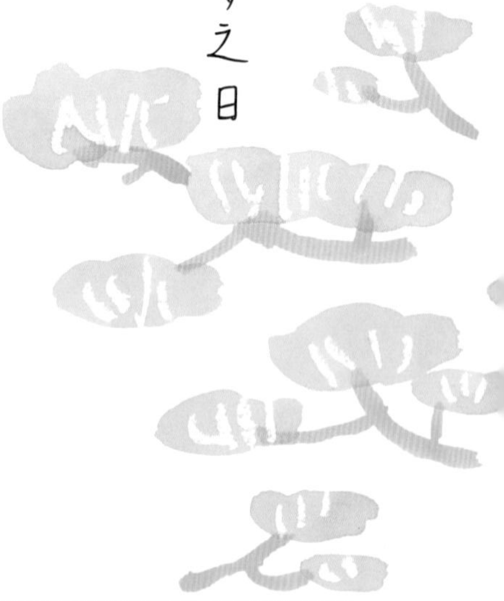

到底哪一天夜裡的夢才算初夢呢？應該很多人都有這樣的疑問。這點眾說紛紜，有人認為是除夕夜，也有人認為是初一或初二的夜晚，不過一般都是指初二夜晚，因為日本人認為凡事始於初二就能大吉大利，因此今天就是「初夢之日」。

自古以來，日本人便將夢視為神佛的啟示，所以新年的第一個夢「初夢」，對於一年的吉凶占卜而言特別重要。為了夢見吉祥的夢，日本人還發明了各式各樣的符咒。

例如室町時代的人，會在枕頭下鋪寶船圖再入睡，江戶時代的人則讓寶船上載滿了七福神。相對的，人們也創造出不少避免惡夢的符咒，有些很簡單，像是「翻枕頭」或是「默念三次『食夢貘』」，借助能吃掉人類惡夢的奇幻生物「貘」的力量來驅趕惡夢。

●今天的樂趣

【初書】

「初書」指的是新年第一次寫毛筆字、畫圖，大多在初二舉行，「初硯」、「吉書」也同樣在這天進行。祭祀菅原道真（學問之神、書神）的京都府北野天滿宮，也會在這天舉辦神前初書儀式「天滿書」，為人們祈求字能愈寫愈好。

【吉夢】

吉利初夢的代名詞「一富士、二鷹、三茄子」，據說都是駿河（靜岡縣）的名產，而那裡正是一統天下的德川家康晚年的住處。

1月　睦月

3日

距離元旦經過…………2日

距離除夕尚有…………362日

〔二十四節氣〕冬至

〔七十二候〕末候　雪下出麥

初三的雨雪帶來豐收

今天是新年頭三天的最後一天。從元旦、初一延續的過年氣氛，將在今天告一段落。雖然門松會擺放到一月七日，但拜年與查看賀年卡、回信等事宜都會在這天結束。

新年的頭三天下雨或下雪，總會令人忍不住蹙起眉頭，但雨雪其實是上天的恩賜，俗稱「御降」，象徵豐收。有「御降」的新年稱為「富正月」，值得好好慶祝一番。

●今天的樂趣

【賀年卡】

寄賀年卡的習俗源於「拜年」，也就是到平日照顧自己的親朋好友家中拜訪、恭賀新年，後來因為郵政制度發達而普及。賀年卡的回函必須趕在一月七日抵達前寄出（在關西，有些地區只要在十五日前抵達即可），若會超過，就要改成隆冬問候（P16）才符合禮數。

【新年點心】

新年時和菓子店會推出特別的點心，最具代表性的就是花瓣餅了。作法是用擀成圓片的麻糬或求肥，將煮得甜甜的牛蒡、白味噌餡、粉紅麻糬包起來。這種花瓣餅以在裏千家㊟的新年茶會登場而聞名。表千家所推出的「常盤饅頭」也是遠近馳名的新年點心，作法是用雪白的皮將若草色的餡裹起來。

㊟日本茶道流派「三千家」之一。另兩派為「表千家」與「武者小路千家」。

◆季節的樂趣

【百合根】

百合根是年菜中常見的菜色，富含鉀，能預防高血壓。這個時節的料理大多重鹹重甜，百合根甘甜微苦的滋味因此特別沁人心脾。

1月　睦月

4日

距離元旦經過	3日
距離除夕尚有	361日

〔二十四節氣〕
冬至

〔七十二候〕末候
雪下出麥

開工

公家機關的新年假期是從十二月二十九日到一月三日，因此初四是新年第一天辦公，稱為「御用始」（啟封，指開工），民間企業則稱為「仕事始」（開工）。

開工是很特別的，人們會在這天立下新希望，祈禱工作順遂或生意更加興隆。各地的證券交易所也會舉行「大發會」（新年第一次開盤），祈求股市長紅。有些公司及部門也會集體參拜神社以提升凝聚力，據說每到這個時節，便有上千間企業前往參拜守護東京大手町、日本橋等日本知名商圈，為人們帶來勝利與成功的神田明神呢。

◆季節的樂趣

【福壽草】

福壽草是毛茛科的多年草本植物，名字很吉利，因此成了過年時大受歡迎的盆栽。別名「元日草」。

●今天的樂趣

【石頭日】

石頭日（いしの日）源自一（い）月四（し）日的諧音。據說在這天摸著石頭許願，願望就能實現。不論是摸地藏菩薩、狛犬、寶石、念珠，甚至是路邊的小石頭都可以。要不要在這天許許看新年願望呢？

1月　睦月

5日

距離元旦經過…………4日
距離除夕尚有………360日

〔二十四節氣〕
冬至

〔七十二候〕末候
雪下出麥

七福神巡禮

「七福神巡禮」是指年初時，造訪各個祭祀七福神的神社或寺廟。這項習俗誕生自江戶時代，從此大為風行，直到今日依然廣受民眾喜愛，全日本甚至有超過兩百處巡禮聖地，許多民眾都會到當地的七福神前招福祈願。能獲得朱印與限時限量的祈福品，是七福神巡禮不退風潮的祕密。

江戶時代的高僧將七福神的神德闡釋為「壽命（壽老人）、有福（大黑天）、人望（福祿壽）、清廉（惠比壽）、愛敬（弁財天）、威光（毘沙門天）、大量（布袋）」。有些七福神巡禮只要徒步數小時就能參拜完畢，不妨藉著巡禮緩解年假時的運動不足，祈求各式各樣的福氣吧。

●今天的樂趣

【七福神】

能為人們帶來福氣的七福神，誕生於室町時代。儘管依時代及地區的不同，陣容有些輪替，但一般都是指上面介紹的七尊神。

七福神中只有惠比壽是日本神，福祿壽與壽老人是道教神，真有其人的布袋和尚來自中國，武神毘沙門天與唯一的女神弁財天來自印度，大黑天則是印度神與日本神的融合體。七福神不分國家、宗教與性別，和樂融融地乘著寶船，為人們帶來幸福，成了最愛討吉利的日本人專屬的福神。

【江戶的七福神巡禮】

江戶最古老的七福神巡禮為「谷中七福神」，約始於兩百五十年前。之後又出現了「目黑七福神（元祖山手七福神）」、「隅田川七福神」。現在，東京已經有超過三十處七福神巡禮了。

【初競】

初五時各地市場都會舉行初競。初競具有提升景氣的涵義，每年居高不下的競標價格俗稱「御祝儀行情」。

1月　睦月

6日

距離元旦經過…………5日

距離除夕尚有…………359日

〔二十四節氣〕

小寒

〔七十二候〕初候

芹乃榮

入寒

今天是「寒中」的第一天「入寒」。

寒中是指從今天開始的小寒與下個節氣大寒合起來的期間，是一年之中最寒冷的季節。

「冬訓」是這個時節的風情詩，也就是在冰天雪地裡習武。頂著瑟瑟寒風鍛鍊身心的人們，彷彿在吶喊「不畏風寒！」為全日本帶來了活力。

儘管年假結束也該收心了，冷颼颼的天氣卻老讓人懶洋洋地躲在棉被裡。若能一鼓作氣鑽出棉被冬訓，除了能提振身心，還能呼吸到冬天早晨特有的清新空氣呢。

●今天的樂趣

【芹乃榮】

出現在小寒初候裡的芹菜，生長在全日本的山野裡，是著名的春天七草之一。有人認為「芹」這個名字源自於它生長繁茂、相互競爭（「競」與「芹」的發音同為「せり」）的模樣。由於初七要吃七草粥，人工種植的芹菜在此時正是出貨量最大的時候，但天然芹菜的盛產期其實要再等一個月。

【出初式】

初六時消防隊會舉辦新年的第一場演習。除了遊行與消防車灑水以外，有些地區也會露一手源自江戶打火隊的雲梯表演。

1月 睦月

7日

距離元旦經過…………6日

距離除夕尚有…………358日

〔二十四節氣〕小寒

〔七十二候〕初候 芹乃榮

七草粥

今天是喝七草粥的日子，據說只要喝下加入「春天七草」——芹、薺、五行、田豐子、佛座、須須子、蕙巴的七草粥，一整年就會平安健康。除了芹與薺以外，其他菜都很少聽過，因為那是鎌倉時代的古籍記載的名字。在現代，五行就是鼠麴草、田豐子就是繁縷、佛座就是寶蓋草、須須子就是蕪菁、蕙巴則是白蘿蔔。

喝七草粥是一種向新葉祈求身體健康的習俗，希望自己也能擁有不畏風寒抽芽的清新生命力。若手邊沒有春天七草，也可以用冰箱裡的葉菜來滋補養身。

●今天的樂趣

【人日節】

一月七日是「人日節」。「人日」來自中國，人們會在這天占卜一年的吉凶，並飲用加入七種嫩葉的湯，這種湯正是七草粥的起源。後來湯演變成粥，江戶幕府又將「人日」訂為官方節慶，飲用七草粥的習俗便普及到老百姓之間了。

【納松】

初七必須撤除擺在大門與玄關、用來迎接年神的門松和注連繩。從元旦開始的新年就此告一段落，象徵新年的「松內」也在今天劃下句點。

◆季節的樂趣

【青菜】

春菊、水菜、小松菜等青菜此時正值盛產期，可以代替春天七草。含七草在內，這些青菜都富含人體於冬天容易缺乏的β胡蘿蔔素，具有提高免疫力、預防感冒的功效。將這些青菜煮成好消化的粥飲用，還能讓年假期間因大魚大肉而疲憊的腸胃好好休養生息。

1月　睦月

8日

距離元旦經過…………7日
距離除夕尚有…………357日

〔二十四節氣〕
小寒

〔七十二候〕初候
芹乃榮

隆冬問候

此時正值嚴嚴寒冬，寄送卡片提醒對方注意健康並問候近況，稱為「隆冬問候」。隆冬問候的時期只限「寒中」，必須於小寒至節分（二月三日）之間寄出才符合禮數。在那之後就算「春寒問候」。

除了季節性的寒暄，「隆冬問候」也能用於居喪時收到賀年卡後的回函、錯過寄賀年卡後的補寄，或是問候居喪中的人。

隆冬問候沒有固定的格式，不過一般都會在開頭寫下「隆隆寒冬、久別問候」，接著再關心對方的生活及健康，並寫下自己的近況。

隆冬問候能透過與賀年卡不同的形式，縮短彼此心的距離。因此別嫌麻煩，快寫一張將關懷送出去吧。

●今天的樂趣

【初藥師】

每個月的八日與十二日是藥師佛的緣日，今天是新年第一個緣日，意義非凡。藥師佛的名字含有「藥師」兩字，代表醫師，祂能治療疾病與傷痛，為人們延年益壽。各地祭祀藥師佛的寺廟都將在今天舉辦法會，前來祈求長壽與一整年健康平安的人潮也駱繹不絕。

【平成開始日】

一九八九年一月八日，日本政府將年號從昭和改為平成，開啟了平成時代。從「大化」算起，平成是第兩百四十七個年號。

1月 睦月

9日

距離元旦經過	8日
距離除夕尚有	356日

〔二十四節氣〕
小寒

〔七十二候〕初候
芹乃榮

機智日

今天是象徵一休和尚的「機智」日，因為一（いっ）月九（きゅう）日與一休（いっきゅう）諧音。

一休和尚是室町時代的禪僧，為人豪爽、一身傲骨，對貧富一視同仁講說禪法，深得百姓愛戴。自從江戶時代出版半杜撰的《一休傳奇》後，一休和尚靠著機智屢過難關的形象便深植人心了。

●今天的樂趣

【機智日】

機智的意思是「聰明靈敏，能隨機應變」。就像一休和尚「對付屏風老虎」一樣，機智問答需要靈活的思維才能破解，可以訓練腦筋轉彎，預防大腦老化。要不要在今天挑戰看看機智問答或猜謎呢？

【前橋初市祭典】

前橋初市祭典是著名的不倒翁產地群馬縣前橋市所舉辦的新春活動，成排的攤販除了賣不倒翁，也兜售各式各樣的吉祥物。

1月　睦月

10日

距離元旦經過	9日
距離除夕尚有	355日

〔二十四節氣〕
小寒

〔七十二候〕次候
水泉動

惠比壽神（十日惠比壽）

今天是七福神的一員惠比壽笑瞇瞇地保佑人們商業興隆的日子，西日本各地祭祀惠比壽的神社，都會在這天舉辦「十日惠比壽」的祭典。

人潮最洶湧熱鬧的，是供奉日本三大惠比壽的西宮神社（兵庫縣）、今宮戎神社（大阪府）、京都惠比壽神社（京都府）。參拜客瞄準的是十日惠比壽限定的祈福品「福笹」。「福笹」是一枝綁著大小金幣、米草袋、鯛魚等吉祥物的守護竹，能招來各式各樣的福氣，使生意興旺。在今宮戎神社可以聽到「賜我福笹、生意昌隆！」的囃子㊟聲響不斷迴盪，而這句話也成了十日惠比壽的代名詞。

福笹的由來眾說紛紜，有人認為是竹子生命力旺盛，因此將繁榮的願望寄託在竹子上；也有人認為竹子直挺挺的模樣象徵了商人正直的風骨。儘管全日本上下都奉惠比壽為福神，但「惠比壽」

●今天的樂趣

【水泉動】
「水泉動」是小寒的次候，代表地底結凍的泉水已融化，開始流動。儘管地面上依然風雪連連，但季節已經一點一點地邁向春天了。

【福男】
西宮神社在今天會舉辦一種儀式，選出該年充滿

一詞其實原本是指「異域者」、「外地人」。古人認為在海岸上擱淺的鯨魚及海豚非常神聖，能使漁獲豐收，便將牠們奉為「惠比壽」來祭祀。後來惠比壽信仰和日本神話中與海相關的神明連結，許多神社開始祭祀惠比壽，大家熟悉的手持釣竿、懷抱鯛魚的形象才逐漸深植人心，惠比壽也成了百姓景仰的商業之神，不僅能帶來魚群，還能帶來幸福。除了「惠比壽」以外，祂還有「惠美須」、「夷」、「戎」等不同的漢字。關西地區自古經濟發達，當地人的惠比壽信仰也更加虔誠，甚至親暱地喚祂「惠比桑」呢。

「惠比壽臉」指的是瞇著眼睛、笑容滿面，據說能招來福氣。今天不妨就學學惠比壽喜笑顏開，祈求開運吧。

註 以笛子、打擊樂器、人聲交織而成的日本傳統伴奏。

福氣的「福男」。早上六點門一開，男子們就會蜂擁而入，朝正殿狂奔。第一名至第三名抵達的參拜者將成為福男，還能榮獲認證。

◆季節的樂趣

【真鱈】

鱈魚的脂肪在這個季節特別肥美，其中又以真鱈為最，精巢的滋味也更濃郁，非常適合煮火鍋。購買鱈魚切片時，記得挑選帶有透明感的。因為透明感會隨著鮮度下滑而消失，魚身也會逐漸發黃。

1月　睦月

11日

距離元旦經過…………10日	
距離除夕尚有…………354日	

〔二十四節氣〕
小寒

〔七十二候〕次候
水泉動

開鏡

「開鏡」是把祭拜年神（帶來新年的神）的供品鏡餅（年糕）撤下，與家人一同享用的儀式。

鏡餅是一種能量食物，蘊含年神的力量。它是吉利的象徵，所以不能用刀子「切」斷。自古以來，日本人都是用木槌等工具敲「開」鏡餅以祈求全家健康興旺，因此就算有些鏡餅禮盒裝的是小包的年糕片，烹調時也不能用刀子切。

放了年糕的烏龍麵稱為「力烏龍」，可見從營養面來看，年糕也是力量的來源。將糯米徹底搗碎的年糕，富含能提供熱量的糖分，含量高於等量的白飯及麵包，而且不需額外調味，相當方便，適合做成早餐當作一天的開始。將神明與食物的力量化為今天的活力開動吧。

●今天的樂趣

【鹽巴日】

最具代表性的年糕菜色非紅豆年糕湯（善哉）莫屬了。為了提襯甜味，湯裡一定要加鹽，而今天恰巧是鹽巴日。約四百五十年前的今天，越後（新潟縣）的武將上杉謙信，將鹽送到了宿敵武田信玄的領民手中，因為其根據地正好位於不臨海而缺鹽的甲斐（山梨縣），而這就是鹽巴日的由來。這一連串事蹟成了諺語「送鹽予敵」（敵に塩を送る）的語源，意思是對敵人施以援手。

1月　睦月

12日

距離元旦經過…………11 日

距離除夕尚有…………353 日

〔二十四節氣〕
小寒

〔七十二候〕次候
水泉動

凍豆腐

每個月的十二日是「豆腐之日」，因為十（とう）二（ふ）與豆腐（とうふ）諧音。豆腐誕生自古中國，於奈良時代傳入日本，之後發展成各式各樣的食品，這個時節需求大增的「凍豆腐」也是其一。將豆腐切片冷凍乾燥，就會產生獨特的口感。這種豆腐相傳是高野山（和歌山縣）寺院的宿坊（供僧侶或信徒留宿的設施）首創的，因此別稱「高野豆腐」。現在，絕大多數的凍豆腐都在長野縣生產。

● 今天的樂趣

【營養價值】

凍豆腐的營養價值極高，素有「一片凍豆腐等於四塊生豆腐」之說。它富含異黃酮，能預防骨質疏鬆症及更年期症狀。大豆蛋白經冷凍乾燥後，會轉變為抗性蛋白，能將易導致慢性病的壞膽固醇排出體外。如今，全球都在關注這種能為人類帶來健康飲食生活的超級食物——凍豆腐呢。

【青梅不倒翁市集】

「青梅不倒翁市集」源自於一五九六年（文祿五年）的以物易物市場。原本不倒翁是與「繭玉」（祈求青梅的主要產業「養蠶」興旺的祈福品）一起發售的配角，如今反倒成了主角。沿著舊青梅街道可以看見許多林立的不倒翁商店。

1月　睦月

13日

距離元旦經過	12日
距離除夕尚有	352日

〔二十四節氣〕
小寒

〔七十二候〕次候
水泉動

野澤溫泉道祖神祭典

野澤溫泉（長野縣）從今天開始到十五日，將舉辦「野澤溫泉道祖神祭典」。「道祖神」是指祭祀在村莊入口或十字路口的神明。能阻擋來自外界的瘟疫以及災難，保佑多子多孫。

野澤溫泉道祖神祭典最有名的，是高達十幾公尺、寬八平方公尺的木架神殿，還有以此為舞台、熱血激昂的男子漢大戰。想要點火的村人，以及正值厄年（男子二十五歲及四十二歲）欲阻止他們的村人，將展開近兩小時的攻防戰，最後拍手賀成，引燃神殿。神殿化為巨大的火柱，人們便向這照亮冬夜的烈焰祈求當地平安與消災解難。

● 今天的樂趣

【道祖神】

「道祖神」又稱「塞之神」、「辻之神」，是東日本及中部地區常見的神祇。模樣千變萬化，有的是圓圓的石頭，有的是稻草人、石像等等。元宵節（一月十五日）時，各地都會舉辦道祖神祭典，特色是大部分都會使用火。

【初虛空】

每月十三日是虛空藏菩薩的緣日，祂能賜予人們無盡的智慧與知識以實現願望。「初虛空」指的是在今天，也就是今年第一個緣日參拜虛空藏菩薩。而「初虛空」也是這個時節的季語㊟。

◆ 季節的樂趣

【醬菜】

此時正好是做醬菜用的葉菜於各地的盛產期。野澤溫泉的名產「野澤醬菜」的材料——野澤菜也是其一，不過在這個季節，當地依然被冰雪覆蓋，所以做醬菜的野澤菜大部分都產自德島。廣島菜（廣島縣）、大和野菜（奈良縣）、土芥菜（千葉縣）等各地醬菜的出貨量也很多。

㊟在俳句中象徵季節的詞彙。

1月 睦月

14日

距離元旦經過	13 日
距離除夕尚有	351 日

〔二十四節氣〕
小寒

〔七十二候〕次候
水泉動

成年禮

長大成人受到社會認可，對每個人而言都具有特別的意義。在今天，日本各地都會舉辦「成年禮」，為年滿二十歲的年輕人慶祝。盛裝打扮的男男女女，令城鎮顯得熱鬧繽紛。

其實近年來，「成年禮」已不再專屬於二十歲的年輕人。像這樣慶祝彼此健康成長、重溫回憶的活動愈來愈多，像是十歲的「二分之一成年禮」、三十歲的「三十成年禮」、四十歲的「雙重成年禮」等等。「同年」總是讓人覺得特別親近，各式各樣的「成年禮」也成了老友敘舊、結識新緣分的契機。

●今天的樂趣

【成年禮】

成年禮是一九四八年（昭和二十三年），為了「替自知長大成人、往後將獨當一面的青年慶祝」而制訂的國民節日。以前都是在一月十五日舉辦，自二〇〇〇年（平成十二年）起，則改成一月的第二個星期一舉行。

【寒九之雨】

入寒（P14）第九天所下的「寒九之雨」，是豐收的徵兆。儘管成年禮碰到下雨有些掃興，但日本人仍將這視為人生會更豐沛的吉兆。

1月　睦月

15日

距離元旦經過…………14日

距離除夕尚有…………350日

〔二十四節氣〕
小寒

〔七十二候〕末候
雉始雊

元宵

對於以元旦為主的新年（大正月），一月十四日至十六日，或者一月十五日，稱為元宵（小正月）。

過去日本使用的曆法是太陰太陽曆，這是由以新月為朔日、經滿月回到新月為一個月的太陰曆，以及以地球繞太陽一周為一年的太陽曆所組成的。換言之就是農曆（舊曆）。

在農曆裡，一月十五日是一年的開始，也是滿月之日。照亮夜空的一輪明月非常吉利，因此人們把一月十五日視為黃道吉日，在這天舉行各式各樣的儀式。在現代，這些儀式仍保留於一月十五日。

最具代表性的，有占卜農作物豐收或歉收的「粥占」、孩子們唱歌驅趕害鳥的「驅鳥」等農務儀式，還有以秋田縣生剝鬼為首的「元宵造訪者」。此外，各地也會舉行將新年裝飾用的門松蒐集起來，與稻草、木材一起點燃的燒火祈福儀式「左義長」。帶來新年的年

●今天的樂趣

【雉始雊】

小寒的末候裡，出現了日本國鳥「雉」，意思是此時雄雉已開始對雌雉求偶，發出「關關」的叫聲。其實雉的繁殖期還要再等一會兒，大概是有些雄雉知道戀愛的季節不遠了，所以提早鳴叫了吧。

神，將乘著烈焰的煙而去，據說吃下用這種火烤過的年糕或糰子，還能預防感冒。此儀式別名「爆竹節」、「御幣燒」、「道祖神祭」，各地的稱呼都不太一樣。

元宵在家喝「紅豆粥」的習慣，源於在一月十五日早晨飲用紅豆粥祈求健康平安的中國習俗。目的是藉著能降妖伏魔的能量食物——紅豆，淨化邪氣、消災解厄。

【簡易紅豆粥】（兩人份）

①洗四分之一杯的米，把水瀝乾。

②將四分之一罐無糖燉紅豆，以及四分之一罐湯汁，用微波加熱約五分鐘。

③在電鍋裡放入①與②、兩百五十毫升的水，加入少許鹽，以燉粥模式熬煮。

【元宵的造訪者】

這指的是戴上面具或喬裝、打扮得稀奇古怪的人，在元宵節時挨家挨戶巡邏、訓誡、賜福的習俗。除了生剝鬼以外，火斑（岩手縣）、加勢鳥（東北、九州各地）也很具代表性。

◆季節的樂趣

【蠟梅】

在這個百花凋零、綠葉枯黃的季節，蠟梅是非常珍貴的色彩。形似梅花的黃色小花微微低著頭，在枝頭綻放。

1月　睦月

16日

距離元旦經過	15日
距離除夕尚有	349日

〔二十四節氣〕
小寒

〔七十二候〕末候
雉始雊

地獄鍋蓋開

「地獄鍋蓋開」指的是世間所有的人都放下工作好好休息，就連地獄的鬼與亡魂也於今天放假。在一月十六日與七月十六日的「閻魔賽日」，閻魔會打開地獄的鍋蓋，讓亡者們脫離折磨。以前傭人、學徒放假的日子「入藪」也與閻魔賽日訂在同一天，因此祭祀閻魔大王寺院的參拜人潮總是駱繹不絕。各地的閻魔堂都會掛上畫有罪犯受苦模樣的畫，提醒世人不能為非作歹。

從新年開始就一直上緊發條的人，不妨趁著「地獄鍋蓋開」的日子，稍微放鬆一下吧。

● 今天的樂趣

【初閻魔】
每月十六日是閻魔大王的緣日。今天是今年最早的緣日，稱為「初閻魔」。相傳源覺寺（東京都）的閻魔大王只要收到蒟蒻當供品，就會當替身代替人們承受病痛，因此素有「蒟蒻閻魔」的綽號。

【入藪】
「入藪」是商家的傭人或媳婦休假回鄉、休養的日子。老闆會在這天準備新衣或簡單的盤纏，慰勞大家平日的辛苦。

【開口念佛】
日本人認為帶來新年的年神厭惡念佛，因此十二月十六日至一月十五日之間禁止念佛。今天是開放念佛的日子，稱為「開口念佛」。這個詞說明了古人認為年神就生活在我們身邊。

【地爐之日】
「地爐之日」來自一（い）月十六（いろ）日與「好爐」（いいろ）的諧音。若家中沒有地爐，也可以圍著暖桌享受團聚之樂。

1月　睦月

17日

距離元旦經過…………16日

距離除夕尚有…………348日

〔二十四節氣〕
小寒

〔七十二候〕末候
雉始雊

飯糰日

一九九五年（平成七年）一月十七日，日本發生了阪神大地震。人們因地震失去家園與食物，為他們帶來勇氣的，是義工親自炊煮、捏好的飯團。之後，政府為了提醒世人莫忘米飯的重要及義工精神，便制訂了「飯糰日」。

日本人自古就吃飯糰，彌生時代的遺跡還出土過飯糰的化石。飯糰在日文別稱「お結び」，語源眾說紛紜，一說來自「結緣」。享用飯糰，不止吃下了食材，也牽起了緣分，是既簡單又美好的傳統食物。

●今天的樂趣

【貫一之陰】

尾崎紅葉的著作《金色夜叉》的男主角貫一，遭未婚妻背叛、分手的日子，正是一月十七日。他悲憤地說這輩子絕不會忘記今晚的月亮，明年也要用眼淚蒙住月光，因此今晚的陰天稱為「貫一之陰」，道盡了男人對心愛女子愛恨交織的心。

◆季節的樂趣

【鱈魚子】

十一月至一月是黃線狹鱈的產卵期，這個季節的鱈魚子肥美而皮薄，鮮味也更濃郁。

1月　睦月

18日

距離元旦經過	17日
距離除夕尚有	347日

〔二十四節氣〕
小寒

〔七十二候〕末候
雉始雊

初觀音

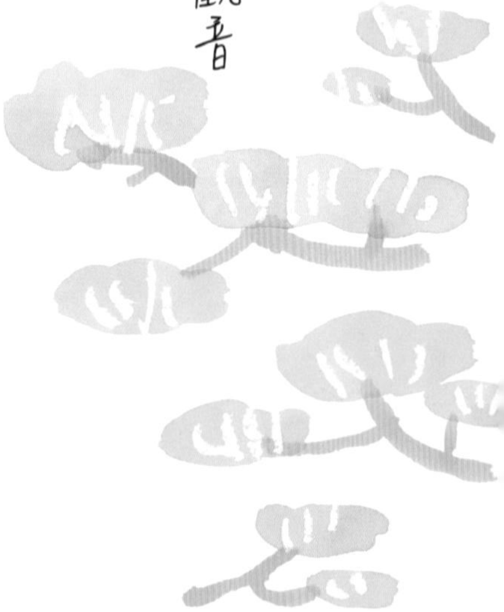

每月十八日是與觀音菩薩（觀世音菩薩、觀自在菩薩）結緣的緣日，今天是新年第一個緣日，稱為「初觀音」。在這天到祭祀觀音菩薩的寺院參拜，就能獲得更多保佑。

觀音菩薩是在現世實現人們願望的佛，祂能自由變換形貌，擁有三十三種化身，會依普渡之人改變模樣現身。與觀音菩薩有關的數字之所以常出現「三十三」，例如「三十三間堂」（京都府）、「三十三所巡禮」，就是這個原因。

「三十三所巡禮」指的是參拜三十三所供奉觀音菩薩的寺院。這種信仰形式飽含了百姓的心願——參拜愈多觀音菩薩，就能獲得更多保佑。誕生於平安時代、位於近畿地區的「西國三十三所」是最早的「三十三所巡禮」。之後全國各地都有規劃靈場，現在仍有眾多信徒參拜。

●今天的樂趣

【觀音比身高】

為了祈求和平及安慰戰歿者的在天之靈，日本各地都有建造巨大的觀音像，其中最高的是仙台大觀音（宮城縣、一百公尺）與淡路觀音（兵庫縣、一百公尺），第二名是北海道大觀音（北海道、八十八公尺）。

【東光寺除厄大祭】

今明兩天是東光寺（兵庫縣）舉辦「除厄大祭」的日子，寺裡祭祀的是能消弭所有災難的厄神明王。每年祭典總能吸引數十萬人前來參拜。

1月 睦月

19日

距離元旦經過…………18日

距離除夕尚有…………346日

〔二十四節氣〕
小寒

〔七十二候〕末候
雉始雊

賞雪

此時北方已是一片冰天雪地，但在某些地區，「下雪」可是大新聞。對於居住的地方鮮少下雪的人而言，雪是從天而降的禮物，能為季節妝點色彩。自古人們就喜愛覆上皚皚冰雪的銀白世界，也會「賞雪」享受冬日風情。「雪見酒」、「雪見障子（拉門）」、「雪見燈籠」等增添賞雪樂趣的習俗也一直延續至今。

● 今天的樂趣

【南岸低氣壓】

太平洋沿岸下雪的關鍵在於南岸低氣壓。南岸低氣壓發生於冬春之際，顧名思義，這種低氣壓總是通過日本本州南岸一帶。其中大部分會下雨，但當氣溫低於攝氏六度，也有可能下雪。受到前進路線及發達程度的影響，這種低氣壓下雨或下雪不好預測，令許多氣象預報員頭痛不已。

【雪鍋】

火鍋是冬天的經典菜色，能讓身體由內而外暖和起來。而外觀賞心悅目又充滿季節樂趣的，非「雪鍋」莫屬了。「雪鍋」的作法很簡單，用醬油或味噌口味的湯底燉煮喜歡的材料，再放入大量雪花般的白蘿蔔泥即可。一般來說，與同樣模仿下雪的「霙鍋」相比，「雪鍋」的白蘿蔔泥比較多。白蘿蔔富含維生素C，以及能促進腸胃蠕動的澱粉酶，將之磨成泥後，吸收效率就更好了。

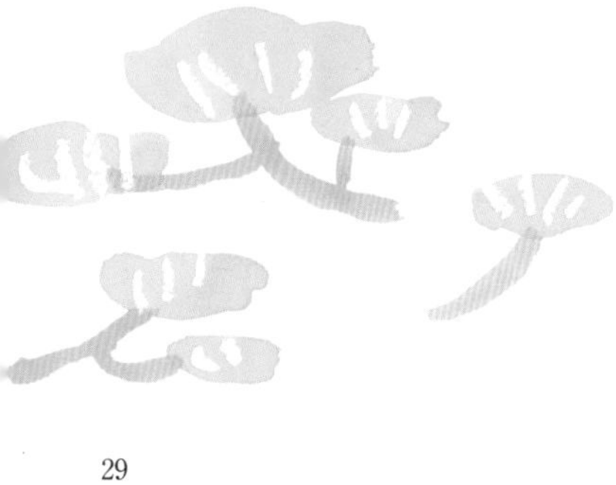

1月　睦月

20日

距離元旦經過…………19日

距離除夕尚有…………345日

〔二十四節氣〕
大寒

〔七十二候〕初候
款冬華

大寒

氣溫降到最低點，一年之中最寒冷的季節——大寒來臨了。這也是以立春為始的二十四節氣的最後一個節氣。

儘管嚴嚴寒冬令人特別盼望春天，但冰天雪地依然有惠於人類，那就是這個時節才取得到的水「寒水」。一年之中最寒冷也最清澈的寒水，對於需要清澈水源來釀造的日本酒、味噌、醬油而言，都是不可或缺的。日本全國的酒倉及醬油工廠、味噌工廠，都趕在這個寒冷的時節加工。這樣日本酒才能在早春，味噌及醬油才能在秋後釀成。

●今天的樂趣

【款冬華】

大寒初候的主角，是從雪下探出頭來的款冬。款冬是菊科的植物，帶有微微的苦味及香氣。在葉子張開前，適合做成天婦羅或涼拌菜享用。春天的使者款冬還富含能預防高血壓的鉀與磷，以及女性最愛的膳食纖維。

【二十日新年】

今天是新年節慶的尾聲。若有忘記收拾的新年擺飾或供品，就在今天好好處理掉吧。

1月　睦月

21日

距離元旦經過…………20日
距離除夕尚有…………344日

〔二十四節氣〕
大寒

〔七十二候〕初候
款冬華

初大師與弘法傳說

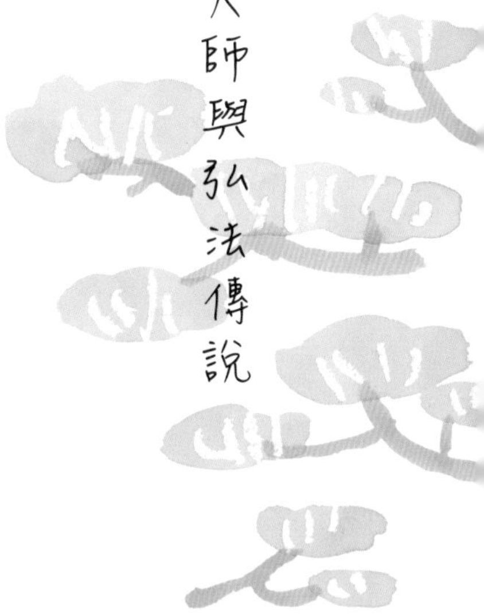

真言宗的開山始祖弘法大師（空海），於八百三十五年（承和二年）三月二十一日圓寂，因此真言宗的緣日是每月二十一日。今天是新年第一個緣日，稱為「初大師」。各地寺院都會擠滿前來祈福的信徒。

「弘法大師」是朝廷封給空海的謚號，因為他曾立下許多豐功偉業，例如開創真言宗、引入中國大陸文化，在教育及土木方面也有許多貢獻……

與弘法大師有關的傳說在全國各地據說超過三千起，諸如湧出的靈水、他曾坐下歇息的石頭等等，這些景點在各地都深受人們崇敬。不論對貴族還是百姓而言，弘法大師都是超級英雄。不曉得在你居住的地方，流傳著什麼樣的傳說呢？

●今天的樂趣

【初大師】

部分真言宗的寺院，例如西新井大師總持寺（東京都）、川崎大師平間寺（神奈川縣）、東寺（京都府）等等，今天一早便會舉辦市集，迎接祈求闔家安全、健康平安的信徒。

【弘法傳說】

真言宗深信弘法大師並未圓寂，而是修行到最高境界「入定」了。因此位於總本山的金剛峰寺（和歌山縣）已持續千年，每天送食物給弘法大師，並舉辦一年一度的法會替大師更衣。

1月　睦月

22日

距離元旦經過…………21 日

距離除夕尚有…………343 日

〔二十四節氣〕
大寒

〔七十二候〕初候
款冬華

山櫻花

此時正值大寒，但南方的沖繩已經零零星星地開起櫻花了。這些綻放的櫻花稱為「山櫻花」，又名「寒緋櫻」、「彼岸櫻」，開啟了日本最早的櫻花祭。

山櫻花原產自台灣，花瓣顏色比染井櫻深且鮮豔，分布於沖繩群島及鹿兒島縣。染井櫻無法在四季如春的土地開花，因此沖繩的「櫻花」指的就是山櫻花。

相較之下，即將在日本遍地開花的染井櫻花苞，如今依然緊閉，正為了盛開而休眠呢。

●今天的樂趣

【沖繩櫻花祭】

沖繩櫻花祭於每年一月中旬至二月舉行、標語為「搶先一步綻放」的「八重岳櫻花祭」，還有一月下旬的「名護櫻花祭」、「今歸仁城櫻花祭」等等。

◆季節的樂趣

【桶柑】

桶柑是栽種於沖繩縣及鹿兒島的柑橘，口感香甜多汁。選擇皮軟、沉甸甸的才好吃。

1月 睦月

23日

距離元旦經過…………22日

距離除夕尚有…………342日

〔二十四節氣〕
大寒

〔七十二候〕初候
款冬華

鼓星

冬季空氣乾燥，能見度高，星光特別明顯。加上日落早、日出晚，換言之夜晚也比較長，看見星星的機會自然就變多了。

獵戶座（Orion，奧瑞恩）是冬天最具代表性的星座。由四顆星相連而成的四角形中央，並排著三顆星星。在這個季節，只要過了晚上九點往南邊的天空尋找，應該就能發現獵戶座的蹤影。

「奧瑞恩」是希臘神話中的獵人，因為蠍毒而殞命，化為星辰。在日本，獵戶座又名「鼓星」。

的確，將獵戶座連起來，中間就會像蝴蝶結一樣凹進去，看起來就像一面鼓呢。

●今天的樂趣

【日本第一的星空】

日本最美的星空，位於長野縣下伊那郡阿智村。二〇〇六年（平成十八年），環境省將此處評為「全日本最適合觀測星空的地點」。阿智村也以「星星之村」之名，舉辦了各式各樣的觀星之旅。

【冬季大三角】

將獵戶座四角形左上角的頂點——閃耀的紅色一等星參宿四，與獵戶座裡三顆並排的星相連，朝東方延伸，就會碰到最閃亮的天狼星。接著以這條線為底邊，往東方（右側）在空中畫出一個正三角形，與奶油色的南河三相連，冬季大三角就完成了。

1月 睦月

24日

距離元旦經過…………23日

距離除夕尚有…………341日

〔二十四節氣〕

大寒

〔七十二候〕初候

款冬華

初地藏

在路旁的小祠堂、山道、田間小徑，帶著沉靜笑容守護人們每一天的地藏，大概是最貼近你我的佛了。今天是新年第一個與地藏締結緣分的日子，稱為「初地藏」。

地藏的正式名稱為地藏菩薩。釋迦牟尼佛曾託付地藏菩薩，在五十六億七千萬年後彌勒佛現身前，拯救眾生脫離苦海。地藏菩薩在育兒、健康方面尤其靈驗，各地都有「育兒地藏」與「替身地藏」，深受百姓景仰。除此之外，日本還有超過一百尊與生活、煩惱相關的「○○地藏」，足見日本人多麼倚賴地藏菩薩。

●今天的樂趣

【初愛宕】

每月二十四日是愛宕神社的緣日，因此今天稱為「初愛宕」。愛宕信仰的中樞愛宕神社（京都府）以及各地愛宕神社，在這天全都擠滿了人潮。該神社祭祀的神明「迦具土」是司掌火焰的神明，能降服火焰，保佑人們免於火災的威脅。

【拔刺地藏例大祭】

今天是非常殊勝的日子，在這天參拜地藏，便能獲得地藏菩薩更多保佑。以「拔刺地藏」聞名的高岩寺（東京都），也會舉辦盛大的祭典，許多小販都會前來擺攤。拔刺地藏能為人們延年益壽，在這天的大法會上，會有近二十名僧侶誦經。參拜者會將手伸向僧衣，以祈求庇佑。

1月 睦月

25日

距離元旦經過…………24 日
距離除夕尚有…………340 日

〔二十四節氣〕
大寒

〔七十二候〕次候
水澤腹堅

祈求合格與初天神

接下來就要正式進入考季了，說到考試的強力夥伴，當然就是學問之神——天神菅原道真了。

菅原道真是平安時代的政治家，也是學者。他過於聰明的頭腦及優秀的能力，招來政敵嫉恨，最後因讒言被貶而死於非命。但朝廷仍感念他生前的貢獻，奉他為學問之神。成為全國的天滿宮及北野神社的主神。

菅原道真是在二月二十五日逝世的，因此每月二十五日是天神的緣日。今天是今年第一個緣日，稱為「初天神」。想要祈求通過考試或升遷考核，務必把握今天。

●今天的樂趣

【水澤腹堅】

「水澤腹堅」的意思是，大寒的次候正值一片冰天雪地，連瀑布都凍成了厚厚的冰。北方湖泊與瀑布的冰層一天比一天厚、面積也愈來愈大。

【日本最低氣溫日】

一九〇二年（明治三十五年）的今天，北海道旭川市下探日本最低溫，創下負四十一度的記錄。此時正值天寒地凍，創下全年最低溫並不罕見。為了因應考試，一定要做好禦寒措施避免感冒。

1月　睦月

26日

距離元旦經過…………25日

距離除夕尚有…………339日

〔二十四節氣〕
大寒

〔七十二候〕次候
水澤腹堅

文化財防火日

一九四九年（昭和二十四年）一月二十六日，正在修復壁畫的法隆寺金堂（奈良縣）發生火災，繪有釋迦牟尼佛、藥師如來等多尊菩薩的壁畫毀於一旦。這些壁畫創作於七世紀末，擁有極高的藝術價值而備受全球矚目，卻在一夕之間失色。

因為這起火災，政府制訂了文化財保護法，並訂今日為「文化財防火日」。為了保護歷史悠久、代代相傳的文化財，寺院及博物館都會在這天舉辦防火演習。

法隆寺金堂失火原因不明，報導也眾說紛紜，有人說是漏電或電器開關忘了切，也有人說是電暖爐過燙所導致。不論哪一種，都是平日小心就能預防的。此時正是空氣乾燥的時節，家中也務必要小心防火。

●今天的樂趣

【火燒若草山】

同樣是火，「火燒若草山」（奈良縣）卻是這個季節的風情詩。這項活動於一月第四個星期六舉辦，為古都宣告了早春的來臨，人們在若草山枯黃的草地上放火，將夜空燒得火光衝天。由來眾說紛紜，一說認為江戶時代的人，為了慰藉祖先之靈而放火燃燒草地，為此習俗起源。

◆季節的樂趣

【皺葉菠菜】

皺葉菠菜是刻意挑嚴冬來種植的品種。為了避免結凍，葉子會皺起來，雖然水分含量偏低，但糖分、營養都會增加。

1月 睦月

27日

距離元旦經過…………26 日

距離除夕尚有…………338 日

〔二十四節氣〕
大寒

〔七十二候〕次候
水澤腹堅

山茶花

山茶花盛開的季節到了。山茶花是茶花的一種，在山茶花叢生的伊豆大島（東京都），整座島今天都會舉辦一項盛大的活動「伊豆大島茶花祭」。

山茶花能長到將近十公尺高，是日本原產的常綠喬木。它屬於「鳥媒花」，會用豐富的花蜜引誘綠繡眼及棕耳鵯，藉著鳥類授粉。嬌豔的花朵配上可愛的綠繡眼——這兩位春日使者還真是賞心悅目呢。

●今天的樂趣

【伊豆大島茶花祭】

每到一月下旬至三月下旬，伊豆大島就會舉辦茶花祭。將近四百五十種、三百萬株茶花爭奇鬥艷，除了有環島集章，也有許多能體驗大島民謠等傳統文化的活動。

【椿餅】

椿餅（茶花餅）是種用蒸熟的道明寺粉把紅豆裹起來，再用兩片茶花葉包起來的和菓子。通常於一到二月製作。椿餅的歷史相當悠久，連平安文學的《源氏物語》中都出現過。

【雨情忌】

今天是詩人野口雨情的忌日，他曾創作出〈七個孩子〉、〈肥皂泡泡〉、〈中秋夜的月兒〉等膾炙人口的童謠，此外也譜寫了不少地方民謠，其中以伊豆大島為背景的〈波浮之港〉在昭和初年更是風靡一時。

1月　睦月

28日

距離元旦經過…………27日

距離除夕尚有…………337日

〔二十四節氣〕
大寒

〔七十二候〕次候
水澤腹堅

初不動

不動明王是以怒目金剛相驅散邪惡的佛菩薩。他的額頭有著深深的皺紋，目光銳利，緊閉的口中露出獠牙，以身後的火焰將迷惘與災難燃燒殆盡。今天是今年第一個不動明王的緣日，稱為「初不動」，也是一年之中最能得到不動明王庇佑的日子。各地祭祀不動明王的寺院，都會在今天舉行以火焰燒掉煩惱、祈求願望實現的護摩（火供）及踏火儀式。

不動明王顧名思義，能授予人們「不動心」，也就是穩如泰山、不為所動的精神。心中迷惘時，不動明王一定為我們指點一二。

●今天的樂趣

【不動明王】

不動明王是密宗宇宙的根源——大日如來的化身。之所以化為憤怒相，是為了開導、拯救那些在好言相勸下依然擺脫不了煩惱的人們。著名的不動明王寺院有：成田山新勝寺（千葉縣）、高幡不動尊金剛寺（東京都）、瀧谷不動明王寺（大阪府）等等，民眾還會親暱地喚這些寺院為「不動桑」呢。

【初荒神】

今天也是捍衛佛．法．僧的佛法守護神——三寶荒神的第一個緣日。三寶荒神是呈憤怒相的凶神，他的嚴厲與火的清淨相連結，因此許多人相信祂也能守護廚房、灶坑。

清荒神清澄寺（兵庫縣）及笠山三寶荒神社（奈良縣）都會在這天舉辦盛大的祭典。

1月　睦月

29日

距離元旦經過…………28日
距離除夕尚有…………336日
〔二十四節氣〕
大寒
〔七十二候〕次候
水澤腹堅

冰雕藝術

「水澤腹堅」的意思是連瀑布都結成了厚厚的冰。就跟這則七十二候描述的一樣，嚴寒地區的瀑布仍未解凍，各地都會趁這個季節舉辦冰雕藝術展。

例如由北海道上川郡上川町舉辦的「冰瀑祭」，就冠上了凍結的瀑布「冰瀑」兩字。祭典的會場位於石狩川河岸，岸上矗立著成排的巨大冰像，除此之外還有攀冰體驗及滑冰台，供大人小孩同樂。

在埼玉縣秩父市，還有另一座高十公尺、寬達五十公尺的「三十槌冰柱」打上了絢爛的彩燈。在這裡，可以盡情欣賞大自然鬼斧神工下的冰雕藝術。

●今天的樂趣

【昭和基地開設紀念日】

南極大陸別說冰雕藝術了，整片大地都埋在冰雪裡。當地的科學觀測中心昭和基地，正是在一九五七年（昭和三十二年）一月二十九日創立的。

◆季節的樂趣

【西太公魚】

此時正是冬季風情詩——冰上釣西太公魚的季節。這個時候的雌魚產卵數量較少，滋味特別鮮美，適合油炸或做成天婦羅。表皮水潤光澤代表很新鮮。

1月 睦月

30日

距離元旦經過…………29日

距離除夕尚有…………335日

〔二十四節氣〕

大寒

〔七十二候〕末候

雞始乳

有味噌沒醫生

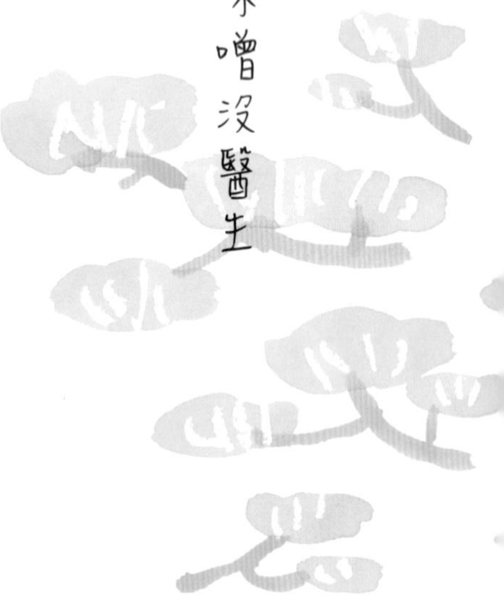

三十日又稱為晦日（みそか），因此每月三十日就是「味噌日」（みその日）。

味噌是用大豆、米麴（或麥麴）與食鹽混合後發酵、熟成的食品。在奈良時代，味噌是只有貴族才吃得起的高級食材，到了室町時代，則成了家家戶戶都能釀造的尋常美食。日本有上千種在悠久歷史與風土下釀成的「各地特色味噌」，豐富了日本人的飲食生活，堪稱國民調味料。

江戶時代有一句諺語叫作「有味噌沒醫生」。這代表先人早已體驗過味噌的健康妙用，而現代科學也陸續證實了味噌的養生效果。

大豆裡富含的蛋白質，經發酵會轉變為各式各樣的胺基酸，其中也包含人體不可或缺的九種必需胺基酸。必需胺基酸不足容易導致毛髮與肌膚老化、全身肌肉量減少，思考力及注意力下滑，多

●今天的樂趣

【雞始乳】

「雞始乳」代表在大寒的末候，雞開始進入哺乳季了。古時候的人將雞下蛋視為春天的徵兆之一。儘管雞蛋在市面上一整年都買得到，但產季其實是在二至四月。由於寒冷會讓雞的產卵量減少，使卵在母雞體內的時間拉長，因此據說這時的雞蛋營養價值比較高，但只限授精卵喔。

【味噌鄉土料理】

北海道的「石狩鍋」、青森縣的「味噌烤扇貝」、千葉縣的「嘗味噌」、愛知縣的「味噌鍋燒烏龍麵」、廣島縣的「牡蠣土手鍋」……菜色多到數不

吃味噌可以預防這些症狀。

除此之外，味噌也含有豐富的維生素、礦物質與膳食纖維。雖然味噌的含鹽量通常很高，但煮成味噌湯，搭配其他材料，就能搖身一變為能攝取豐富營養的完美佳餚。

有數據顯示，每天喝一碗味噌湯的人，比不喝的人更不易罹患胃癌、乳癌，也不易得慢性病。

「付錢請醫生，不如掏錢給味噌店」也是江戶時代的諺語。可見味噌不僅僅是調味料，還是一種「隨處可得的萬能藥」呢。

完。不如今天就吃味噌鄉土料理當晚餐吧？

◆季節的樂趣

【寒蜆】

蜆的產季在一到二月，此時的蜆為了度過冬天，會儲存滿滿的養分，不但鮮美多汁，滋味也變得更豐富。消除疲勞、養顏美容的效果也非常好。

1月 睦月

31日

距離元旦經過	⋯⋯⋯⋯30日
距離除夕尚有	⋯⋯⋯⋯334日

〔二十四節氣〕
大寒

〔七十二候〕末候
雞始乳

愛菜？還是愛妻？

今天是熱愛蔬菜的「愛菜之日」，因為愛菜（あいさい）與一（I，愛）月三十一（さい）日諧音。同時也是對愛妻（あいさい）表達謝意的「愛妻感謝日」。

提倡「多吃蔬菜！」的「愛菜」先擺一旁，向妻子表達謝意的「愛妻感謝」又該怎麼做呢？疑惑的人不妨向妻子說一句「謝謝妳平日的付出」，附上一束花，表達愛與感謝吧。

【該為節分準備了】

說到二月上旬的習俗，當然就是三日的節分了。鬼面具和豆子是否都準備好了呢？

◆季節的樂趣

【火鍋】

想要愛菜、多吃蔬菜，當然得煮火鍋囉，因為蔬菜火鍋容易縮水，不會佔胃。多吃點當季的蔬菜，例如春菊（山茼蒿）、白菜、蔥、水菜吧。

●今天的樂趣

【晦日正月】

「晦日」原本專指三十日，後來逐漸演變為每個月的最後一天。今天是一月的最後一天，稱為「晦日正月」。以前的人會在這天搗年糕祝賀，或是造訪新年時來不及探望的親友。從明天開始就是二月了，季節也將跟著輪替，由冬天交棒給春天。

2月

如月

きさらぎ

寒風料峭中，
透出一股春天的氣息。
每當察覺下個季節的跡象，
心便跟著澎湃起來。

2月 如月

1日

距離元旦經過…………31日

距離除夕尚有…………333日

〔二十四節氣〕
大寒

〔七十二候〕末候
雞始乳

為春天暖身

農曆二月稱為「如月」（きさらぎ），後來演變為人們熟悉的新曆二月的別稱。有人認為如月的語源是「衣更著」（きさらぎ），意思是天寒要多穿衣服；也有人認為是「氣更來」（きさらぎ），指春意漸濃、陽光宜人。總之在天寒地凍中，今天已經透出一絲春天的氣息。花草樹木、飛禽走獸與人們都開始暖身，準備迎接萬物復甦的季節了。

趕快為新的生活、興趣、學習、習慣做好準備，迎接不久後的春天吧。

● 今天的樂趣

【二月的別稱】

二月的別稱除了「如月」以外，還有「梅見月」、「初花月」、「雪消月」等等。每一個名字都飽含了先人喜迎春天、等不及春天快來的想法。

【電視啟播紀念日】

一九五三年（昭和二十八年）的今天，NHK播放了日本第一個電視節目。

【二月禮者】

「二月禮者」是指廚師、演員在新年忙得不可開交、無法拜年，所以改在二月一日回禮的習俗，這句話也成了冬天的季語。現在愈來愈多職業過年時無法休假，以「二月禮者」名義撰寫的信件、明信片也就派上用場了。

2月 如月

2日

距離元旦經過⋯⋯⋯⋯32日
距離除夕尚有⋯⋯⋯⋯332日

〔二十四節氣〕
大寒

〔七十二候〕末候
雞始乳

稻荷神與初午

二月最早的午之日稱為「初午」，在這天，各地的稻荷神社都會舉辦祭典。此習俗源於七一一年（和銅四年）初午，稻荷神騎著馬（午）降臨稻荷山（京都府）的傳說。稻荷山上現在仍坐落著伏見稻荷大社，該社將稻荷神稱為「宇迦之御魂」並加以供奉。稻荷神社在全國多達三萬間，這些大多是從伏見稻荷大社迎神過去分祀的。

稻荷神是保佑五穀豐收、生意興隆的神明。祂不止在大神社，也在商店街的角落或大樓樓頂的小祠堂守護百姓的生活。今天如果看到稻荷神社，就雙手合十祭拜一下吧。

●今天的樂趣

【稻荷神社與炸豆皮】

稻荷神社裡常見的石像——狐狸，是稻荷神的使者。相傳在祭典時供奉狐狸最愛吃的炸豆皮，稻荷神就會替人們實現願望。而「稻荷壽司」的語源，便是來自炸豆皮。有些地區也會在初午供奉稻荷壽司。今天就好好享用稻荷壽司與炸豆皮，祈求開運吧。

【初午糰子】

「初午糰子」是在養蠶業興盛的地區代代相傳的習俗，人們會在初午模仿繭的形狀做出糰子，以祈求農作豐收。

2月　如月

3日

距離元旦經過…………33日

距離除夕尚有…………331日

〔二十四節氣〕

大寒

〔七十二候〕末候

雞始乳

季「節」的「分」界，節分

明天是立春，在曆法上，春天已經開始了。而今天是冬春兩季的分界，稱為節分。

「節分」這個詞原本是指立春、立夏、立秋、立冬的前一日，但在農曆上，春天到來與元月一樣，都是新年的開始。由於春天特別重要，就演變成專指今天了。

自古以來，日本人就認為在季節與季節的分際容易遭到災難與邪氣悄悄入侵。

季節交替之際的確會令人心神不寧，也容易感冒生病。透過撒豆，把這些人稱「災厄」、「病魔」、「懈怠」的負面事物，連同惡鬼一同趕跑，是節分最著名的習俗。

「鬼」（おに）源自於對人類有害、肉眼看不見的「隱」（おん）。古人認為鬼這種邪惡的力量，是從丑寅（東北）方，也就是「鬼門」而來的。據說惡鬼頭上頂著牛角，嘴裡生著虎牙的形

●今天的樂趣

【燒嗅】

將烤過的沙丁魚頭，用柊的樹枝插起來，裝飾在玄關或門口，稱為「燒嗅」（やいかがし），這也是一種驅趕惡鬼的符咒。相傳柊樹尖尖的葉子，會把鬼的眼睛刺瞎。

象就是這麼來的（丑代表牛，寅代表虎）。

節分最重要的習俗「撒豆」，始於十四世紀左右。這源自於平安時代的宮廷儀式——驅趕邪氣的習俗「追儺」，而撒豆（まめ）則是從「魔滅」（まめ）的諧音而來。在今天，全日本都會響起「鬼出去，福進來」的聲音。

撒完豆子，順利把鬼趕跑後，還有一連串開運、招福的習俗。首先要吃下與自己年齡相同數目的豆子「歲豆」，祈求健康平安，接著再吃大阪老字號壽司店創始、近年迅速普及的「惠方卷」。據說朝著當年的吉祥方位「惠方」，將粗粗的壽司卷大口咬下、不發一語地吃完，一整年就不會生病。

此外，日本人也有在節分吃沙丁魚的習俗，因為相傳鬼害怕沙丁魚。而現在正是大家熟悉的小魚乾——沙丁脂眼鯡的產季。用斑點莎瑙魚和日本鯷做的魚丸湯，也是這個季節的經典美食。

【節分蕎麥】

節分是非常特別的日子，就連現代的除夕夜都是節分。而今天一樣有吃蕎麥麵討吉利的習俗。

【豆子】

在有神龕的家庭裡，人們會於節分前一天拿豆子拜神，讓豆子充滿神明的力量。撒炒過的黃豆雖然是自古以來的習俗，但在北海道及東北地區，也有不少家庭是撒花生。此外，市面上也買得到小包裝的黃豆，由於清潔很方便，現在這種包裝也愈來愈普及了。

不論用哪種豆子，驅鬼的效果都是一樣的。就用自家風格好好享受節分吧。

2月　如月

4日

距離元旦經過…………34日

距離除夕尚有…………330日

〔二十四節氣〕

立春

〔七十二候〕初候

東風解凍

立春大吉

在曆法上，今天開始就是春天了。立春是將農曆分為二十四等分的「二十四節氣」的第一個節氣。八十八夜、土用、二百十日等雜節，都以今天為起點。

貼在柱子或玄關上、直直地寫有「立春大吉」的紙條，是一種祈求全年平安的符咒。相傳這是由曹洞宗的始祖——道元所傳授的，每一個文字都左右對稱，能保佑一切均衡、穩定。也有傳說認為，當鬼闖入貼有「立春大吉」字條的屋子裡回頭一看，由於反過來也是「立春大吉」，就會誤以為「我還沒進到這間屋子裡」而折返。有些神社、寺院也會發放能驅鬼、除魔的「立春大吉」符咒。與手寫的「立春大吉」一同邁向新的開始，感覺就充滿了好兆頭呢。

●今天的樂趣

【東風解凍】

七十二候的一年始於東風吹拂。在古人深信的陰陽五行思想中，東邊是司掌春天的方位，東風則是令嚴寒逐漸消融的春風。

◆季節的樂趣

【立春朝榨】

「立春朝榨」是一種吉祥酒，作法是在立春的早晨榨取啤酒裝進瓶子裡。這種酒只在加盟日本名門酒會的酒莊或酒鋪生產、販售，是非常稀有的商品。滋味清爽鮮甜，用來恭賀新春再適合不過。

2月 如月

5日

距離元旦經過…………35日

距離除夕尚有…………329日

〔二十四節氣〕

立春

〔七十二候〕初候

東風解凍

春告草

在隆隆嚴冬中，梅花已經零零星星地開始綻放了。自古以來，人們就把這種含蓄、優雅的五瓣花，視為告知春天到來的「春告草」。或許這也是日本人重視季節遞嬗、多愁善感的原點吧。就連奈良時代的「賞花」都不是賞櫻，而是賞梅。直到現在，各地梅林的賞花客依然駱繹不絕。比起賞花更愛吃點心的人，就用梅饅頭、梅羊羹來欣賞春告草吧。

● 今天的樂趣

【農曆年】

在農曆上，立春前後才會迎接元旦。在中國，農曆年稱為「春節」，人們會盛大慶祝，因此在橫濱中華街及長崎新地中華街等華人多的地區，都會舉辦祭典及遊行。

【笑臉日】

今天是「笑臉日」，因為二（に）月五（こ）日與笑瞇瞇（にこにこ）諧音。

【準備過女兒節】

要在新曆過女兒節（P78）的人，差不多該決定什麼時候擺女兒節娃娃了。儘管各地擺放的時間不太一樣，但大部分都會選擇吉祥的「大安」日。除此之外，也有吉日在上午擺，凶日在下午擺的習俗。

◆ 季節的樂趣

【博多蕾菜】

「博多蕾菜」是二〇一〇年（平成二十二年）起，只在福岡縣栽種的油菜科新蔬菜，當地人將它視為「告訴博多春天來了的蔬菜」。模樣就像手掌大小的白菜，彷彿春天的花蕾，特色是帶有嗆鼻的辣味與清脆的口感，做成醬菜或天婦羅都很可口。

如月

2月

6日

距離元旦經過	36日
距離除夕尚有	328日

〔二十四節氣〕
立春

〔七十二候〕初候
東風解凍

悠悠哉哉地泡個熱水澡，風呂日

今天是二（ふ）月六（ろ）日「泡澡日」（ふろ「風呂」の日）。相傳日本人最愛的泡澡，源自六世紀隨佛教一同傳入的沐浴，以及自古以來的淨身儀式「禊」。

這個時節身體容易受寒，因此洗澡時除了洗去髒汙，最好也能泡個澡讓身體溫暖起來。建議放三十七至三十九度「微溫」的水，舒舒服服地泡個「微溫浴」。這樣能刺激放鬆時會啟動的副交感神經，促進血液循環，讓身體暖呼呼。而且水溫也比較不容易冷，對於幫助睡眠與消除疲勞都很有效。

● 今天的樂趣

【海苔日】

海苔不但在節分的惠方卷上大顯身手，於古代也是日本飲食文化中的要角。在七〇二年（大寶二年）實施的大寶律令中，海苔甚至是租稅項目之一。為了感謝大海賜予海苔這項寶物，並且大口享用海苔，由大寶律令實施日換算而成的新曆的今天，便成了海苔紀念日。各地在今天也會舉辦免費發放海苔的活動。

【御燈節】

「御燈節」是神倉神社（和歌山縣）的傳統祭典。兩千名祈求闔家平安的男性參加者會手持火把衝下石階，彷彿一道著火的瀑布。這個壯觀的火祭典已經持續千年以上了。

【札幌雪祭】

此時北海道正在舉辦北國冬季盛事「札幌雪祭」。來自世界各國的的參賽者共聚一堂，參與國際雪雕競賽。會場將矗立超過兩百尊雪雕。

2月 如月

7日

距離元旦經過…………37日

距離除夕尚有…………327日

〔二十四節氣〕
立春

〔七十二候〕初候
東風解凍

春一番

在這個令人翹首盼望春天的季節，「春一番」正從南方呼嘯而來。

「春一番」是指自立春到春分（三月二十一日左右）之間颳起的當年第一道強勁南風。當西高東低的冬季氣壓分布失衡，日本海沿岸發達的低氣壓就會朝東北推進。特色是溫度較高，吹起來有點溫暖。

原本「春一番」是漁家的術語，後來隨歲時記與新聞逐漸廣為人知。有時根據該年的氣候，還會颳起春二番、春三番。通常吹完南風的隔天就會回寒，因此一定要注意溫差。

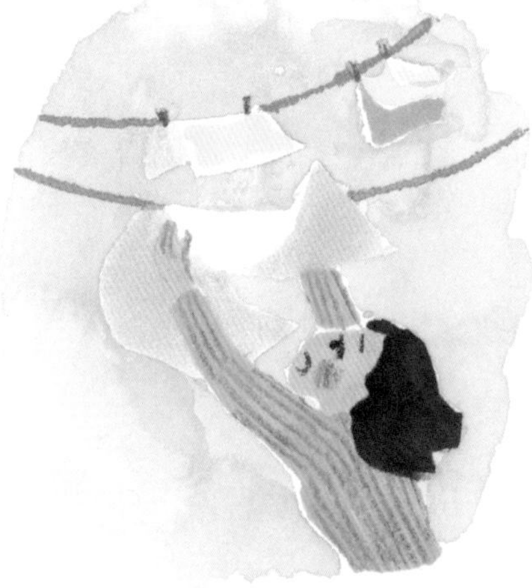

●今天的樂趣

【長野日（冬季奧運紀念日）】

「長野日」是紀念一九九八年（平成十年）二月七日舉辦長野冬季奧林匹克運動會而制訂的日子。當年在長野冬奧中獲得金牌的跳台滑雪團體，在日本可是無人不知、無人不曉呢。

【鮒魚節】

二月五日到七日，是滋賀縣傳統料理「鮒魚壽司」的材料——鮒魚的節日。鮒魚是琵琶湖的原生品種，此時正迎來產季，市場對鮒魚壽司的需求量也大增，供不應求。

2月 如月

8日

距離元旦經過…………38日

距離除夕尚有…………326日

〔二十四節氣〕
立春

〔七十二候〕初候
東風解凍

感謝物品——供針

二月八日在日本稱為「事始」（有些地方稱為「事束」）。事始是凶日，必須謹言慎行，放下工作好好休息一天。

縫紉對古代女性而言是重要的工作，因此今天也要休息一天，後來漸漸演變出「供針」（針供養）的習俗，藉此慰勞、感謝斷掉或彎曲的舊針。從這個習俗可以看出，先人認為物品是有靈魂的，必須好好愛護珍惜。

今天在各地的神社及寺院，都會舉行供針儀式。參拜者會把無法使用的針插在柔軟的蒟蒻或豆腐上，心懷感謝祭拜，並祈求縫紉的手藝更上一層樓。

● 今天的樂趣

【御事始、御事納】

這天的名稱會依迎接田神，「開始」耕種或「結束」新年相關的活動而異。

【事始湯】

「事始湯」是指在事始這天喝的味噌湯，湯裡會放很多根莖類蔬菜，可以祈求平安健康。材料依地區而不同，其中代表性的食材有芋頭、白蘿蔔、牛蒡、胡蘿蔔、蒟蒻、紅豆。含豐富的膳食纖維與維生素，能讓身體由內而外暖呼呼。

2月 如月

9日

距離元旦經過…………39日

距離除夕尚有…………325日

〔二十四節氣〕

立春

〔七十二候〕次候

黃鶯睍睆

ふく、服、福

二（ふ）月九（く）日的今天與「福」（ふく）諧音，因此和各式各樣的「福」有關。

首先是盡情打扮的「服裝日」；再來是因為「福字」而訂定的「大福麻糬日」。除此之外，今天與冬季盛產的高級魚河豚（ふぐ）也有很深的關連，各地的河豚料理店都會在這天祭出特價優惠。在河豚的著名產地山口縣下關市，人們認為「ふぐ」的發音容易聯想到「不得志」（日文作「不遇」，發音為ふぐう），唸「ふく」才會招來「福氣」（ふく），因此當地人都把河豚唸成「ふく」。

不論如何，都希望今天可以吹起福氣之風，成為吉祥如意的一天。

【治虫忌】

今天也是創作出《原子小金剛》、《火之鳥》、《寶馬王子》的漫畫之神——手塚治虫的忌日。

◆季節的樂趣

【鶯餅】

雖然此時還聽不到鶯啼，但和菓子店前已經擺出鶯餅了。作法是用麻糬或求肥把紅豆餡包起來，兩端捏尖，再撒上綠色的粉末來呈現黃鶯的姿態與羽毛的顏色。

●今天的樂趣

【黃鶯睍睆】

「黃鶯睍睆」是立春的次候，代表以春告鳥聞名的黃鶯開始鳴叫了，不過實際上還要再過一陣子，鶯啼才會四處響起。黃鶯初啼在二月下旬的九州地區、四國地區，三月上旬的中國地區、近畿地區、東海地區、關東地區都能觀測到。

2月　如月

10日

距離元旦經過	40日
距離除夕尚有	324日

〔二十四節氣〕
立春

〔七十二候〕次候
黃鶯睍睆

傳達謝意的「信封日」

除了季節問候、感謝函等信件以外，今天也是包裝小禮物時不可或缺的信封的日子，取信封的日文「封筒」（ふうとう）與二（ふう）和十（とう）之諧音。

在電子郵件與社群網站大行其道的現在，用信封寄件，不論對寄件人或收件人而言，都是很「特別」的。再過四天就是情人節了，把心情化為文字、放進信封裡，和巧克力一起送給心上人吧。

●今天的樂趣

【毛線日】

毛線日（ニットの日）來自二（ニッ）與十（ト）的諧音。在這個寒冷的季節，除了毛衣以外，毛帽、手套、圍巾等各式各樣的毛線製品也都會派上用場。脫下來後用衣物刷梳理保養，比較不會起毛球唷。

【季節問候】

寫信總少不了季節問候。這聽起來很困難，其實就是在文章開頭寫上「已經到了這個季節，你好嗎？」然後於文章最後補上「請多保重」等意思的句子。現在的季節，用「余寒」、「春寒」、「梅花」等季節性詞彙都很應景。

◆季節的樂趣

【金縷梅】

金縷梅（まんさく）的語源來自初春「最早開的花」（まずさく花），特徵是花瓣細長而捲曲。在嫩葉長出來前，會先開繽紛燦爛的黃、紅色小花。

2月 如月

11日

距離元旦經過…………41日

距離除夕尚有…………323日

〔二十四節氣〕

立春

〔七十二候〕次候

黃鶯睍睆

建國紀念日

一如每個人都有生日，日本這個國家當然也有生日，那就是今天——建國紀念日。這是為鼓勵「追思建國先賢、培養愛國情操」（摘自國定假日相關法條）而制訂的紀念日。

在以前，建國紀念日稱為「紀元節」。由來是明治時代，愈來愈多民眾渴望能有一個特殊的日子慶祝日本建國，於是紀元節便誕生了。將初代天皇（神武天皇）即位的日子換算成新曆正好是二月十一日，因此紀元節便訂在今天。

二次世界大戰後，紀元節雖然廢除了，但一九六六年（昭和四十一年）日本政府又新增了「建國紀念日」為國定假日。

紀元節以及建國紀念日的今天，與《古事記》和《日本書紀》中的日本神話都有很深的淵源。趁著今天查查日本的歷史及國家的誕生，也很有意思呢。

●今天的樂趣

【冰與雪的祭典】

現在是雪量最大的時候，連北海道的鄂霍次克海都被來自俄羅斯的流冰覆蓋。為此，北方各縣市舉辦了一連串不畏嚴寒、賞玩冰雪的節慶活動。

例如北海道網走市與紋別市的「鄂霍次克流冰祭」、旭川市的「旭川冬祭」、秋田縣美鄉町的「六鄉雪洞節」、山形縣的「藏王樹冰祭」、栃木縣的「湯西川溫泉雪洞祭」等等。

2月 如月

12日

距離元旦經過…………42日

距離除夕尚有…………322日

〔二十四節氣〕

立春

〔七十二候〕次候

黃鶯睍睆

油菜花忌

今天是油菜花忌，也就是創作《龍馬行》、《坂上之雲》等名作的司馬遼太郎的忌日。從他的長篇小說《油菜花海》，可以得知油菜花是他生前很喜愛的花。

司馬遼太郎於一九二三年（大正十二年）出生於大阪府大阪市，歷經報社的工作後，決定專心寫作。他將歷史人物刻畫得栩栩如生，擄獲了眾多讀者的心。司馬遼太郎的影響力十分強大，連幕末英雄坂本龍馬在人們心目中的形象，都是他一手塑造出來的。他的遊記系列《街道紀行》藉由日本各地乃至世界諸國的「街道」，對歷史抽絲剖繭，如今依然膾炙人口。

●今天的樂趣

【咖哩調理包之日】

「BONCURRY」是日本最早的調理包食品，發售於一九六八年（昭和四十三年）的今天。歷經超過五十年，調理包的包裝進步了，如今也身兼緊急存糧。

◆季節的樂趣

【油菜花】

食用的油菜花一旦開花，就會產生強烈的澀味，所以要挑選花苞緊閉的。油菜花富含維生素C，只要二分之一把，就能補足一天所需的攝取量。

2月 如月

13日

距離元旦經過…………43日

距離除夕尚有…………321日

〔二十四節氣〕
立春

〔七十二候〕次候
黃鶯睍睆

姓氏制訂紀念日

「一」、「東西南北」、「四月朔日」、「小島遊」，這些姓氏該怎麼唸呢？答案是「にのまえ」、「よもひろ」、「わたぬき」、「たかなし」。有些看得出由來，有些則完全沒有頭緒。可見多達二十萬甚至三十萬種的日本姓氏之豐富。

今天是姓氏制訂紀念日，由來是一八七五年（明治八年）的今天，日本政府規定所有國民都有義務加上姓氏。姓氏是祖先留下的寶貴足跡，也是讓我們追本溯源的好機會。

【厄地藏】

相傳鹽澤寺（山梨縣）的地藏菩薩，從今天中午至明天中午會豎起耳朵，傾聽人們的願望。祭拜與自己歲數相同的糰子等圓圓的東西，厄地藏就會幫忙消災解難，因此厄年的男女老幼都會在這天前往祭拜。

● 今天的樂趣

【土佐文旦之日】

「土佐文旦」是一種帶有清爽甘甜與獨特苦味的柑橘，而「土佐文旦之日」則是為了推廣這種高知縣特產的水果而制訂的。由來是取土佐文旦的產季二（ぶ）月與文旦（ぶんたん）的諧音，而且十三（とさ）日也與土佐（とさ）諧音。

◆ 季節的樂趣

【銀魚與素魚】

銀魚與素魚現在正值盛產期，兩者很容易混淆。銀魚是握壽司常見的食材，體長約十公分，屬於銀魚科。素魚則大多拿來當魚餌，屬於鰕虎科，體長大約五公分。

2月　如月

14日

距離元旦經過…………44日

距離除夕尚有…………320日

〔二十四節氣〕
立春

〔七十二候〕末候
魚上冰

情人節

寄託思念的巧克力雖然甜蜜，但有時情人節仍會留下苦澀、不捨的回憶。女性在這天送男性巧克力，其實是日本獨特的習俗。

情人節這「愛的節日」的由來，可以追溯到西元三世紀。當時古羅馬帝國的皇帝克勞狄二世認為士兵若心中有牽掛，會影響在戰場上的士氣，因此禁止年輕男性結婚。但華倫泰神父不顧皇帝的命令，仍舊舉辦了多場婚禮。觸怒皇帝的神父遭到處刑，行刑日二月十四日就成為情人節（聖華倫泰日）了。原本這天的習俗是父母將愛與教誨寫在卡片上送予子女，到了二十世紀，則成了情侶、夫妻、男女間互贈禮物與卡片的日子。

日本過情人節，是從一九五八年（昭和三十三年）左右開始的。起因是點心公司與百貨公司舉辦了「情人節送巧克力」的促銷活動。自那以後，情人節便漸漸與巧克力連結在一起，到了

●今天的樂趣

【魚上冰】

立春末候的主角，是從逐漸回暖的沼澤、湖泊中探出頭來的魚兒們。二月中旬到三月底是開放溪釣的季節，釣客的心也跟著雀躍不已、七上八下起來了。

一九七〇年代已是約定俗成。

如今巧克力的形式非常豐富，除了有送給心儀男性的「本命巧克力」以外，還有送給上司與客戶的「義理巧克力」、朋友間互贈的「友誼巧克力」，以及犒賞自己的「獨享巧克力」。

巧克力所含的可可多酚，具有降血壓、預防動脈硬化的功效，備受全球矚目，甜甜的巧克力香還能提高集中力及記憶力。若想將「喜歡」的心意，連同慰勞與保健功效一起贈送給對方，告訴他「保重身體」、「工作加油」、「工作辛苦了」，那就挑選可可多酚含量較多的巧克力吧。

【兜襠布日】

兜襠布日（ふんどしの日）源自二（ふん）和十四（どし）的諧音，因此也有商家推出將日本特有的兜襠布內褲，與巧克力一起送給另一半的方案。

【小魚乾日】

這也是來自諧音。對於愛吃重鹹的人，也可以改送小魚乾來代替巧克力。

2月 如月

15日

距離元旦經過⋯⋯⋯⋯45日

距離除夕尚有⋯⋯⋯⋯319日

〔二十四節氣〕

立春

〔七十二候〕末候

魚上冰

緬懷釋迦牟尼佛的涅槃會

農曆二月十五日是釋迦牟尼佛圓寂的日子。許多寺廟都會在這天舉辦緬懷釋迦牟尼佛的法會「涅槃會」。

「涅槃」在古印度所使用的梵語中寫為「Nirvāṇa」，意思是「熄去火焰」，後來衍生出「大徹大悟、滅除一切煩惱火焰」的涵義，成為象徵釋迦牟尼佛圓寂的詞彙。釋迦牟尼佛是頭朝北、身體橫臥，在眾多弟子與信徒的環繞下逝世的。佛像中的「涅槃像」與涅槃會時掛在正殿裡的「涅槃圖」，重現的就是當時的景象。

● 今天的樂趣

【涅槃西風】

今天會吹起一陣柔和、像在撫摸臉頰般的西風，稱為「涅槃西風」。風勢強勁則稱為「涅槃風」。

【西行忌】

明天是平安時代的歌人——西行的忌日。他曾吟詠「願葬於春櫻之下 如月望月之時」因此人們把今天當作他的忌日。農曆十五日大多是滿月（望月）的日子。

2月 如月

16日

距離元旦經過…………46日

距離除夕尚有…………318日

〔二十四節氣〕

立春

〔七十二候〕末候

魚上冰

寒天日

二〇〇五年（平成十七年）的今天，寒天打著健康食品的旗幟躍上全國電視，自那以後，日本便掀起了空前的寒天熱潮，「寒天日」就是為了紀念那一天而制訂的。

寒天誕生於江戶時代初期，作法是將天草等紅藻類煮到融化並凝固成「心天」，再將「心天」冷凍、乾燥而成。這是一名客棧老闆在嚴寒之際，把心天放在戶外並察覺其變化而研究出來的方法，寒天也是由他來販售的。後來到了江戶時代後期，寒天的作法傳到了信濃國的諏訪地區，由於當地冬天氣溫極低，諏訪也成了寒天的盛產地之一。如今寒天的生產量，由長野縣高居全國第一。

●今天的樂趣

【製作寒天】

寒天只能在冬天的嚴寒下製作。在長野縣茅野市，十二月中旬至二月下旬是製作天然寒天的季節。反覆自然結凍、自然解凍、日曬風乾，天然寒天便完成了。

【寒天的健康功效】

寒天幾乎全由膳食纖維構成。其纖維含量在所有食品中居冠，能有效發揮膳食纖維的功能，達到降血壓、減少壞膽固醇、抑制血糖的效果。而且寒天幾乎沒有熱量，不必擔心吃了發胖。

許多長野縣民都會在味噌湯裡放寒天。在都道府縣的平均壽命中，長野縣男性於全國排行第二長壽，女性則排行第一長壽，或許這都要歸功於寒天呢。

〈寒天味噌湯〉

（一人份）

①將四分之一根寒天棒（兩克）洗淨後用水泡開，用力擰乾後撕成小片。

②將味噌湯煮好後盛入碗中，撒上①就完成了。

2月 如月

17日

距離元旦經過……47日

距離除夕尚有……317日

〔二十四節氣〕

立春

〔七十二候〕末候

魚上冰

祈求豐收的祈年祭

日本人自古以稻米等農作物維生。人們在春天祈求豐收，希望老天時而下雨、時而放晴，到了秋天便垂首感謝收成。農事與祈禱是一體的，一整年循環不息。

今天就是這種循環的開幕儀式。在正式邁入接踵而至的耕季之前，宮中及各地神社都會舉辦祈求豐收的「祈年季」。

祈年季（きねんさい）又唸作「としごいのまつり」，是源自奈良時代的傳統儀式。人們藉此向上天祈禱農作能順利收成，最好風調雨順，不要碰到瘟疫，也不要有害蟲出沒……。即使我們不以農業維生，也應該祈求農作豐收，感謝農作物開花結果，讓人們得以果腹。

● 今天的樂趣

【八戶朳】

在青森縣八戶市，人們會跳一種叫「朳」的舞蹈來祈求豐收。名稱的由來是跳舞時手上都會拿著農具「朳」。這種鄉土表演透過強而有力的舞蹈，撼動凍結的土地，喚醒了春天。

◆ 季節的樂趣

【胡蔥】

胡蔥是蔥的近親，嗆辣的滋味與爽脆的口感是最它吸引人的地方。稍微汆燙一下，用醋和味噌拌一拌吧。

2月　如月

18日

距離元旦經過	⋯⋯⋯⋯48日
距離除夕尚有	⋯⋯⋯⋯316日

〔二十四節氣〕
立春

〔七十二候〕末候
魚上冰

初音前線往北挪！

聽到鶯啼，就會感受到冬天邁入春天、季節轉變的瞬間，心情也頓時開朗起來。這點古人也一樣，因此黃鶯的別名正是「春告鳥」，而「關關」的鳥鳴聲，則是雄鶯向雌鶯求偶的戀曲。一年中最早的鶯啼稱為「初音」，而這也是判斷季節的指標之一。這個時節在九州，已經差不多可以聽到初音了。在這之後，初音前線就會沿著日本群島，歷時約三個月向北挪動。

●今天的樂趣

【方言日】

為了將鹿兒島縣大島郡奄美群島的方言流傳下去，日本政府於二〇〇七年（平成十九年）制訂了「方言日」。由於每座島代表「方言」的詞彙不一，「方言日」在各地的稱呼也不盡相同，例如奄美大島稱為「席瑪優穆塔（席瑪庫托巴、島口）之日」，喜界島稱為「席瑪優米塔之日」，與論島稱為「優努夫托巴之日」，每座島的稱呼都不一樣，非常特別。

◆季節的樂趣

【雪割草】

「雪割草」是毛茛科三角草屬多年生草本植物的別名。當積雪開始融化，雪割草的莖就會成長，開出直徑約兩公分，白色或粉紅色的可愛小花。其實還有其他野草也叫「雪割草」，例如櫻草科就有「雪割草」，有些地區也把胡麻花及茛若稱為「雪割草」。從名字來看，草兒們已經等不及春天趕快到來了。

2月　如月

19日

距離元旦經過	………49日
距離除夕尚有	………315日

〔二十四節氣〕
雨水

〔七十二候〕初候
土脈潤起

雨水

白天愈來愈長，風也變溫暖了，春天的氣息逐漸濃厚。從今天起，就是二十四節氣中的雨水。在這個時節，下雪成了下雨，覆蓋土地的冰也化為潺潺流水，雪水潤澤了泥土，而古人就是以這些做為開始耕種的指標。「開始」這兩個字，總是令人雀躍、興奮不已，不如就趁今天擁抱美好的春天，展開新的挑戰吧。

● 今天的樂趣

【土脈潤起】
土地是孕育花草及農作物的地方，在雨水的初候，土地的變化最引人注目。受到春雨及雪水滋潤，此時的泥土不但恢復了柔軟，還會散發出強烈的氣味。

【春雨】
「春雨」是從現在開始到三月半左右下的雨，也是催促發芽的及時雨。它有一些美麗的別稱，像是代表冰雪消融的「雪消雨」、以「甘」字象徵美好的「甘霖」，以及對萬物慈悲的「慈雨」等等。

【上岡觀音繪馬市】
妙安寺（埼玉縣）的觀音堂，供奉著馬的守護神「馬頭觀音」。今天是一年一度的繪馬市，許多賽馬業界人士及騎馬愛好者都會前來這裡參拜，祈請吉祥物繪馬。繼馬匹後成為運貨主角的卡車司機們，據說也很信奉馬頭觀音。

◆ 季節的樂趣

【水針魚】
水針魚全長約四十公分，擁有細長的身體與尖銳的下巴。滋味圓潤高雅，做成生魚片或油炸、鹽烤都很可口。

2月 如月

20日

距離元旦經過…………50日

距離除夕尚有…………314日

〔二十四節氣〕
雨水

〔七十二候〕初候
土脈潤起

歌舞伎日

時值一六〇七年（慶長十二年）二月二十日，地點位於江戶城。出雲阿國在將軍德川家康與諸國領主面前，表演了「歌舞伎舞蹈」。歌舞伎舞蹈在當時是非常膾炙人口的藝能表演，從名稱不難發現，這正是現代歌舞伎的起源。因為這個由來，今天便成了歌舞伎日。

出雲阿國是出雲大社（島根縣）的巫女，為籌措神殿的改裝費用，到京都表演歌舞伎舞蹈。她因為大紅大紫，蒙將軍親自謁見，但舞團也因為性服務而引發風紀問題。之後，江戶幕府便規定歌舞伎演員只能由男性擔任。由男性扮演的女性稱為「女形」（旦角），這種特殊角色的出現即源於此，之後便一路傳承至現代。

●今天的樂趣

【歌舞伎用語】

我們平常使用的詞彙其實很多都來自歌舞伎。例如「二枚目」（小生）指的是戲團裡的第二塊招牌，通常由負責愛情戲的演員擔綱，所以也有「美男子」的意思。「三枚目」（丑角）則負責扮醜、耍寶。

【役者色】

江戶時代的歌舞伎演員（役者）不但是超級巨星，還是時尚教主。只要是他們喜愛的顏色，瞬間就會風靡街頭巷尾。冠上知名演員名字的顏色，例如「團十郎茶」、「芝翫茶」等等，也都流傳到了現代。

2月 如月

21日

距離元旦經過…………51日

距離除夕尚有…………313日

〔二十四節氣〕
雨水

〔七十二候〕初候
土脈潤起

搶先賞櫻，河津櫻花祭

日本其實一年四季都有櫻花盛開，是不是很令人驚訝呢？因為櫻花的品種超過三百種，有些一年開兩次，有些從秋天開到早春，花期各不相同。

在這個時節開花的早開品種裡，最有名的就是河津櫻了。河津櫻從二月上旬開始綻放，花期約一個月，花朵為粉紅色。

河津櫻的原木是在一九五五年（昭和三十年），於靜岡縣賀茂郡河津町被人發現的。人們將它冠上町名並悉心栽培成行道樹，成了鎮上的標誌。每逢二月上旬至三月上旬的「河津櫻花祭」，鎮上都會因為搶先賞花的遊客而熱鬧得不得了。

●今天的樂趣

【日報創刊日】

一八七二年（明治五年）的今天，現存報紙中最古老的日報《東京日日新聞》（現在的《每日新聞》）發行了，而這就是「日報創刊日」的由來。不過真正「日本最早」的報紙，其實是一八七〇年（明治三年）創刊的《橫濱每日新聞》。

◆季節的樂趣

【芥末】

河津町坐落的伊豆半島盛行種植芥末。芥末獨特的嗆辣滋味，在冬天會更加濃烈。

2月 如月

22日

距離元旦經過…………52日

距離除夕尚有…………312日

〔二十四節氣〕

雨水

〔七十二候〕初候

土脈潤起

黑輪日

今天是三個二（ふ）連成一串，「呼～呼～呼～」（ふーふーふー）邊吹氣邊大快朵頤的黑輪日。聽到「黑輪」這個詞，心裡是不是暖呼呼的呢？其實這個詞來自祈求豐收的歌舞「田樂」。室町時代有一種在烤豆腐上塗味噌的料理，由於外觀就像田樂的服飾——白袴上衣，於是人們便把這道料理取名為「御田樂」（おでんらく）。後來「樂」字被拿掉，「御田」（おでん）改成了用高湯燉煮，材料也變了，就成了現在的黑輪（おでん）。

將烤豆腐塗上味噌的「御田樂」，就是俗稱的「田樂豆腐」。原來田樂豆腐與黑輪曾經是親戚，令人深感日本飲食文化之深奧與歷史之悠久。

●今天的樂趣

【地方特色黑輪】

黑輪令人著迷的另一個原因，在於各地的特色口味。例如用雞骨、牛筋熬成高湯，加上濃口醬油調味、燉煮，再撒上青海苔及魚粉的「靜岡黑輪」；散發濃郁八丁味噌香氣的名古屋「味噌黑輪」；以及撒上滿滿昆布絲的「富山黑輪」等等。此外，在東海以西，麵粉製的「竹輪」是不會出現在黑輪裡的唷。

【貓咪日】

二月二十二日在日語可以唸成貓的叫聲「喵喵喵」（ニャン・ニャン・ニャン），因此今天也是貓咪日。

【二歲參】

農曆二月二十二日是聖德太子的忌日。因此四天王寺（大阪府）會在今天舉辦「二歲參」，以緬懷聖德太子的遺德。參拜聖德太子兩歲時模樣的「南無佛太子二歲像」，就能獲得豐富的智慧。

2月　如月

23日

距離元旦經過…………53日

距離除夕尚有…………311日

（二十四節氣）
雨水

（七十二候）初候
土脈潤起

富士山日

每個月我都會從東京開車兜風到山梨縣一次。沿著中央高速公路南下時，富士山會從山脊逐漸露出全貌，壯麗地躍入眼簾。不論我的心情是晴是雨，富士山總是屹立不搖，既莊嚴又安詳。

仰望靈峰富士時，相信每個人心中都會湧現特別的想法。早在人們得知富士山是「日本最高峰」（標高三七七六公尺）以前，富士山信仰就已經很興盛了，這代表祂具有震撼人心的力量。考古學家在繩文時代中期的千居遺跡（靜岡縣）中，發現了應該是為遙拜富士山而排列的石圈。儘管富士山平日總是寧靜莊嚴地佇立著，但祂也曾反覆爆發、帶來嚴重的傷亡，人們對富士山的敬畏之心，想必也與這些歷史有著很深的關連吧。

富士山是神聖、殊勝的。人們的這種虔敬之心，也展現在「富士見坂」、「富士見町」、「富士見通」等地名中。

●今天的樂趣

【富士山日】
由於二（ふ）月二十三（じさん）日與富士山（ふじさん）諧音，加上這個季節常能看見富士山，因此今天便訂為「富士山日」了。

【富士見日】
這個日子也是源於富士見（ふじみ）與二（ふ）

因為都市開發，現在某些地點看不到富士山，但在這個空氣清新的季節，看見富士山的機會其實高出許多。能眺望富士山的地點最北在福島縣二本松市，最東在千葉縣銚子市，最南在東京都八丈島（八丈町）、最西在和歌山縣東牟婁郡那智勝浦町，範圍囊括二十個都道府縣，但地名中未必都有「富士見」等字眼。

除此以外，日本各地還有近三百五十座冠名「富士」的當地富士山。例如羊蹄山（北海道）別名「蝦夷富士」、岩木山（青森縣）別名「津輕富士」、大山（島根縣）別名「出雲富士」……。「我家城鎮的富士山」在每塊土地都受到人們喜愛、崇敬、親近，一點也不輸給正宗富士山。

月二十三（じみ）註日的諧音，由長野縣富士見町觀光協會所制訂。

【包袱巾日】

今天是最簡單也最傳統的包裝——包袱巾（風呂敷）的紀念日，因為包裝（つつみ）與二（つ）二三（つみ）諧音。在平安時代，包袱巾稱為「衣包」或「平包」，江戶時代以後才出現「風呂敷」的稱呼。顧名思義，古人去澡堂（風呂）沐浴時，拿來包裹自身衣物的布巾，就是「風呂敷」的語源。

註三可以讀作さん、み，故【富士山日】與【富士見日】中的二十三日是不同的破音之諧音喔。

2月 如月

24日

距離元旦經過…………54日

距離除夕尚有…………310日

〔二十四節氣〕

雨水

〔七十二候〕次候

霞始靆

北歸

在本州各地過冬的小天鵝與大天鵝差不多要開始北歸了，牠們的目的地是遠在北方的故鄉——俄羅斯。飛到北海道度過約一個月後，大小天鵝就會朝著西伯利亞大陸前進，等回到故鄉後會求偶、生子，到秋天再度飛到日本。距離回到日本，中間會隔超過八個月。但願牠們能旅途平安、一路順風。

● 今天的樂趣

【霞始靆】

雨水次候的主角——霞，是因大氣中的水分及灰塵增加，導致遠方景色模糊不清的一種自然現象。在氣象用語上，這稱為「霧」，不過自古以來，日本人就習慣在春天稱之為「霞」、秋天稱之為「霧」，配合季節輪替來改變稱呼。「霞始靆」則代表因寒冷而乾燥的空氣，現在終於變得濕潤、溫和了。

【天鵝】

從西伯利亞飛到日本的天鵝，分為全長約一百四十公分的大天鵝，以及小一圈的小天鵝這兩種。牠們會大規模遷徙三千至四千公里，尋找不結凍的湖泊、池塘來過冬。

◆ 季節的樂趣

【鯡魚】

與北歸的天鵝交錯，此時鯡魚正好成群來到北海道海域，捎來春天的信息。鯡魚別名「春告魚」，除了鹽烤，製成魚乾也很受大眾喜愛。雌鯡魚群產卵後，雄鯡魚會排放精子，將海水染成一片乳白色，這個現象稱為「群來」。

2月 如月

25日

距離元旦經過⋯⋯⋯⋯55日
距離除夕尚有⋯⋯⋯⋯309日

〔二十四節氣〕
雨水

〔七十二候〕次候
霞始靆

菜種御供・梅花祭

在今天，祭祀天神（菅原道真）的龜戶天神社（東京都）將舉辦「菜種御供」的儀式，獻上油菜花以慰天神。

菅原道真是著名的學問之神，生前因遭政敵陷害而被貶至太宰府（福岡縣太宰府市），於九〇三年（延喜三年）含恨而亡。兩年後，朝廷為他建立了祠廟，這就是太宰府天滿宮的前身。龜戶天神社則是在一六四六年（正保三年），由太宰府天滿宮的神官所建立的。

今天二月二十五日是菅原道真的忌日。由於菜種（油菜花，なたね）與「慰靈」（なだめ）諧音，因此龜戶天神社會在這天供奉油菜花，追思道真的遺德。太宰府天滿宮則是舉辦「梅花祭」，獻上道真心愛的梅花。這也是一項以花來奠祭神靈、充滿風情的儀式。

●今天的樂趣

【北野天滿宮梅花祭】

九四七年（天曆元年）創建的北野天滿宮（京都府）也將在今天舉辦奠祭菅原道真的梅花祭。神職人員會把油菜花插在頭冠上，獻上擺了梅枝的神饌。古時候這個儀式也會獻上油菜花，因此別名「北野菜種御供」。

2月　如月

26日

距離元旦經過…………56日

距離除夕尚有…………308日

〔二十四節氣〕
雨水

〔七十二候〕次候
霞始靆

小千谷曬雪

新潟縣小千谷市的特產「小千谷縮布」，是一種在江戶時代開始生產的麻織品，特色是整塊料子上佈滿像「皺褶」的紋路，觸感冰冰涼涼的。它也是國家重要無形文化財，必須透過捻絲、染色、紡織等一連串精細手工作業製成。

在這個季節，晴天時小千谷的人們會將縮布鋪在雪上，稱為「曬雪」。這是老祖宗的智慧，利用純白的雪來漂白布匹。陽光使雪的表層融解、化成水蒸汽，與空氣中的氧結合，產生臭氧。臭氧是天然的漂白劑，能去除雜質，讓紋理與色澤更鮮明。

●今天的樂趣

【各式各樣的曬雪】

老祖宗留下的另一個智慧，是把和紙的原料楮樹皮磨碎曬在雪上，這麼一來就能製作出更雪白的和紙。在新潟縣，以曬過雪的鹽漬辣椒製成的發酵調味料「寒作里」（かんずり），也是人們很熟悉的曬雪食品。

◆季節的樂趣

【款冬】

款冬的微苦與清涼，是讓因寒冬而懶洋洋的身心打起精神來的春天的味道。將款冬切碎，與味噌、味醂、砂糖一起拌炒，款冬味噌就完成了。

2月 如月

27日

距離元旦經過…………57日
距離除夕尚有…………307日

〔二十四節氣〕
雨水

〔七十二候〕次候
霞始靆

去植物園走走吧！

隨著年齡增長，我也愈來愈期盼春天。儘管出生在雪國難免不敵風寒，卻從未減過我期待開花的興致。冷清寂寥的冬日街景，逐漸綴滿繽紛燦爛的鮮花。透過雙眼及嗅覺觀察這種轉變，是春天的一大樂事。

一八七五年（明治八年）的今天，日本開了第一座近代植物園——小石川植物園（東京都）。這個季節可以看到梅花、金縷梅、馬醉木、木瓜、水仙等等。逛植物圓的樂趣，就在於想知道「這花叫什麼名字？」時能立刻得知答案。快到植物園去尋找春天吧！

◆季節的樂趣

【奇異果】

儘管一年四季都吃得到奇異果，但國產奇異果的產季其實是現在。奇異果富含維生素C與維生素E，具有預防感冒、養顏美容的功效。它溫和的酸味來自能消除疲勞的檸檬酸及蘋果酸。在乍暖還寒的這個季節，奇異果可以說是最適合保養身體的水果。

●今天的樂趣

【野草】

在這個季節，就連路旁及草叢中都能看見春天野草的蹤影。有遠遠望去依然透著一抹耀眼鈷藍色的阿拉伯婆婆納，也有比它小一圈、開粉紅紫花的阿拉伯婆婆納，在日照充足的地方，還能見到黃色蒲公英的蹤影。這些開出來的花，將葉子襯托得更加翠綠。雖然它們都俗稱「雜草」，但植物學家牧野富太郎卻也說過：「世界上沒有任何一種草是雜草。」

2月 如月

28日

距離元旦經過……58日

距離除夕尚有……306日

〔二十四節氣〕

雨水

〔七十二候〕次候

霞始靆

餅乾日

幕末時，水戶藩一直在尋找營養價值高的乾糧，最後他們選中了長崎藩做給外國人吃的「餅乾」。然而，水戶藩始終查不到餅乾的作法，只好三顧茅廬，請出來自水戶，人在長崎開業的西醫——柴田方庵來調查。後來，方庵順利查到餅乾的食譜，並在一八五五年（安政二年）二月二十八日將配方送至水戶藩。除了上述由來以外，「餅乾」在拉丁語的意思是「烤兩次」（二度焼き），而「焼き」又與「八」諧音，因此今天便成為了餅乾日。

提到餅乾，日本人就會想起〈奇妙的口袋〉這首童謠。但總會有人說：「敲敲口袋餅乾就變多，只是因為餅乾碎掉了好嗎？」這些人真是不解風情啊。

● 今天的樂趣

【奇妙的口袋】

詞：窗・道雄。曲：渡邊茂。發表於一九五四年（昭和二十九年）。

【織部日】

「織部焼」是一種日本陶器，造型突破傳統，自桃山時代便擄獲了眾多人的心。歷史上的今天正是「織部焼」首度問世的日子，因此人們便把今天訂為「織部日」。

【逍遙忌】

今天是活躍於明治至昭和年間的作家——坪內逍遙的忌日。他打破江戶文學「賞善罰惡」的傳統，創作出現實主義的《小說神髓》，成為近代日本文學的出發點。

3月

彌生

やよい

寂寥的風景
因花朵的色彩而繽紛，
蟲、鳥及人們也打起了精神。
世界正一點一點地熱鬧起來。

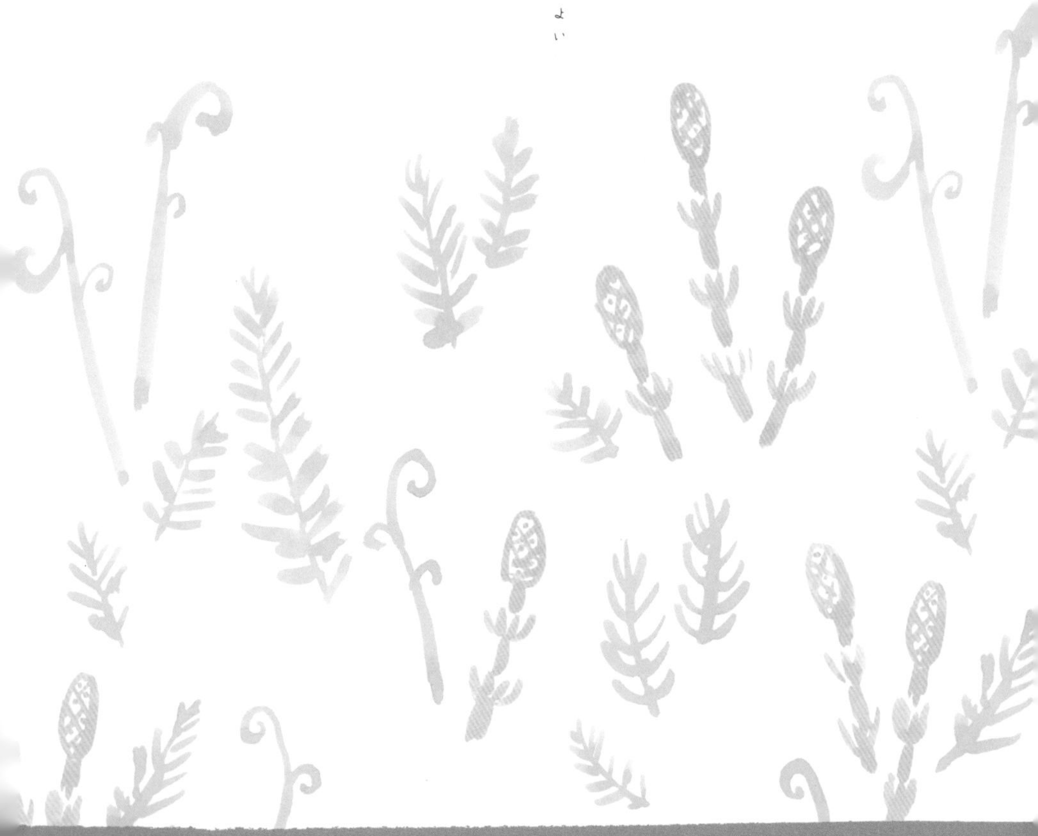

1日

距離元旦經過	59日
距離除夕尚有	305日

（二十四節氣）

雨水

（七十二候）末候

草木萌動

發芽的彌生

終於到了真正的春天——三月初了。農曆三月又稱「彌生」（やよい），原意為「茂密」（いやおい），代表花草樹木會生長得愈來愈旺盛。這個季節的陽光與綿綿春雨會令許多植物發芽，因此人們把這個月分取名為「彌生」。除此之外，因為百花盛開，三月也有「花見月」、「花月」、「櫻月」等美麗的別稱。

從隆冬甦醒的不只植物。動物、昆蟲也在巢穴裡蠢蠢欲動起來。各地都散發出耀眼的生命氣息，令萬物自然而然充滿活力。

●今天的樂趣

【草木萌動】

「草木萌動」是雨水的末候，又稱「下萌」或「草萌」，代表發芽的瞬間。新芽在明媚陽光的照耀下，將樹梢、土地染成了嫩綠色。

【木芽雨】

這個時節的春雨，是促使木芽萌發的及時雨。除了「木芽雨」以外，也有「木芽起」等別名。

【修二會】

「修二會」是讓人們懺悔自身的污穢與罪孽，祈禱國家繁榮、五穀豐收、百姓安居樂業的法會。因為原本在農曆二月舉辦，所以取名「修二會」。自

三月一日起連續舉辦兩週的東大寺二月堂（奈良縣）修二會，可說遠近馳名。

◆季節的樂趣

【貓柳】

貓柳是生長在河邊的楊柳科落葉灌木，在這個季節會結出銀白色的花穗。毛茸茸的花穗宛如貓咪的尾巴，便有了「貓柳」這個名稱。

3月 彌生

2日

距離元旦經過…………60日
距離除夕尚有…………304日

〔二十四節氣〕
雨水

〔七十二候〕末候
草木萌動

在若狹呼喚春天的「送御水」

今天福井縣將舉辦告知春天來臨的佛教儀式——「送御水」。儀式的舞台位於小濱市古剎神宮寺旁的遠敷川。身穿一席白衣的僧侶，會把透過護摩、讀經淨化過的水，倒入河裡。

「御水」指的是供奉在東大寺二月堂佛前的「香水」。相傳曾有一位若狹的神明，因為趕不及東大寺的修二會，便答應贈送若狹的清水以致歉，這就是「香水」的由來。人們認為倒入遠敷川的香水會在十天後，從奈良二月堂一帶的水井湧出來，因此三月十二日至十三日，還會舉行「取御水」的儀式汲水。

●今天的樂趣

【邂逅日】

今天是邂逅的日子，因為三（みー）二（つ）與英文的「meets」諧音。看來今天會是個一面感謝意外的邂逅，一面孕育新愛情的好日子。

◆季節的樂趣

【山茶糊餅】

在東大寺舉辦「修二會」（取御水）的期間，二月堂會裝飾許多由僧侶親手製作的紙山茶花。「山茶糊餅」（糊こぼし）就是模仿這些山茶紙花而來的點心。這種點心主要在奈良一帶販售，期限到三月中旬，是只有這個季節才吃得到的和菓子。

3月　彌生

3日

距離元旦經過…………61日

距離除夕尚有…………303日

〔二十四節氣〕
雨水

〔七十二候〕末候
草木萌動

上巳節　女兒節

日本人會在女兒節時擺出菱餅、白酒與桃花，每當女兒節將近，超市的食品區就會繽紛起來，十分賞心悅目。

女兒節的正式名稱是「上巳節」，因為在過去，女兒節是於農曆三月上旬舉辦的，而這就是「上巳節」名稱的由來。

上巳是凶日，容易遇到災難，所以平安時代誕生了一個習俗——用紙張與稻草做成的人偶擦拭身體，將晦氣轉移上去，再將人偶扔到河川或海裡沖走。人們希望人偶能代為承擔日後的災難，讓災難消失。這就是目前仍在島根縣等地流傳的習俗「流雛」的起源。

約莫從室町時代開始，小女孩玩的娃娃與人偶結合，貴族便擺起了女兒節娃娃，祈求家中女孩健康長大。到了江戶時代，幕府將上巳節訂為官方節日，於是上巳節也在民間普及開來了。

後來人們也將農曆三月盛開的桃花用來裝飾，於是「上巳節」又有了「桃花

●今天的樂趣

【雛霰】

桃、綠、黃、白四色的霰餅代表四季，能祈求一整年幸福健康。

【菱餅】

綠色代表新芽、白色代表殘雪、桃色代表桃花。這些疊起來的彩色年糕除了象徵春天山林的風景以外，也依序含有人們祈求健康、清靜、驅邪的心願。

節」的別稱。桃花是仙木，充滿驅邪、消災的力量。因此不只女兒節娃娃，人們也把孩子的幸福託付到了桃花上。為了讓娃娃承擔更多災難，娃娃數目愈來愈多，除了天皇與皇后以外，還加上了三名宮女、五名樂師等多尊人偶。

由於住宅形式改變，現在的小家庭已經很難擺出豪華的多層女兒節娃娃了，但不論在哪個時代，父母祈求孩子健康順遂的心情都是一樣的。

從上巳節的起源來看，這天其實不僅僅是女孩的節日，也是除厄的日子。享用女兒節特有的點心，擺出桃花裝飾，度過消災解厄、幸福洋溢的一天吧。

【白酒】

白酒是將蒸過的米與米麴加入燒酒裡攪拌、發酵而成的酒，能驅除邪氣。小孩子則改喝不含酒精的甜酒。

【蛤蜊】

蛤蜊一定要原本的兩片貝殼才合得起來，代表了人們祈求夫妻圓滿、覓得良緣的心願。

【柳川女兒節】

福岡縣柳川市的女兒節以「雛吊飾」（さげもん）聞名，這是一種將布縫成的各式吉祥物連成一串的吊飾。在這裡，居民會舉辦盛大的女兒節直到四月上旬。

3月 彌生

4日

距離元旦經過…………62日
距離除夕尚有…………302日
〔二十四節氣〕
雨水
〔七十二候〕末候
草木萌動

年輪蛋糕日

第一次見到年輪蛋糕是在上小學前，那是父母參加婚禮後收到的喜餅。我還記得它美麗的橫切面比味道更令我驚艷，我也因此看入迷了好一會兒。

年輪蛋糕發祥自德國，直譯是「樹蛋糕」，因為橫切面像極了年輪，所以有了這個稱呼。日本第一次烘焙年輪蛋糕，是在一九一九年（大正八年）的今天。當時一名德國點心師傅，在廣島舉辦的展覽中展出了他的作品。後來他在神戶開了西點店，年輪蛋糕一炮而紅。其他的點心店也爭相販售，年輪蛋糕便在日本生根了。日本人將幸福與長壽的心願寄託在年輪蛋糕上，當作喜慶時的贈禮。這樣的習俗在德國應該是沒有的，是喜歡討吉利的日本人獨特的文化。

●今天的樂趣

【在家裡烤年輪蛋糕】

只要有煎蛋卷的鍋子，就可以在家烤出年輪蛋糕。

【一卷的量】

①將鬆餅粉（兩百克）、牛奶（兩百毫升）、蛋（一顆）、砂糖（兩大匙）、蜂蜜（兩大匙）、融化的奶油（五十克）放入調理盆中攪拌，做成麵糊。

②在蛋卷鍋中倒入油，讓油均勻分佈，再以小火燒熱。

③倒一些①在②中，鋪出薄薄的一層，用小火烘烤。

④等到表面冒出氣泡，再將蛋糕從鍋子的尾端往前面捲。

⑤重複③與④的步驟，年輪蛋糕就完成了。

3月　彌生

5日

距離元旦經過…………63日
距離除夕尚有…………301日

〔二十四節氣〕
雨水

〔七十二候〕末候
草木萌動

泡麵之父

今天是泡麵之父安藤百福的誕辰。一九五八年（昭和三十三年），他發明了全世界第一碗泡麵。當時安藤百福四十八歲，泡麵是他擔任理事長的銀行破產、丟了工作也失去財產下的一場豪賭。

百福因為經歷過戰後的糧食匱乏，深感民以食為天，所以決定投資「食」。他認為只有吃飽才有和平，文化才得以繁榮，並將這個理念稱為「食足世平」（糧食充足，世界便能太平）。畢竟「食」能直接讓人感到享受與喜悅。

●今天的樂趣

【安藤百福日】

「對人類而言，創造力是最重要的，唯有發明與發現，才能推動歷史。」為了弘揚安藤百福的這份理念，今天便訂為「安藤百福日」了。

【全世界的泡麵】

自泡麵誕生以來超過六十年，如今泡麵已經是全世界都很熟悉的食品了。人們一年之中吃掉的泡麵高達一千億碗。在日本，每個家庭平均一年會吃掉八十二碗泡麵。

【珊瑚日】

三（さん）月五（ご）日與珊瑚（さんご）諧音，因此人們將今天訂為「珊瑚日」。沖繩人會在這天清掃海洋及種植珊瑚，以保護珊瑚與美麗的海域。

◆季節的樂趣

【沉丁花】

沉丁花是日本三大香木之一，在找到它的花之前，香甜的氣味就會告訴人們花已經開了。有人認為它的香氣類似沉香、丁香等香料，所以才有了沉丁花的名稱。

3月 彌生

6日

距離元旦經過…………64 日

距離除夕尚有…………300 日

〔二十四節氣〕

驚蟄

〔七十二候〕初候

蟄蟲啓戶

驚蟄

從今天開始就是二十四節氣的驚蟄了。「驚」是指「驚醒」，「蟄」是指「冬眠的昆蟲」，代表昆蟲動物們自冬眠中甦醒，鑽出泥土來了。身邊常見的小動物如瓢蟲、團子蟲、青蛙等等都會在此時露面。因為陽光而到外頭透氣的，還有人類，一顆心變得既雀躍又輕飄飄的。脫掉厚重的外套，踏著輕盈的腳步，與春風一同出門吧。

● 今天的樂趣

【蟄蟲啓戶】

隨著二十四節氣轉換，七十二候也迎來了下一個季節。「蟄蟲啓戶」的意思是，原本冬眠的昆蟲們將在此時「打開門戶」出來活動。昆蟲們一旦甦醒，捕食牠們的黃雀及白頭翁也會跟著吱吱喳喳騷動起來，在地上啄個不停。

【春雷】

冬天時悶聲不吭的雷，自現在開始因為氣流不穩定，再度轟隆作響起來。儘管不像夏天那麼激烈，但昆蟲還是因為雷聲嚇得鑽出巢穴，因此這又稱為「蟲出雷」。

◆ 季節的樂趣

【白花椰菜】

白花椰菜所含的維生素C特別耐熱。在煮菜的水中加入醋或檸檬汁，就能讓白花椰菜保持潔白。

白花椰菜的莖也含有豐富的維生素C，因此千萬別浪費，統統吃下去吧。此外它也富含能預防高血壓的鉀，以及使腸道順暢的膳食纖維。

3月 彌生

7日

距離元旦經過…………65日

距離除夕尚有…………299日

〔二十四節氣〕

驚蟄

〔七十二候〕初候

蟄蟲啓戶

春風、春嵐、光風

此時的日本群島正反覆迎接高氣壓與低氣壓。剛覺得暖洋洋的日子會持續下去，不料又突然變冷、颳起強風。原以為不會再下雪，一掉以輕心，老天便降下雪花，留下冬日的餞別禮。真是乍暖還寒，特別容易生病的季節。

自古以來，風就是捎來四季遞嬗及天候變化的大自然訊息之使者。因此，這時所颳的風依強弱或寒暖，擁有各式各樣的名字。「春風」代表溫暖和煦的風，是大自然的恩惠，能促進萬物生長，因此又稱「惠風」。相對的，低氣壓於日本海一面增強一面推進時產生的強風，稱為「春嵐」（春天的暴風雨）或「春疾風」。除此之外，還有美麗的「光風」一詞，用來形容微風在明媚的春光下吹拂。

●今天的樂趣

【魚日】

魚日（さかなの日）源自三（さ）與七（な）的諧音。在這天，大家會享用日本人的靈魂食物——魚與貝，用心感受海味之美。在關西，此時正是春字旁加上魚字的「鰆魚」（土魠魚）產季，以味噌醃漬入味的「西京燒」是必吃的鰆魚料理。以炯炯有神的大眼而得名的「眼張魚」此時也正迎來產季，對釣客而言，眼張魚是告知春天來臨的使者，深受釣客喜愛。

【白色情人節將近】

距離白色情人節剩下一週。要回禮的男士們，別忘了差不多該準備禮物囉。

3月　彌生

8日

距離元旦經過…………66日
距離除夕尚有…………298日
〔二十四節氣〕
驚蟄
〔七十二候〕初候
蟄蟲啓戶

豌豆莢

帶有鮮豔的翡翠色，令餐桌五彩繽紛的豌豆莢，此時正迎來產季。不論是丟進鍋裡燉煮、淋上蛋液拌炒，還是做成能吃到清脆口感與微微甘甜的芝麻拌菜，都令人齒頰留香。

在關東，豌豆莢還有另一個熟悉的名字「絹豆莢」，日文漢字也寫成「衣豆莢」。之所以這麼命名，據說是因為豌豆莢摩擦的聲音，聽起來就像衣物摩擦一樣。去絲是與豌豆莢之間的一場角力，將絲去除乾淨，就會湧現成就感。

在營養面上，豌豆莢含豐富的維生素C，具有消除疲勞、抗老化的功效。但維生素C容易溶於水，而且不耐高溫，因此要避免煮太久或太熟。

●今天的樂趣

【豌豆莢日】

豌豆莢日（さやえんどうの日）源於三（さ）月八（や）日的諧音。豌豆莢會隨著成長與熟度而有不同的名字。新芽稱為「豌豆苗」，早摘尚未成熟的豆莢稱為「豌豆莢」，成熟前的柔軟果實俗稱「青豆」，成熟後變硬的果實則叫「豌豆」。

【蜜蜂日】

蜜蜂日也是源於諧音。現在正是窩在巢裡的工蜂開始活動的時候。牠們所採的花蜜非常營養，具有消除疲勞、預防感冒的效果，自古以來就是珍貴的藥材。

3月 彌生

9日

距離元旦經過…………67日
距離除夕尚有…………297日

〔二十四節氣〕
驚蟄

〔七十二候〕初候
蟄蟲啓戶

謝謝

今天有三（サン）又有九（キュー），與「Thank you」（サンキュー）諧音，是謝謝的日子。「謝謝」（ありがとう）的語源為「難得」（有り難し），也就是「稀有」的意思。由來是中世時，人們認為受神佛保佑是一件難得的事情，便將它當成感謝的詞彙來使用。

你一天會說幾次「謝謝」呢？根據調查，日本人平均一天說七次謝謝。也有數據顯示，多說「謝謝」的人，較不容易累積壓力。今天就多說幾句「謝謝」，度過溫馨幸福的一天吧。

● 今天的樂趣

【謝謝的反義詞】

有一說認為，「理所當然」就是「謝謝」的反義詞。

【雜糧日】

今天也是三（ざっこ）月九（く）日雜糧日（ざっこくの日）。雜糧自古以來就是日本人重要的糧食，由於營養價值高，近日又重新受到矚目。現在市面上也買得到方便烹煮的小包裝，加進平日的白米裡，就能煮出五穀雜糧飯。

【紀念郵票紀念日】

為紀念一八九四年（明治二十七年）三月九日，明治天皇、皇后結褵二十五週年大典，日本政府發行了第一套紀念郵票。當時的日本其實沒有紀念郵票的概念，是因為一篇留日外國人的報章投稿而決定臨時發售的，且在不到一個月的短短時間內便印製完畢。

【佐久之日、蛋糕紀念日】

佐久市（長野縣）與神戶（兵庫縣）、自由之丘（東京都）合稱「日本三大蛋糕城」，今天就是為了佐久市而制訂的日子，市內的西點店將在今天舉辦各式各樣的活動。

3月 彌生

10日

距離元旦經過…………68日
距離除夕尚有…………296日

〔二十四節氣〕
驚蟄

〔七十二候〕初候
蟄蟲啓戶

身心甜滋滋

提到各式菜餚及點心不可或缺的調味料，那肯定是砂糖了。早在西元前人類就開始使用砂糖，不過直到八世紀時砂糖才傳入日本。在當時，砂糖是非常珍貴的藥材。疲憊時吃些甜點，的確能提振精神，也難怪砂糖會被當成藥材了。

到了江戶時代中期，幕府開始推廣於國內種植甘蔗與製糖。其中又以顆粒細緻、甜味溫潤的「和三盆」最為昂貴，直到現在，老字號的和菓子店仍會用和三盆製作高級點心。例如造型模仿四季花卉與吉祥物的和三盆干菓子，就是一道連眼睛都甜滋滋的點心，光是欣賞就令人充滿精神呢。

●今天的樂趣

【砂糖日】

今天因為三（さ）與十（とう）的諧音，所以是砂糖日（さとうの日）。

砂糖與其他醣類相比更容易吸收，一進入體內立刻就能補充熱量。若想吃得健康，不妨選擇富含礦物質及維生素的黑糖與蔗糖。

【和三盆】

將糖放入盆子裡揉製三次（用手搓揉）精煉成白糖，就是「和三盆」名字的由來。目前主要由德島縣及香川縣生產。

3月 彌生

11日

距離元旦經過…………69 日

距離除夕尚有…………295 日

〔二十四節氣〕
驚蟄

〔七十二候〕次候
桃始華

向前邁進「三一一」

二〇一一年（平成二十三年）三月十一日下午兩點四十六分，一場震央位於日本東北太平洋海域的地震，引發了東日本大地震。這場沉痛的災難奪去了無數條人命，而災區直至今日仍在重建。讓這天「成為過去」並不容易，因為災情及影響仍在持續。

即使如此還是得向前邁進，因此今天日本各地都會舉辦安魂與祈禱的儀式來鼓勵民眾，藉此讓那天與現在連在一起，讓人們思考能做什麼、又該做些什麼。每一場「三一一」活動，都令人體會到生命的重量，以及「平凡的日常生活」之寶貴。

●今天的樂趣

【桃始華】

在驚蟄次候中登場的「華」，是花苞綻放的意思。在古中國，桃花是長壽的象徵，在日本，人們也相信桃花蘊含了靈力，而現在正是桃花綻放的季節。

【東日本大地震追悼復興祈福會】

在福島縣主辦的「東日本大地震追悼復興祈福會」上，民眾除了悼念因地震而罹難的亡者，也會展開許多國內外的復興活動。

【福魂祭】

「福魂祭」是福島縣郡山市舉辦的活動，目的是「振興福島，重獲新生」。除了追悼儀式以外，還會播映影片，舉辦福島祈福音樂會、演唱會等等，弔唁因地震犧牲的亡魂，讓人們朝未來邁進的決心更加堅定。

【東北自行車挑戰賽】

東北自行車挑戰賽(Tour de Tohoku)是為了支援東北重建，並將災區「現在」的記憶留到未來而舉辦的自行車賽事。為了長期替東北奧援，這項活動的目標是持續舉辦十年左右。

3月 彌生

12日

距離元旦經過…………70 日

距離除夕尚有…………294 日

〔二十四節氣〕
驚蟄

〔七十二候〕次候
桃始華

取水與御松明

東大寺的修二會（P76）將在今晚大放光明。從今晚開始到明天清晨，僧侶會透過「取水」儀式汲取「香水」來祭拜神像。不過在這之前，還會先舉辦「御松明」儀式，由負責輔佐僧侶的「童子」在二月堂的迴廊上，扛著直徑約一公尺的巨大火把走動。巨大火把在一片漆黑的迴廊上揮舞、火星四射的模樣，教人嘆為觀止。相傳沐浴在火星下能夠消災解厄，因此大批民眾都會前來參拜，熱鬧非凡。

●今天的樂趣

【御松明】

「御松明」於修二會期間（三月一日～十四日）每晚舉行。據說有些人還會將燒剩的火把材料杉樹葉當作護身符帶回家。

【錢包日】

錢包日（さいふの日）源於三（さ）月十二（いふ）日的諧音。在四月新年度開始前的三月份，很多人都會買新錢包替換。不妨就趁著今天，換個錢包也換個心情吧。

【古早味點心日】

今天是日本人熟悉的點心之神——田道間守命的忌日，因此訂為「古早味點心日」。古早味點心自古以來就是老百姓的好夥伴。手中握著僅有的一百元硬幣，在店裡拚命算可以買多少點心，可說是日本人最懷念的回憶之一呢。

◆季節的樂趣

【草莓】

現在正是「栃木少女」、「甘王」、「紅臉頰」等草莓品種的盛產季，記得挑選有光澤、大而飽滿的才香甜。洗淨後去蒂就不會濕答答的，口感更好。

3月 彌生

13日

距離元旦經過…………71日
距離除夕尚有…………293日

〔二十四節氣〕
驚蟄

〔七十二候〕次候
桃始華

三明治日

儘管我已經是大人了，還是很喜歡野餐。野餐最棒的就是在戶外大啖美味。金黃色的蛋卷、紅通通的番茄、青翠的生菜——不需其他菜色就已色香味俱全的三明治，是我家春天野餐必備的美食。

今天的日期正好是三（サン）夾著一（イッチ），因此是三明治（サンドイッチ）日。三明治這個字，源自連吃飯時都顧著打撲克牌的英國三明治伯爵。他為了邊用餐邊玩牌，發明了用麵包把烤牛肉夾起來的吃法。日本人吃三明治，始於明治時期。儘管三明治是英國的舶來品，但也有在日本誕生的三明治，例如口感十足的豬排三明治就是其一。這是在昭和初期，為了讓花街的藝妓們用餐時不弄髒嘴而發明出來的。

● 今天的樂趣

【日本發祥的三明治】

將當季水果與鮮奶油夾在一起的「水果三明治」，也是在日本發祥的。最近很紅的「高湯蛋卷三明治」也是。

【新撰組之日】

一八六三年（文九三年）的今天，駐紮於壬生（京都府）的浪士隊，獲得了來自會津藩的諭令「會津藩御預」。因為這道命令，新撰組的前身「壬生浪士隊」誕生了。

3月　彌生

14日

距離元旦經過…………72日
距離除夕尚有…………292日

〔二十四節氣〕
驚蟄

〔七十二候〕次候
桃始華

白色情人節

距離二月十四日的情人節過了一個月，由男生向女生道謝、回禮的白色情人節終於到了。

白色情人節與女性將愛與巧克力贈與男性的情人節一樣，都發祥自日本。

白色情人節始於一九七八年（昭和五十三年），是由福岡縣的老字號點心店，提倡在「情人節回禮日」回贈棉花糖而開始的。之所以能約定俗成，無非是日本男性禮尚往來的一番心意。白色情人節是個充滿體貼與感謝的日子呢。

●今天的樂趣

【只有日本過白色情人節？】

白色情人節雖然發祥自日本，但近幾年來，在韓國與台灣也逐漸流行起來了。

【國際婚姻日】

日本首度頒佈認同國際婚姻的法律，是在一八七三年（明治六年）的今天。現在，日本的國際婚姻比例約在百分之三到四之間浮動。

【數學日】

今天的日期正好和圓周律「三點一四」一模一樣，為了讓大家知道數學的重要性，今天便訂為數學日了。

3月 彌生

15日

距離元旦經過…………73 日

距離除夕尚有…………291 日

〔二十四節氣〕
驚蟄

〔七十二候〕次候
桃始華

梅若涙雨

今天下的雨稱為「梅若涙雨」。「梅若」全名梅若丸，是一名平安時代的傳說人物，他被人口販子拐走、帶到東國後，在隅田川畔病逝。當時的人們可憐梅若丸，便替他立墳、祭拜他。室町時代時，這則傳說成為能劇的題材，之後也改編成歌舞伎、淨琉璃等眾多作品，人稱《隅田川物》。

梅若丸是在農曆三月十五日逝世的。先人們認為老天爺可憐梅若丸的悲慘命運，便為他在這天下雨。淅淅瀝瀝的綿綿春雨，確實與「涙」這個字很吻合呢。

●今天的樂趣

【梅若塚】

位於隅田川畔的木母寺（東京都），如今仍留有「梅若塚」，相傳這裡曾經祭祀過梅若丸。

【鞋子紀念日】

一八七〇年（明治三年）的今天，日本創立了第一間西鞋工廠，一開始製作的是軍靴。在工廠的舊址——東京中央區入船，還立有紀念碑。心愛的鞋子記得要在穿過之後讓它休息幾天，才能常保如新唷。

【春日大社御田植儀式】

「御田植」是以八乙女的田舞象徵種植松苗，搭配神樂男的田植歌來祈求豐收的祭典。從春日大社（奈良縣）的御田植神事開始，全國各地都會舉辦祈求五穀豐收的御田植祭典。

◆季節的樂趣

【獨活】

「山獨活」是山林裡野生的獨活，超市常賣的白色獨活是人工栽培出來的。獨活切開後立刻浸泡醋水能防止變色。若想品嚐獨特的香氣與清脆的口感，不妨做成醋味噌拌菜。皮只要做成金平（將蔬菜切絲後以砂糖、醬油拌炒）炒獨活，就不會有澀味了。

3月 彌生

16日

距離元旦經過…………74 日

距離除夕尚有…………290 日

〔二十四節氣〕

驚蟄

〔七十二候〕末候

菜蟲化蝶

田神與十六糰子

日本人相信守護稻穀生長，讓稻穗結實纍纍的「田神」，春秋之際會守在水田邊，秋冬之際則會留在山裡，化為「山神」。

今天正好是這名勤快的田神下山的日子。在東北及關東地區，有些地方的居民因為今天是十六日，所以會做十六顆糰子祭拜田神。糰子用上新粉揉製，以竹籤串起來裝盤。這個習俗稱為「十六糰子」，是用田神恩賜的稻米粉末祭拜，祈求今年更加豐收的儀式。

● 今天的樂趣

【菜蟲化蝶】

現在正是在蛹中度過寒冬的蝴蝶幼蟲羽化，在繁花間優雅飛舞的季節。「菜蟲」指的是啃食白蘿蔔或白菜等蔬菜葉子的小蟲。紋白蝶的幼蟲是最常見的品種。

【國家公園指定紀念日】

國家公園是政府為了將美麗豐富的大自然保留給下一代，加以保護、管理的風景區。一九三四年（昭和九年）三月十六日，瀨戶內海、雲仙、霧島這三處，由政府指定成了日本最早的國家公園。

3月 彌生

17日

距離元旦經過…………75 日

距離除夕尚有…………289 日

〔二十四節氣〕

驚蟄

〔七十二候〕末候

菜蟲化蝶

土裡冒出筆來

我小時候住的房子附近有河川經過。每到春天，河畔就會冒出許多筆頭菜。我總是採得雙手滿滿的，然後得意洋洋地帶回家，請家人涼拌來吃。

當我知道「筆頭菜」這幾個字怎麼寫時，有種恍然大悟的感覺。筆頭菜的頭確實就像筆一樣。當孢子從頭部飛散出去，筆頭菜就會枯萎，這在植物學上稱為「孢子莖」，而它的營養莖「杉菜」就是為了孕育孢子莖而生的，裡頭蘊含了豐沛的生命力。

●今天的樂趣

【筆頭菜料理】

此時正是筆頭菜在於河畔、原野、田埂間探頭的季節。食用筆頭菜前，必須先將莖上的葉鞘去除，但裡頭所含的鹼會讓手指變黑，所以得戴上塑膠手套再剝。

〈蛋炒筆頭菜〉（兩人份）

①筆頭菜（兩百克）去除葉鞘，用流水清洗多遍。

②汆燙十分鐘，再泡冷水約三十分鐘。

③將水瀝乾，用油拌炒。

④將醬油、味醂、日本酒、砂糖（各一大匙）加入③煮到收汁。

⑤淋入蛋液（兩顆蛋的量），闔上蓋子，悶一到兩分鐘就完成了。

【聖派翠克節】

這是紀念聖派翠克主教將天主教引入愛爾蘭的節日。在這天，愛爾蘭會舉辦盛大的慶祝儀式。日本則會在原宿（東京都）、橫濱市（神奈川）、名古屋市（愛知縣）等地舉辦遊行。參加者一定會穿戴愛爾蘭的象徵色——綠色的服飾或配件。

3月　彌生

18日

距離元旦經過	76日
距離除夕尚有	288日

〔二十四節氣〕
驚蟄

〔七十二候〕末候
菜蟲化蝶

入彼岸

以三月的春分與九月的春分為中間日，加上前後各三天一共七天，合稱「彼岸」。日本人會在彼岸時清理佛壇、掃墓，於全國寺廟舉行法會「彼岸會」，在這段期間緬懷與自己血脈相承的祖先。今天是彼岸的第一天，俗稱「入彼岸」。

在佛教國家中，只有日本有這樣的習俗。究竟為什麼日本會在彼岸時掃墓呢？理由眾說紛紜。有一說認為，這是引入崇拜老祖宗的習俗，藉此宣揚佛教的聖德太子的點子。「彼岸」是佛教用語，象徵大徹大悟的境界。相對的，我們所居住的紛紛擾擾的塵世，則稱為「此岸」。

太陽在春分與秋分這兩天，會從正東方升起，朝正西方落下。或許相信西方極樂淨土的先人，因此將情感寄託在西沉的太陽上，想要藉此與彼岸的故人交流。

●今天的樂趣

【牡丹餅】

牡丹餅的名字一般依春秋而異，但也有各種不同的說法，例如「形狀大的稱為牡丹餅，形狀小的稱為荻餅」、「紅豆裹一圈的稱為牡丹餅、放頂端的稱為荻餅」、「裹豆沙的稱為牡丹餅、裹蜜紅豆的稱為荻餅」。除了紅豆及黃豆粉以外，還有許多具有鄉土特色的牡丹餅，例如關西會裹青海苔，東北會裹毛豆餡。

【春眠日】

今天也是「春眠日」，這是搭配世界睡眠日而定的。春天時日照時間會變長，導致原本適應冬天的生理時鐘錯亂，出現類似

在春彼岸，日本人會用「牡丹餅」祭拜祖先。這是一種將糯米或白米蒸熟，捏成一小團，用紅豆餡或黃豆粉裹起來的和菓子。春天因為有牡丹花，所以人們將它命名為「牡丹餅」。在秋彼岸，同樣的點心則改稱「荻餅」。

一如「寒暑不過彼岸」這句俗諺，到了這個時節，冬天的嚴寒也消退了，變得溫暖宜人。彼岸已經深入了我們的生活，不僅僅是追思故人的節日，也是季節交替的指標。

時差的現象。加上氣候溫暖、令人昏昏欲睡，就成了「春眠不覺曉」了。起床時曬一曬陽光，在棉被裡做些簡單的伸展運動，就能趕跑瞌睡蟲唷。

【導盲磚日】

一九六七年（昭和四十二年），岡山縣設置了世界上最早的導盲磚。如今全球已有超過一百五十個國家設置日本發祥的導盲磚。

3月　彌生

19日

距離元旦經過…………77日
距離除夕尚有…………287日

〔二十四節氣〕
驚蟄

〔七十二候〕末候
菜蟲化蝶

〈螢之光〉與〈仰望師恩〉

相信許多人都有過聽到音樂時，突然想起忘記的事情或情感的經驗。好比說在這個季節，一聽到〈螢之光〉或〈仰望師恩〉，就會自然而然想起畢業典禮。

我因為好奇而查了一下，發現兩首曲子都來自國外。〈螢之光〉是蘇格蘭民謠，〈仰望師恩〉是美國歌謠。雖然日本人已經傳唱超過百年了，但日語作詞者始終不詳。一如「音樂無國界」這句話，這兩首曲子跨越了國度與時光，成了日本畢業典禮的經典曲目。

●今天的樂趣

【音樂日】

音樂日（ミュージックの日）源於三（ミュー）月十九（ジック）日的諧音。這是為了提振音樂活動，讓音樂家或歌手能在音樂社團、展演空間等各式各樣的舞台表演而制訂的。

【畢業典禮】

畢業典禮最早可以追溯至明治時代。除了上述的兩首曲子以外，〈離別贈言〉、〈請給我翅膀〉也是一定會出現的曲子。

【道後溫泉巡禮】

「道後溫泉巡禮」是每年三月十九日到二十一日，在道後溫泉（愛媛縣）舉辦的春日祭典。除了有感謝溫泉的祈泉儀式、製作當地名產「長壽餅」的搗麻糬活動、鄉土藝能大賽、古裝遊行以外，還會舉行由身著短褂的女子扛轎的撞神轎儀式「女神輿」。祭典時整座城鎮都會非常熱鬧。

◆季節的樂趣

【海帶芽】

海帶芽在初夏時釋放出孢子，於冬天生長，並在春天迎接產季。只有這個季節，才吃得到肥厚又帶有海味的生海帶芽。它具有豐富的膳食纖維，能維持血流通暢。

3月 彌生

20日

距離元旦經過…………78 日
距離除夕尚有…………286 日

〔二十四節氣〕
驚蟄

〔七十二候〕末候
菜蟲化蝶

開海與挖貝殼

日本群島東西長約三千公里，南北長約兩千七百公里，因此季節的輪替會有時差，每次得知這件事，都深感日本幅員之遼闊。

在這個季節突然映入眼簾的「沖繩開海」，就是此類新聞之一。身穿泳裝或潛水服的孩子們一面發出歡笑，一面在海中游水，令怕冷的我看得羨慕不已。若關東剛好倒春寒，冷得渾身發抖，就更令人羨慕沖繩的好天氣了。

另一方面，關東以西挖貝殼的季節也差不多要開始了。此時白天潮汐的漲落幅度變大，蛤蜊也正要準備產卵，肉會變得非常肥美，迎來盛產季。

●今天的樂趣

【倒春寒】

「倒春寒」指的是三月到四月時氣溫驟降的現象，有時甚至會下起不合時宜的雪。

【沖繩開海】

三月下旬到四月時，沖繩會舉辦開海儀式。除了祈求航海安全以外，當地也會舉行傳統舞蹈「哎薩」遊行、煙火大會等熱鬧的活動。

【防曬日】

「防曬日」是因為這個季節日照時間愈來愈長，為了提醒民眾防範紫外線而制訂的。去海邊玩，也別忘了防曬喔。

3月 彌生

21日

距離元旦經過	79 日
距離除夕尚有	285 日

〔二十四節氣〕
春分

〔七十二候〕初候
雀始巢

陽光普照、朝氣蓬勃的「春分」

「春分」的太陽從正東方升起，朝正西方落下，晝夜幾乎是等長的，自明天開始，白天的時間就會慢慢變長。另外，今天也是春彼岸的「中心日」。

隨著天氣一天比一天暖和，「春意漸濃」也轉為「春天正式來臨」。白天愈來愈長，就像太陽光在催促植物長大一樣，我們的心也不禁雀躍起來。這是因為曬太陽會促進大腦分泌能夠抗憂鬱的血清素，當然，感覺到萬物復甦及氣溫回暖，也是原因之一。不論對植物還是人類而言，太陽都會為我們寶貴的生命注入活力。

● 今天的樂趣

【雀始巢】

對動物們而言，從今天起就是正式的戀愛季節，而麻雀也為了下蛋開始築巢。聽說以前要是有麻雀到家裡築巢，人們就會非常開心，認為這是一種象徵繁榮的好兆頭。

【春分】

春分時，天皇會在宮中舉行「春季皇靈祭」祭祀歷代天皇等皇族。這天本來是國家舉行宗教儀式的日子，但從一九四八年（昭和二十三年）開始，便成了「歌頌自然，愛惜生物」（摘自國定假日相關法條）的國定假日了。

3月 彌生

22日

距離元旦經過…………80日

距離除夕尚有…………284日

〔二十四節氣〕

春分

〔七十二候〕初候

雀始巢

原來是名水兩百選

日本是一個水資源豐富的國家，全國各地都有清流及泉水，養育著這片土地及人民。為了保護國家的水資源能夠留到後代，一九八五年（昭和六十年），日本選出了「名水百選」。時光流逝，到了二〇〇八年（平成二十年），居民們又針對如何積極保育水資源，重新選出了「平成名水百選」。

二〇一六年（平成二十八年），日本環境省調查了最受歡迎的名水。「觀光地的絕佳名水」由安曇野山葵田湧泉流域奪冠（長野縣名水百選）；「最好喝名水」由美味的秦野水～丹澤水珠～奪冠（神奈川縣名水百選）；「祕境絕佳名水」則由烏川螢火蟲之鄉湧泉流域奪冠（愛知縣平成名水百選）。

● 今天的樂趣

【世界水資源日】

聯合國大會為了推廣使用淨水的重要性，制定了世界水資源日。世界各國都將在這天公開討論水資源的問題，以及發表最新的水資源技術。

【昭和與平成的名水百選】

這兩種名水百選不一定適合飲用，若要飲用請向當地政府機關洽詢。

【開播紀念日】

日本廣播協會（NHK）的前身——東京廣播局，於一九二五年（大正十四年）的今天，首次在日本播放廣播。

3月　彌生

23日

距離元旦經過	81日
距離除夕尚有	283日

（二十四節氣）
春分

（七十二候）初候
雀始巢

油菜籽梅雨

原以為油菜花盛開後，氣溫終於要回暖了，想不到卻下起了濕冷的綿綿細雨。這正是這個季節特有的「油菜籽梅雨」。也有一說認為，催促花朵盛開的「催花雨」變成了「油菜花雨」，所以才會稱為油菜籽梅雨。

春季久雨又稱為「春霖」跟「春霖雨」。「霖」是指下超過三天的雨，下超過十天的雨稱為「霪」。

●今天的樂趣

【世界氣象日】

世界氣象日是為了紀念一九五〇年（昭和二十五年）世界氣象組織公約生效才制定出來的。每年世界氣象組織都會選定活動主題，加深各國的氣象知識，以及對其他國家的了解。

除了「油菜籽梅雨」外，但願我們還能將更多形容日本氣候多樣性的詞彙流傳下去。

◆季節的樂趣

【白玉蘭】

玉蘭花有紫色跟白色，紫色花朵的稱為紫玉蘭，而白色花朵的則稱為白玉蘭。白玉蘭是一種樹高可達二十公尺的落葉喬木，三至四月時會開出香氣怡人的雞蛋型花朵，花苞可以當成中藥，能有效治療頭痛及鼻炎。

【雪地胡蘿蔔】

雪地胡蘿蔔是北國的贈禮。據說只要把秋天採收的胡蘿蔔埋在雪地裡過冬，胡蘿蔔就不會有草腥味，甜度也會是一般胡蘿蔔的兩倍。透過沙拉棒跟果汁直接享用胡蘿蔔的甜美滋味吧。

3月 彌生

24日

距離元旦經過…………82 日

距離除夕尚有…………282 日

〔二十四節氣〕
春分

〔七十二候〕初候
雀始巢

連子鯛日

日本海西部及東海一帶棲息了很多別名「連子鯛」的黃鯛，相傳這種魚是一群女性投海後的化身。連子是從有可愛之意的「ベンコ」訛傳來的，但受到鄉音的影響就成了今日所見的「連子」（れんこ），這個詞也代表接連捕撈上岸的意思。

一一八五年（元曆二年）三月二十四日，平家在壇之浦之戰一役中滅亡。這場戰役的舞台在山口縣，傳說當時與年幼的安德天皇一同跳海自盡的女官們都化成了連子鯛。連子鯛經過加熱之後，肉質鬆軟，非常適合鹽烤或紅燒，比真鯛還要經濟實惠的價格也是牠的魅力所在。

【彼岸最終日】

據說彼岸時陰陽兩界可以相通，而這天就是為期七天的春彼岸的最後一天。讓我們懷著對祖先的感謝及祈禱打掃佛壇及掃墓吧。

【檸檬忌】

這天是大正時期以短篇小說《檸檬》聞名的小說家——梶井基次郎的忌日。相信很多人高中時都有在國文課本讀到這篇作品吧。內容描述在京都街頭遊蕩的主角因擺脫不了莫名的憂鬱，而把檸檬果實當成了炸彈。

● 今天的樂趣

【連子鯛日】

一一八五年（元曆二年）的今天，一群貴族女性在壇之浦之戰中跳海自盡，化身成連子鯛，因為這個傳說，今天才會定為連子鯛日。連子鯛略帶黃色的閃亮櫻花色鱗片就如平安女官一樣美麗。跟其他鯛魚一樣，接下來就是牠的產季了。

3月　彌生

25日

距離元旦經過…………83日

距離除夕尚有…………281日

〔二十四節氣〕

春分

〔七十二候〕初候

雀始巢

朧月夜

日本有許多形容月亮很美的詞彙，例如：三日月、上弦月、寢待月、立待月等等……因為對那些生在沒有電燈跟霓虹燈，只能依據月亮盈虧定出的農曆生活的人們來說，當時最明亮且最可靠的就是月光了。

「朧月」也是美麗月光的代名詞，指的是春天時高掛夜空的朦朧月色。「朧」則是一種自然現象，指的是遠方的景色在晚上時因大氣裡的塵埃跟水分顯得模糊不清的樣子。同樣的現象，在白天則稱為「霞」。輪廓柔和的月亮是夜空送給人們的禮物，讓我們悄悄關上房間裡的燈，享受一下春天賞月的感覺吧。

●今天的樂趣

【電力紀念日】

日本第一次在公共場所點燈就是在一八七八年（明治十一年）的今天。相傳當時亮起的燈光令人們目眩神迷，覺得「日本彷彿成了不夜城，連晚上都有太陽升起」。

【朧月】

「夕陽沒入油菜花田，遠處山邊晚霞漸深。」想必很多人都會唱這首〈朧月夜〉吧。

「朧月」是春天的季語，它神祕的面貌自古以來就是和歌跟俳句的題材。

【花會式】

藥師寺（奈良縣）的修二會（P76）將從今天開始一直舉行到三月三十一日為止。修二會是祈求國家興盛及五穀豐登的儀式，會場將準備十種五彩繽紛的人造花祭拜藥師如來的佛像，因此別名「花會式」。

◆季節的樂趣

【朧饅頭】

把蒸好的饅頭去掉外面那層薄皮，就是朧饅頭。日本茶道流派之一的表千家有個傳統，就是會在三月二十七日利休忌的茶席上吃這種饅頭。

3月　彌生

26日

距離元旦經過…………84 日

距離除夕尚有…………280 日

〔二十四節氣〕
春分

〔七十二候〕次候
櫻始開

犀星忌

家鄉
是讓人在遠處思念
哼起悲傷旋律的地方

（出自室生犀星〈小景異情〉）

讀到這段詩歌時，我感到非常難過，內心深處緊揪成一團。曾離開家鄉在外地生活的人，想必深有同感吧。

我在新年度即將到來之際，想起了這首詩，以及當時剛到東京升學的自己。

隨著我在東京生活的愈久，家鄉好像就離我愈遠。或許是因為這個邂逅與分離的季節，才令人有些多愁善感吧。

●今天的樂趣

【櫻始開】
春分的次候正是大家殷切期盼櫻花盛開的時候，這時櫻前線也在朝北邊移動。

【犀星忌】
這天是活躍於大正、昭和時代的詩人兼小說家——室生犀星的忌日。他的代表作有《愛的詩集》、《甜蜜的哀傷》、《杏子》等等。

【比良八講】
天台宗將在今天舉行法會。僧侶會乘著船將取自比良山（滋賀縣）的法水灑向琵琶湖，以祈求平安順遂。

3月　彌生

27日

距離元旦經過…………85日

距離除夕尚有…………279日

〔二十四節氣〕

春分

〔七十二候〕次候

櫻始開

櫻花日

日本人最愛的櫻花就快盛開了。當全日本都洋溢著「還沒開嗎？差不多該開了吧。」的期待之時，櫻前線彷彿也在回應眾人的期待，逐漸往北移動。

今天會訂為櫻花日，除了七十二候的「櫻始開」之外，也是因為「盛開」（咲く）跟二十七日諧音（咲く音同39，3×9＝27）。

櫻前線是用來預測日本各地櫻花（主要是染井吉野櫻）開花日期的等高線，要是各地氣象台觀測的「標本木」至少開了五、六株，就表示「宣告開花」。往年只要櫻前線通過九州跟四國，我就會日夜期盼櫻花快快盛開，然而一旦真的「開花」，又會感到有些寂寞，只能苦笑自己太過任性。

令我們憂喜參半的櫻前線，其實是因為染井吉野櫻的某種特性才得以標示出來的——那就是日本全國各地的染井吉野櫻都來自同一個源頭。

●今天的樂趣

【櫻前線】

櫻前線會從三月底開始從九州逐漸往北移動，並於五月初抵達北海道。沖繩與奄美地區因為沒有種植吉野櫻，所以標本木是山櫻花，北海道則是日本山櫻。賞櫻的最佳時機約在宣告開花的一個禮拜後，若標本木開了超過八成以上的花，就是「盛開日」。

染井吉野櫻是江戶時代末期在江戶駒込的染井村（現在的豐島區駒込一帶）開始種植的。那長出葉子前綻放的燦爛櫻花，想必擄獲了眾人的心。進入明治時代後，各地政府皆開始種植染井吉野櫻。由於染井吉野櫻無法互相授粉，只能透過嫁接跟扦插繁殖，因此所有的染井吉野櫻都有著相同的基因，只要具備合適的氣溫跟氣候，遠處的櫻花樹也會在相同的時間點開花，這也是櫻前線為什麼能夠形成的原因。

不管是令人歎為觀止的行道櫻花樹，還是櫻花散落之際的櫻吹雪，都是人類與櫻花，以及大自然合力打造的風景。

【表千家利休忌】

千利休的忌日是農曆的二月二十八日。表千家會在一個月後，也就是三月二十七日舉行追思茶會。他們會對著畫有利休的掛軸供奉油菜花、茶水，以及用梔子染色而成的黃色朧饅頭。

◆季節的樂趣

【櫻餅】

櫻餅最早是在江戶時代的向島長命寺門前販售的。關東風味的餅皮是由麵糊煎製而成，關西風味的彈牙餅皮則是用道明寺粉蒸製而成。

3月　彌生

28日

距離元旦經過	………86日
距離除夕尚有	………278日

〔二十四節氣〕春分

〔七十二候〕次候 櫻始開

山芹菜

這個季節經常可以看到店門口擺著山芹菜。帶有跟牛蒡一樣細長的根及白梗的是「帶根山芹菜」。它比利用海綿水培的「水耕山芹菜」稍微貴一點，但兩者的香氣卻無法相提並論。這種時候就是要捨得花錢，不然錯過就得等到下次產季了。

山芹菜的香氣由「cryptotaenene」及「mitsubaene」兩種成分組成，具有促進食慾及安定心神的功效。其堅韌的根部當然也別有一番風味，可以洗淨後做成金平，也可以連梗帶葉直接汆燙做成涼拌菜。若想保留山芹菜的香氣，重點就在於不過度加熱。

● 今天的樂趣

【山芹菜日】

山芹菜之日（ミツバの日）源自三（ミ）月二十八（ツバ）日的諧音。市面上有三種常見的山芹菜，水培的山芹菜稱為「水耕山芹菜」（綠山芹）、帶根販售的稱為「帶根山芹菜」，切掉根部的則稱為「無根山芹菜」（白山芹）。這三種皆是山芹菜，都是原產自日本的辛香蔬菜。

【紀三井寺櫻花祭】

紀三井寺（和歌山縣）裡種植了約五百株櫻花樹，其中還有預測關西櫻前線的標本木。每逢三月二十日～四月二十日的櫻花祭，就能在這裡欣賞到獲選「賞櫻名所百選」的優美風景。

◆ 季節的樂趣

【櫻花蝦】

櫻花蝦的名字源自於牠櫻花色的外表，日本只有駿河灣（靜岡縣）才能捕到。吃的時候會連頭帶殼，所以能攝取到滿滿的鈣質。

3月 彌生

29日

距離元旦經過…………87 日

距離除夕尚有…………277 日

〔二十四節氣〕

春分

〔七十二候〕次候

櫻始開

地上星光螢烏賊

春天時可以在富山灣看到一幅非常漂亮的景象，它的名字有點嚇人，叫做「螢烏賊投海」。

每年只要一到產卵季，就會有大批螢烏賊聚集到富山灣，牠們會在靜謐的新月之夜，被陣陣浪濤沖到鄰接富山灣的滑川市海岸。岸上將綴滿螢烏賊的光亮，因為牠們回不到海裡，只能在這兒迎接生命的終點。這種「螢烏賊投海」的現象，據說是因為螢烏賊會在黑夜裡迷失方向所導致的。

此時像根大勺子的北斗七星正好高掛夜空，如此神祕的光景，令人不禁幻想這一大群散發璀璨光芒的螢烏賊，說不定就是從勺子上掉下來的呢。

● 今天的樂趣

【北斗七星】

北斗七星其實是大熊座的一部分，而不是星座的名字。每年的這個季節，它就會在北方高空閃爍耀眼的光芒。

【綠球藻日】

一九五二年（昭和二十七年）的這一天，日本政府將阿寒湖（北海道）的綠球藻，指定為國家特別天然紀念物。

◆ 季節的樂趣

【螢烏賊】

滑川市有一種海上觀光行程，可以近距離觀看捕獲螢烏賊的情景。螢烏賊的經典菜色是螢烏賊佐醋味噌，但用醬油醃漬或燻製後的螢烏賊也相當美味。

3月 彌生

30日

距離元旦經過…………88日
距離除夕尚有…………276日

〔二十四節氣〕
春分

〔七十二候〕次候
櫻始開

春季蔬菜

俗話說「春季常吃苦」，這句話是先人智慧的結晶，要人們在初春時品嘗略帶苦味的鮮蔬跟嫩菜，使慵懶洋洋的身體從冬日甦醒過來。

然而一旦一進入真正的春天，市面上便會充滿甘甜味美的春季蔬菜，彷彿要告訴大家，此時的氣候與季節多麼舒適宜人。有採收後放進雪地裡儲藏，藉此引出甜味的胡蘿蔔、葉片跟荷葉邊一樣蓬鬆的春季高麗菜，以及雪白無瑕的新洋蔥。只要在季節蔬菜棒跟沙拉上加一點簡單的調味，身體就能感受到春天的活力。

●今天的樂趣

【國立競技場落成紀念日】

一九五八年（昭和三十三年），明治神宮（東京都）外苑的國立霞丘競技場，終於在今天竣工了。

◆季節的樂趣

【春季高麗菜沙拉】

（兩人份）

① 將四分之一顆春季高麗菜切成適當大小，加入半小匙的鹽抓勻。

② 等高麗菜變軟後，加入半大匙的和風醬，再混合切碎的紫蘇葉跟薑泥即可享用。

3月　彌生

31日

距離元旦經過…………89日

距離除夕尚有…………275日

〔二十四節氣〕

春分

〔七十二候〕末候

雷乃發聲

年度尾聲

今天是年度的尾聲，自明天開始就會有許多人邁向新的里程碑，例如：入學、晉級、升學、就職、換工作等等……。

日本政府曾嘗試訂一月或十月做為新年度的開始，經過反覆試驗後，最後於一八八六年（明治十九年）確立「一年的開始為一月一日，新年度的開始為四月一日」的制度。但奇妙的是，目前還沒有明確的理由解釋為什麼是制定在四月。

換句話說，今天就是另一個除夕，好好犒賞自己過去一年的努力，準備迎接新的開始吧。

●今天的樂趣

【雷乃發聲】

春分末候指的是冬季潛伏的雷聲於此時開始轟隆作響，不過春雷多半只打在遠方就結束了。

【山菜日】

與日本飲食生活息息相關的山菜日（さんさいの日）源自三（さん）月三十一（さい）日的諧音，代表享用美味山珍的季節即將到來。

【生理時鐘日】

生理時鐘的機制是透過每天規律的周期，來保持身心平衡。如果生理時鐘錯亂，就會引發睡眠不足、注意力不集中及肥胖等問題。春天很容易導致生理時鐘錯亂，若要調整，關鍵就是規律的生活及多做日光浴。

◆季節的樂趣

【草餅】

充滿春天香氣的草餅是混入鼠麴草或艾草搗製而成的和菓子。古人認為這種香氣可以祛除邪氣，遠離疾病。

4月

卯月

うづき

春日浪漫、百花盛開，
和煦的清風陣陣拂來。
年分轉換，
心情也跟著清新的空氣煥然一新。

4月　卯月

1日

距離元旦經過…………90日

距離除夕尚有…………274日

〔二十四節氣〕春分

〔七十二候〕末候　雷乃發聲

新年度的第一天與愚人節

新的年度開始了。在今天，整個社會氛圍都會從「上一年」汰舊換新。

各大專院校會舉辦開學典禮，公司也會舉行入社典禮迎接新員工，許多新制度也在今天上路。例如消費稅就是在一九九七（平成九年）四月一日導入的。將市町村合併為新縣市（市制），也大多從四月一日生效。

今天也是愚人節，是眾所周知「可以光明正大說謊的節日」。總之，日本的四月一日是非常忙碌、熱鬧的一天。

我第一次知道愚人節，是在就讀小學低年級的時候。還記得當時我年紀尚幼，深信「說謊會被閻羅王拔舌頭」，因此對愚人節感到又驚訝又困惑。後來我滿心期待要在這天整人說謊，偏偏正值春假，遇不到同學，只好改騙姊姊：「今天下雪耶！」撒些無傷大雅的小謊。

「無傷大雅的小謊」是符合愚人節精神的，因為愚人節能撒的只有「無罪的

●今天的樂趣

【卯月】

「卯月」是四月與農曆四月的別稱，源於卯花（溲疏花）的花季「卯花月」。

【入社典禮】

許多公司都會舉行入社典禮，其實這是日本獨特的傳統。由於國外沒有讓員工同一天進公司的習俗，因此在外國人眼中，這應

謊言」。也有人說要是上午撒了謊，下午就得乖乖自首。而被騙的人則稱為「四月愚人」。

愚人節的起源眾說紛紜，有人說出自舊約聖經，也有人認為出自希臘神話、印度，甚至是法國皇朝，傳入日本則是在大正時代。這幾種說法中或許有的不過是煞有介事的謠言，但不論如何，既然是在今天撒的謊，那就是開心的謊言。該是種很奇妙的現象吧。

【熊本甘夏之日】

甘夏橘於冬天採收後經過儲藏，到此時正好甜度增加、酸味減少，供貨量因此大增，紛紛出現在市面上。全日本甘夏橘產量最多的地方是熊本縣，甘夏橘製成的果凍、果汁也是當地的特產。

【健身之日】

新年度的第一天非常適合透過慢跑、重訓展開健身計畫、迎接新生活，因此今天便訂為「健身之日」了。

4月 卯月

2日

距離元旦經過…………91 日
距離除夕尚有…………273 日

〔二十四節氣〕
春分

〔七十二候〕末候
雷乃發聲

賞櫻

日本人在春天播種前，會向神明祭拜貢品、美酒以祈求豐收，這種習俗就是「賞櫻」的由來。「櫻花」與神祇關係密切，根據傳說，「櫻」的語源是「神明所坐的地方」，此外也有「櫻花綻放代表田神降臨」等信仰。

「賞櫻吃糰子」（花より団子）和「賞櫻品酒」（花より花見酒）也是這個季節的一大樂事，於大寒時釀造的日本酒「寒造」也正好在此時上市。現代人賞花，早已是人神同樂的節慶了。把握季節，好好欣賞燦爛的櫻花吧。

●今天的樂趣

【國際兒童圖書節】

這是根據世界知名童話作家安徒生的誕辰所制訂的節日。在櫻花樹下聽故事、看書，也是一種樂趣。

◆季節的樂趣

【花見糰子】

「花見糰子」由上而下分別為桃、白、綠三色，象徵白雪消融後新芽探出頭來以及櫻花盛開的樣子。

4月　卯月

3日

距離元旦經過	92日
距離除夕尚有	272日

〔二十四節氣〕
春分

〔七十二候〕末候
雷乃發聲

四季豆之日

四季豆的產季其實要等到六月，但「四季豆之日」卻是訂在今天，因為將四季豆從明朝傳入日本的禪僧——隱元，就是在今天圓寂的。

隱元於江戶時代前期，受幕府之邀來到日本，創立黃檗宗與黃檗山萬福寺（京都府）。除了四季豆，他也帶來了煎茶、蓮藕、西瓜與孟宗竹。此外，日本人最熟悉的字體之一「明朝體」，也是依據隱元帶來的經書刻板所制訂的。就連念經時敲得咚咚作響的木魚，相傳也是由隱元推廣開來的。

● 今天的樂趣

【晚一個月的女兒節】

某些地區會晚一個月過女兒節，而今天正好就是當地的女兒節。例如山形縣西村山的郡河北町，便會舉辦女兒節娃娃古物展，展出由紅花商人世家收藏的女兒節古偶（時代雛）。

【風獅爺之日】

「風獅爺之日」（シーサーの日）源自四（シー）月三（サー）日的諧音。風獅爺是沖繩人裝飾在屋瓦上的獅子陶像，能驅魔並守護闔家平安。那霸市的陶藝街「壺屋通」，不時會舉辦製作風獅爺的體驗教室與企畫展。

【日本橋開通紀念日】

一九一一年（明治四十四年）的今天，日本橋從木橋改建成了石橋。日本橋是隨著江戶幕府開府而架設的，同時也是五街道㊟的起點。現在，橋中央仍設有「日本國道路元標」的標誌。

【舞花見】

「舞花見」是從元祿年間起，在成田山新勝寺（千葉縣）一帶舉辦的習俗。身著和服的女子們會巡迴十六座寺廟與神社，載歌載舞，祈求惡疾退散、五穀豐收。

㊟以江戶為起點的五條交通幹道，分別為東海道、日光街道、奧州街道、中山道、甲州街道。

4月 卯月

4日

距離元旦經過…………93 日
距離除夕尚有…………271 日
〔二十四節氣〕
春分
〔七十二候〕末候
雷乃發聲

豆沙派？蜜紅豆派？

紅豆麵包、饅頭、銅鑼燒等日式點心絕對少不了紅豆餡。愛吃紅豆餡的人通常會分為蜜紅豆派與豆沙派，而我則是蜜紅豆派。這大概是受到奶奶總會做淋滿蜜紅豆的「紅豆麻糬」給我吃的影響吧。

一般來說，關東人喜歡豆沙，關西人則喜愛蜜紅豆。不過甜度應該也有地區上的差異。你是哪一派呢？

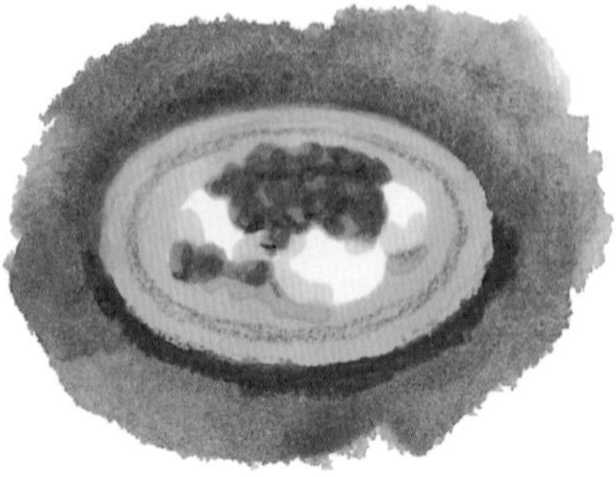

● 今天的樂趣

【紅豆麵包日】

一八七五年（明治八年）的今天，木村屋創始店第一任老闆安兵衛，將紅豆麵包進獻給明治天皇做為賞花茶點。為了紀念這一天，今天就成為「紅豆麵包日」了。木村屋的紅豆麵包裡包滿了豆沙餡，中間凹陷的「肚臍眼」則埋有鹽漬櫻花。

【銅鑼燒之日】

三月三日是為了女孩而設立的女兒節，五月五日是為了男孩所設立的端午節，而四月四日則是吃下銅鑼燒，不論男孩女孩都能幸福（日文的幸福「しあわせ」的「し」與四同音）的日子。當然，大人吃了銅鑼燒也會很幸福喔。

【牙周病預防日】

「牙周病預防日」源於「齒」（し）、「預」（よ）和「四」（し）月「四」（よ）日諧音。據說三十到五十多歲的人，約有八成罹患牙周病，這種病比蛀牙更易損害牙齒的健康。想要預防牙周病，記得每天刷牙都要把牙齒與牙齦連接處清潔乾淨。

【大瀨祭．內浦漁港祭】

大瀨祭是大瀨神社（靜岡縣）的例行祭典，當中最有名的就是青年穿女裝表演的「勇舞」了。跳完舞後，青年們會將扔進海裡的米俵（裝米用的草袋）撈起來祭拜神明，祈求漁獲豐收及航海平安。神社附近的內浦漁港，也會舉辦舞船遊行。

4月　卯月

5日

距離元旦經過…………94日

距離除夕尚有…………270日

〔二十四節氣〕

清明

〔七十二候〕初候

玄鳥至

清明

從今天開始，二十四節氣就進入「清明」了。顧名思義，這是一個清爽宜人、光明燦爛的季節。除了有蔚藍的晴天、婉轉的鳥鳴，還有盛開的鮮花，綠意也一天比一天盎然。

為了求偶與繁殖，候鳥更是陸陸續續從南方飛來。在七十二候中登場的「玄鳥」，正是燕子的別名。

在沖繩本島的南部，當地人會舉辦一種叫做「清明」的儀式來祭祀祖先。這個習俗來自中國，親朋好友會一同參拜祖先長眠的「門中墓」，獻上鮮花與供品，持香祭拜。供品大多是麻糬、魚板、燉豬肉等等。

拜完後，大家會圍坐在供品旁，喝琉球燒酒，唱歌、跳舞，讓祖先和活在現世的親友一塊兒同樂。

●今天的樂趣

【玄鳥至】

燕子是一種益鳥，能驅除害蟲，自古以來便備受重視。牠們也是保佑生意興隆的招福鳥，深得人們喜愛。

【橫丁之日】

「橫丁之日」源自四（よ）月五（こ）日與「橫」（よこ）的諧音。「橫丁」是指穿插在大街裡的小巷弄。近年來，商家、餐館林立的橫丁老街，又再度熱鬧起來。

【準備過端午】

一個月後就是端午節了，該決定五月人偶及鯉魚旗什麼時候要擺出來了。

4月 卯月

6日

距離元旦經過…………95 日

距離除夕尚有…………269 日

〔二十四節氣〕
清明

〔七十二候〕初候
玄鳥至

城池日

今天是「城池日」，因為四可以唸成「し」、六則可以唸成「ろ」，與「城池」（しろ）同音。古今中外，城池都是建來當作掌權者的軍事據點或住所的。對日本人而言，周遭圍著護城河，中央坐落著高聳天守閣——這樣的城池形象可說是再熟悉不過。

為了推廣文化遺產，讓身為歷史象徵的城牆與城跡讓更多人看見，日本人從全國都道府縣選出了「日本名城百選」，大家不妨也去這些名城散散步，順便賞花、在春光下野餐吧。

●今天的樂趣

【在城池賞櫻】
日本名城百選之一的佐倉城址（千葉縣），現在約有五十種、共一千一百棵櫻花樹盛開。「日本三大夜城」之一的高田城（新潟縣），則是用燈飾點綴城池與夾道的櫻花樹，打造出華麗絢爛的「櫻花大道」。

【春季全國交通安全運動】
為了遏止交通事故，日本自一九四八年（昭和二十三年）起便定期舉辦「全國交通安全運動」。活動期間為四月六日至十五日，一共十天。不過二〇一九年受到統一地方選舉的影響，改於五月實施。

【讀報日】
「讀報日」（新聞をヨム日）源於四（ヨ）月六（ム）日的諧音。近年來，每天閱讀早報的人數已經下降到原本的一半了，因此各大報社及書報攤都會在這天舉辦宣傳活動，向大家推廣「春天的新生活，從讀報開始」。

◆季節的樂趣

【堇菜】
堇菜是多年生草本植物，開三公分左右的小花，日文稱為「スミレ」。據說之所以叫這個名字，是因為它的花形與木工傳統工具「墨斗」（スミ入れ）非常相似。

4月 卯月

7日

距離元旦經過…………96日

距離除夕尚有…………268日

〔二十四節氣〕
清明

〔七十二候〕初候
玄鳥至

亮晶晶的書包

全日本各地的小學都差不多要舉辦開學典禮了。看到一年級新生嬌小的身軀背著亮晶晶的書包走著，就會忍不住在心底幫他們加油。

一八八五年（明治十八年），文具家族之一的書包在日本粉墨登場。當時乘坐馬車和人力車上學遭到禁止，孩子們只能走路去東京目白學院上課，為此，學校便讓孩子們改背軍用「背包」上學。後來背包改為皮革製，名稱也從荷蘭語的背包「ランセル」（ransel）演變為「ランドセル」。二次大戰後，書包便普及至全日本了。

●今天的樂趣

【開學典禮】

日本的開學典禮仿效自歐美，過去也曾在九月舉辦過。後來因日本政府將新年度的開始訂在四月一日，開學典禮便固定在春天舉辦了。在漫天飛舞的櫻花花瓣下舉辦開學典禮，真是如詩如畫呢。

◆季節的樂趣

【蜂蜜】

此時花草陸續綻放，蜜蜂辛勤工作的身影也隨處可見。蜜蜂的平均壽命為一到三個月。一隻蜜蜂能產出的蜂蜜，僅有一茶匙而已。

4月　卯月

8日

距離元旦經過…………97日
距離除夕尚有…………267日

〔二十四節氣〕
清明

〔七十二候〕初候
玄鳥至

釋迦牟尼佛誕辰

今天是釋迦牟尼佛的誕辰，各地寺院都會舉辦慶祝儀式「花祭」。換言之，就是為釋迦牟尼佛舉辦生日宴會。

釋迦牟尼佛是佛教的創始人，誕生於藍毗尼花園。相傳祂一出生便能行走，右手指天，左手指地，口中唸誦「天上地下唯我獨尊」。雕像「誕生佛」就是在模仿這種形象。

花祭重現了釋迦牟尼佛誕生的一瞬間。人們用姹紫嫣紅的鮮花將名叫「花御堂」的小祠堂裝飾得宛如藍毗尼花園，並在花御堂裡設置水盤，讓誕生佛站在水盤上。水盤的造型仿自大地為慶祝釋迦牟尼佛誕生而長出的蓮花。

信徒參拜時會將甘茶淋在誕生佛身上。據說這個習俗的由來，是上天為了慶祝釋迦牟尼佛誕生，曾派下九條龍吐出長生不老的「甘露」為釋迦牟尼佛澆頂。相傳釋迦牟尼佛也曾用這些甘露沐浴。

甘茶是用繡球花或絞股藍的葉子熬成

●今天的樂趣

【花祭】

「花祭」又稱為「灌佛會」、「佛生會」、「浴佛會」，有些地區會晚一個月，在五月八日舉行。

【卯月八日】

今天有各式各樣的習俗，像是入山打獵、參拜神明、掃墓等等，這些習俗合稱為「卯月八日」。在近畿以西還有另一個代代相傳的習俗「天道花」，人們會在竹竿頂端將石楠花或杜鵑花綁成花束來避邪。

【忠犬小八之日】

一九三四年（昭和九年），為了紀念忠犬小八忠心耿耿地等待過世的主人，雕刻家安藤照在澀谷

的茶，顧名思義帶有微微的甘甜，一直以來人們都將它視為珍貴的消災解厄茶，會在參拜後帶回家裡，與家人一同飲用、去除晦氣。

寺廟所經營的幼兒園和托兒所，每年都會隆重舉辦花祭。據說孩童只要將甘茶淋在誕生佛身上，就能健康長大。相信應該有人已經想起了繽紛的花御堂，以及好喝的甘茶了吧。有些寺廟還會舉辦幼兒遊行，孩子們會盛裝打扮列隊行走，看了令人忍俊不住。但願他們都能平安健康地長大。

車站前（東京都）設立了小八的銅像。隔年，小八於十歲時去世，如今小八的銅像已經是澀谷的標誌了，人們會在今天舉辦慰靈祭。

◆季節的樂趣

【石楠花】

石楠花的花瓣高雅優美，彷彿洋裝的荷葉邊，因此又有「花木女王」的稱號。

別稱「石楠花寺」的高野寺（佐賀縣）每年都會舉辦石楠花祭。大家不妨找找看附近的賞花名勝什麼時候開石楠花。

4月　卯月

9日

距離元旦經過…………98日
距離除夕尚有…………266日

〔二十四節氣〕
清明

〔七十二候〕初候
玄鳥至

大佛之日

七五二年（天平勝寶四年）四月九日，東大寺舉辦了大佛開眼供養會。「開眼供養」是讓神靈進入佛像的儀式，在這天，歷時七年建造的大佛終於落成。

現在大家熟悉的「奈良大佛」，正式的名字其實是盧舍那佛。盧舍那佛綻放的光芒能普照天下、超渡有情眾生，是非常殊勝的佛。佛像高約十五公尺，台座高約三公尺，抬頭看時高度將近十八公尺。我第一次參拜的時候，也因為大佛比想像中更宏偉而大吃一驚。

其實奈良大佛在歷史上命運多舛，不但頭部曾經斷裂，還遇過祝融之災。歷經前人的修復與改建，才呈現出現在的樣貌。對大佛的熱忱與信仰成了當時人們的心靈支柱，也因此現在仍有許多人非常崇敬大佛。

●今天的樂趣

【大佛之日】

「大佛之日」源自奈良大佛的開眼供養儀式。現存的日本大佛約有一百尊，最大的為牛九大佛（茨城縣・一百二十公尺），其次為日本寺大佛（千葉縣・三十一公尺），長濱琵琶湖大佛（滋賀縣・二十八公尺）則位居第三。

【當代民謠日】

「當代民謠日」（フォークソングの日）源自四（フォー）月九（ク）日的諧音。當代民謠誕生於一九五〇年代的美國，一路流行至六〇年代，在日本則是於一九六〇年代後半至八〇年代掀起熱潮。

4月 卯月

10日

距離元旦經過…………99日
距離除夕尚有…………265日

〔二十四節氣〕
清明

〔七十二候〕次候
鴻雁北歸

「離巢」與「入巢」

在日本度過冬天的白額雁與寒林豆雁，差不多要與來自南國的燕子交換，回西伯利亞去了。在北海道美唄市的宮島沼，會有將近六萬隻白額雁在這裡休憩，準備踏上北歸之旅。「離巢」時，牠們會從周遭的水田同時飛向空中，尋找掉落的稻穀與水草當作食物，直到傍晚才飛回來「入巢」，這樣的景色可謂這個季節的風情詩。此起彼落的鳥鳴聲，在北方大地迴響不絕。

●今天的樂趣

【鴻雁北歸】

「鴻」即為大雁。清明次候指的就是「白額雁、寒林豆雁、小白額雁要回到北方去了」。

【鳥雲】

白額雁北歸時的陰天，稱為「鳥陰」。日語喜歡描述花鳥風月更勝於人，著實風雅。在這個季節，還有「花陰」（花季時的陰天）、「花寒」（花季天寒）等說法。

【火車便當日】

「火車便當日」之所以訂在四月十日，一是因為便當的「當」（とう）與十（とう）日諧音，二是因為四月開始就是旅遊旺季。買一份火車便當就能輕鬆享受當地美食，非常吸引人。在列車內吃不但令人興奮，還有種懷舊的感覺。在家裡吃則可以體驗旅遊氣氛。

◆季節的樂趣

【島辣韭】

島辣韭主要栽培於沖繩，滋味嗆辣並帶有強勁的香氣。除了經典的鹽漬辣韭以外，炸成天婦羅時熱騰騰的鬆軟口感也令人回味無窮。

4月 卯月

11日

距離元旦經過…………100日

距離除夕尚有…………264日

〔二十四節氣〕清明

〔七十二候〕次候 鴻雁北歸

筍與竹

由隱元禪師（P115）傳入日本的孟宗竹，會從根部長出筍子。筍子滋味鮮美，帶有些微的甘甜，是春天的極品山珍。

正如「筍」字的含意「筍一旬（十天）而成竹」，竹筍的生長速度快得驚人，實際上只要三十天左右，筍子就會變成高大的竹子，有時一天還能長超過一公尺。三月中旬到五月竹筍會不斷抽高，直到初夏長到約十到二十公尺左右才停止。

只有從土中冒出頭來、若隱若現的時候，才嚐得到鮮嫩美味的竹筍。趁現在正是竹筍的產季，好好感受竹筍旺盛的生命力吧。

●今天的樂趣

【雨後春筍】

不喜乾燥的筍子總是在雨後才不停冒出來，因此有了「雨後春筍」這個成語，用來比喻事物接連接二連三不斷發展。

【公尺度量公布紀念日】

一九二一年（大正十年）的今天，日本開始使用「公尺」當長度單位，便制訂了這個紀念日。

【勝利姿勢日】

一九七四年（昭和四十九年）的今天，拳擊手Guts石松在世界輕量級拳擊賽中反敗為勝。他高興地將雙手高高舉起，這個姿勢人稱「勝利姿勢」（Guts Pose），後來就愈傳愈廣了。

4月 卯月

12日

距離元旦經過…………101日

距離除夕尚有…………263日

〔二十四節氣〕
清明

〔七十二候〕次候
鴻雁北歸

回憶中的麵包

麵包是在一五四三年（天文十二年），與槍砲一同從葡萄牙傳入日本的。但直到快三百年後的幕末時期，麵包才廣為人知。當時的人將麵包當成戰爭的攜帶存糧，之後到了明治時代，麵包飲食文化便在神戶、橫濱等海港城鎮流行開來了。

不曉得你「回憶中的麵包」是什麼呢？我的是小時候附近麵包店賣的克林姆麵包，那是我最愛吃的。高中福利社的超人氣鮮奶油紅豆麵包也很令我難忘。

在我住的城鎮，每到週五傍晚，就會有麵包車播著音樂來擺攤。附近的孩子們都會團團圍上去，煩惱該買什麼，那模樣非常可愛。或許那些麵包，將來也會成為某人「回憶中的麵包」呢。

●今天的樂趣

【麵包紀念日】

一八四二年（天保十三年）的今天，軍事學家江川太郎左衛門英龍製作了日本第一顆麵包當作兵糧。這種兵糧稱為「乾麵包」，材料非常單純，只有麵粉、雞蛋、砂糖，出爐後再風乾就完成了。

【信玄公忌】

今天是以川中島一役聞名的戰國武將武田信玄的忌日。在信玄的菩提寺（埋葬遺骨的寺院）乾德山惠林寺（山梨縣）境內，除了會有林立的攤販，寺內還會舉辦巫女舞、太鼓演舞等儀式來祭拜信玄並感念他的遺德。

4月 13日

卯月

距離元旦經過…………102日	
距離除夕尚有…………262日	

〔二十四節氣〕
清明

〔七十二候〕次候
鴻雁北歸

十三參拜

「十三參拜」指的是虛歲十三歲的孩子膜拜虛空藏菩薩，祈求智慧與好運的習俗，通常會在農曆三月十三日或晚一個月的今天舉辦，地點主要在關西。

虛空藏菩薩能賦予人們無盡的智慧與福德，相傳祂還曾經傳法給弘法大師。虛歲十三的孩子生肖剛過完第一輪，正經歷從小孩邁向成人的階段，因此自古許多父母都會向虛空藏菩薩祈禱，請菩薩保佑他們青春期的孩子。

法輪寺（京都府）的人們稱虛空藏菩薩為「嵯峨虛空藏」。據說在這裡結束十三參拜後，回程若在走完寺院前的橋樑前回頭，就會失去菩薩所賜予的智慧，因此孩子們必須看著前方昂首闊步，就像人生一樣。

● 今天的樂趣

【十三參拜】

「十三參拜」又稱為「賜慧」或「十三講參」。除了法輪寺以外，村松山虛空藏堂（茨城縣）、福滿虛空藏尊圓藏寺（福島縣）也會舉辦十三參拜。

【咖啡店之日】

在一八八八年（明治二十一年）的今天，東京上野開了日本第一間咖啡店。

◆ 季節的樂趣

【葡萄柚】

葡萄柚的產季正好在四月到五月，酸甜清爽的滋味與香氣，具有提神醒腦的功效。

4月 卯月

14日

距離元旦經過…………103日

距離除夕尚有…………261日

〔二十四節氣〕

清明

〔七十二候〕次候

鴻雁北歸

春日高山祭

為了祈求農作物順利成長及豐收，春天的祭典大多辦得非常豪華盛大。日枝神社（岐阜縣）的例行祭典高山祭（山王祭）會派出十二輛華麗壯觀的山車「屋台」遊行。這些美麗的「屋台」甚至有「移動的陽明門」㊟美稱，每一輛都是近兩百年前工匠打造的藝術品。屋台上的機關人偶特別受民眾喜愛，精巧的動作總會引起熱烈的掌聲與歡呼。

㊟日光東照宮的代表性建築物，門上有超過五百尊雕刻並使用大量金箔，為日本國寶。

●今天的樂趣

【機關人偶山車】

江戶中期，日本各地的人偶工匠因為嚮往會獎勵祭典與手藝的尾張藩主，紛紛移居到尾張。因此，以機關人偶著稱的山車祭典，大多集中在東海地區舉辦。除了高山祭以外，龜崎的潮干祭（五月三日至四日）、犬山祭（四月第一個週末）皆遠近馳名。這兩者都是愛知縣的祭典。

【高山祭】

「高山祭」是「山王祭」與秋天「八幡祭」（櫻山八幡宮例祭）的總稱。山王祭於每年四月十四日至十五日舉行，八幡祭則於十月九日到十日舉行。

【柑橘節】

柑橘因為結實纍纍，象徵著「繁榮」與「多子多孫」。此外，由於柑橘的花語是「新娘的喜悅」，因此今天也是贈送柑橘定情的日子。送橘色的東西當禮物感覺也不錯。

4月　卯月

15日

距離元旦經過…………104日

距離除夕尚有…………260日

〔二十四節氣〕

清明

〔七十二候〕末候

虹始見

初虹

驟雨過後，若陽光從雲隙間照下來，就有機會看到今年第一道彩虹「初紅」。當空氣中的水滴反射陽光，便會形成彩虹。自這個季節開始，彩虹特別容易出現。背對太陽仰望天空，會更容易發現彩虹。

大家能將彩虹的七個顏色按照順序背出來嗎？從外側開始，正確答案是「紅橙黃綠藍靛紫」，日文發音為「せきとうおうりょくせいらんし」。大概是因為唸起來像咒語一樣，我常常不知不覺就誦起「彩虹咒」，每次發現彩虹都會邊唸邊數光譜呢。

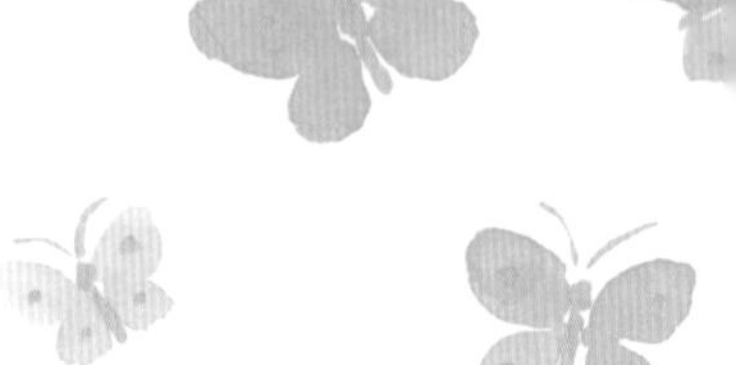

●今天的樂趣

【虹始見】

「虹始見」是清明的末候。冬天空氣乾燥，很難看見彩虹，因此彩虹也可以說是季節的訊號，告訴我們春意漸濃了。

【直昇機日】

今天是李奧納多・達文西的生日，他是發明直昇機原理的人。早在十五世紀末，達文西便留下了直昇機的草稿，但能夠載人遨翔的直昇機，卻是在二十世紀才製造出來的。

【日本巡禮文化節】

這個節日是為了紀念日本最古老的巡禮聖地「西國三十三所」開放一千三百年而制訂的。日期訂在四月十五日，是因為與「良緣」（よいご緣）諧音。

【草莓大福日】

「草莓大福日」源於「好草莓」（よいいちご）與四（よ）月十五（いちご）日的諧音。露天栽培的草莓現在正值產季。咬一口草莓大福，品嚐日照充足的「好草莓」與紅豆餡、麻糬皮交織出來的美妙滋味吧。

4月 卯月

16日

距離元旦經過…………105日

距離除夕尚有…………259日

〔二十四節氣〕

清明

〔七十二候〕末候

虹始見

牡丹

現在各地的牡丹都開始盛開了。牡丹最令人驚艷的就在於它直徑高達二十公分的花朵以及繽紛的花色。因為牡丹美麗又優雅，平安貴族將它視為珍貴的「富貴之花」。現代人則以「立如芍藥、坐如牡丹、行如百合」來形容端莊優雅的美女。

牡丹雖然是觀賞花卉，但在奈良時代其實是從中國傳入的藥草。牡丹根具有鎮痛、消炎的作用，是珍貴的解熱劑與止血劑。照顧病人為佛教徒的修行之一，因此不少寺院都曾種植牡丹，現在依然種植就是當時留下來的習俗。

●今天的樂趣

【長谷寺牡丹祭】

在長谷寺（奈良縣）可以欣賞到約一百五十種，共七千株牡丹。四月中旬到五月上旬，長谷寺都會舉辦牡丹祭，這段時間還會舉辦茶會、特別法會。

【少年要胸懷大志】

一八七七年（明治十年）的今天，威廉·史密斯·克拉克博士離開札幌農學校（現在的北海道大學）時，留下了一句名言：「少年啊，要胸懷大志！」（Boys, be Ambitious.）

4月　卯月

17日

距離元旦經過…………106日

距離除夕尚有…………258日

〔二十四節氣〕
清明

〔七十二候〕末候
虹始見

山笑

日本的山會隨著季節遞嬗改變表情，當山巒迎來萬物萌芽的春天，就會「笑起來」。看著滿是活潑嫩芽色的青翠巒峰，確實連我們也不知不覺跟著微笑呢。

「山笑」是春天的季語，正岡子規的俳句曾這麼吟詠：「故郷や　どちらを見ても山笑う」（我的故鄉啊　正是山巒青翠　笑臉盈盈的季節）除此之外的四季季語有：夏季「山滴」、秋季「山粧」、冬天「山睡」，都是來自中國北宋畫家郭熙的名言㊟。

㊟出自《林泉高致》：春山澹冶而如笑，夏山蒼翠而如滴，秋山明净而如妝，冬山慘淡而如睡。

●今天的樂趣

【森林浴之森】

遠遠眺望的「山笑」固然風景宜人，做森林浴觀察植物發芽也是一種樂趣。為了推廣森林浴以促進民眾健康，日本政府選定了「日本森林浴百選」，不妨以這當作出遊時的參考。

【茄子紀念日】

「茄子紀念日」源自「好茄子」（よいなす）與四（よ）月十七（いなす）日的諧音。民眾大多以為茄子是夏季的蔬菜，其實十二月到六月也有「冬春茄子」，而四月正值產季。

4月 卯月

18日

距離元旦經過…………107日

距離除夕尚有…………257日

〔二十四節氣〕
清明

〔七十二候〕末候
虹始見

鎮花祭

自古以來，每到櫻花凋零的季節，散播疾病的瘟神（厄病神）就會特別猖獗。大概是因為花瓣隨風而逝，加重了疾病的流行與蔓延吧。

奈良縣的大神神社，每年四月十八日都會舉辦源自奈良時代的儀式「鎮花祭」，祈求百姓健康平安。由於許多藥廠也會參加，故又別稱「藥祭」。

在這個季節，由於生活產生變化，加上溫差太大，身心都容易疲倦。不妨賞賞櫻吹雪、散散步，好好泡個熱水澡。偶爾放輕鬆過日子，才不會病倒。

●今天的樂趣

【鎮花祭】

大神神社的鎮花祭別名「花鎮節」，是古時候重要的國家祭禮。人們透過鎮花祭祈求平安健康，最有名的就是今宮神社（京都府）的「安樂祭」（於每年四月第二個星期日舉辦）。

【發明之日】

一八八五年（明治十八年）的今天，日本政府公布了特許法的前身「專賣特許條例」，保護了智慧財產權，促使許多發明與研究蓬勃發展。

◆季節的樂趣

【新牛蒡】

「新牛蒡」是趁成熟前提早採收的嫩牛蒡，口感鮮嫩，香氣高雅。適合汆燙做成沙拉，也適合削成薄片煮湯。牛蒡具有豐富的植物纖維，能促進腸胃蠕動，還能抑制血糖上升。泡冷水去澀時若泡太久，容易導致抗老化營養素多酚流失，因此最好別泡超過五分鐘。

4月　卯月

19日

距離元旦經過…………108日
距離除夕尚有…………256日

〔二十四節氣〕
清明

〔七十二候〕末候
虹始見

邁開第一步

日本有一位偉人，告訴了我們任何挑戰「都不嫌遲」。他就是江戶後期，為日本繪製實測地圖的伊能忠敬。

忠敬從五十五歲到七十一歲這十七年的期間，測量了全日本的國土。測量之旅共計十次，測量總距為四萬公里，相當於繞行地球一周。

讓兒子繼承家業後，他才展開這項壯舉。換言之，這是他退休後的第二人生，是全新的挑戰。他從四十九歲起，認真學習天文曆法，在五十五歲踏上測量之旅。他所完成的《大日本沿海輿地全圖》，不只深獲江戶幕府信賴，連明治政府也有採用。

今天是伊能忠敬展開漫長測量之旅的日子，非常適合在這天邁開「新的一步」。

● 今天的樂趣

【地圖日】

一八〇〇年（寬政十二年）四月十九日，是伊能忠敬出發前往蝦夷地（北海道）測量的日子，因此今天是「地圖日」，別名「第一步日」。

【小黃瓜日】

「小黃瓜日」（よいきゅうりの日）源於四（よ）月十九（いきゅうり）日的諧音。小黃瓜是金氏世界紀錄認證「最沒營養價值的蔬菜」，約有百分九十六都是水分。但是可別小看它，因為小黃瓜含有鉀，能幫助人體排出鈉，可以去水腫、消除疲勞。

4月　卯月

20日

距離元旦經過…………109日
距離除夕尚有…………255日

〔二十四節氣〕
穀雨

〔七十二候〕初候
葭始生

穀雨

穀雨是春天的最後一個節氣。

所謂「穀雨」，就是指滋潤田園、促進五穀雜糧生長的雨水。在稻米的產地，現在正是耕田播種後，可愛的秧苗從稻穀裡冒出來的時候。不論稻米、蔬菜或花草，都會在穀雨的澆灌下迅速生長。家庭菜園及庭院也是從現在正式邁入整頓的季節。思考「今年要種什麼呢？」是這個季節最大的樂趣之一。

●今天的樂趣

【葭始生】

在穀雨初候發芽的「葭」，又寫做「葦」或「蘆」，是禾本科的多年生草本植物，日文讀音除了「アシ」以外，也讀做「ヨシ」。隨著陽光日漸增強，河川及湖沼越來越暖和，葭也長出新芽來了。

【郵政紀念日】

一八七一年（明治四年）的今天，日本實施了郵政制度，因此今天便訂為「郵政紀念日」了。含今天在內的一週稱為「集郵週」，每年都會發行別具巧思的特殊郵票。

【芽菜日】

「二十日」（はつか）與「發芽」（はつが）諧音，因此每月二十日都是「芽菜日」。芽菜指的是芽或莖可食用的蔬菜，最具代表性的有蘿蔔嬰、豆苗、青花椰菜苗等等，這些芽菜營養價值豐富，號稱「天然的營養補充品」。

◆季節的樂趣

【鹿尾菜】

鹿尾菜所含的鈣質大約是牛奶的十二倍，膳食纖維及鎂也很豐富。鹿尾菜一般都是做成燉菜，但拌沙拉或煮成炊飯也很好吃。

4月 卯月

21日

距離元旦經過…………110日
距離除夕尚有…………254日

〔二十四節氣〕
穀雨

〔七十二候〕初候
葭始生

藤花

小時候，我覺得隨風搖曳的藤花就像吊燈一樣漂亮。大概是因為它的色澤既鮮豔又優雅，所以我每次看到，心都會莫名地怦怦跳。

從藤花粹取出的藤色，自古便深受日本女性喜愛。再加上平安時代權傾一時的藤原氏有個「藤字」，所以「藤色」也有「色彩貴族」的美稱。

不論在晴空或是燈光下，藤花的美都令人心醉。仿效一下平安時代的貴族，擬定「賞藤」計畫，欣賞如夢似幻的紫色花海吧。

●今天的樂趣

【藤花祭】

大中臣神社（福岡縣）的「將軍藤花祭」會從現在一直舉辦到五月上旬。相傳社裡的「將軍藤」是由十四世紀中期的征西將軍懷良親王所供奉的，花穗長達一點五公尺。足利花卉公園（栃木縣）一共栽培了四個品種，將近一整個月都有藤花盛開。佔地高達一千平方公尺的大藤棚，最美的時候在四月下旬到五月上旬。

【民放日】

一九五一年（昭和二十六年）的今天，日本的十六所民間電視台（民間放送）首度獲得了廣播預備執照，因此今天是「民放日」。

4月 卯月

22日

距離元旦經過…………111日

距離除夕尚有…………253日

〔二十四節氣〕
穀雨

〔七十二候〕初候
葭始生

世界地球日

世界地球日是督促全世界的人一起守護地球環境、展望未來的節日。

聽到「地球環境」幾個字，就會讓人想挽起袖子撿垃圾，其實日本人本來就很注重環保，就連象徵環保的日語「好浪費」（もったいない）都風靡全球。

地球日並沒有規定「一定要做什麼」，每個人只要從能力所及之處做起就好。為了永續發展，讓我們好好愛護不會說話的地球吧。

● 今天的樂趣

【世界地球日】

「世界地球日」源於一九七〇年（昭和四十五年）四月二十二日，一群美國學生為了保護地球環境所召開的一場集會。之後這個集會於一九九〇年代普及至全世界。日本也加入行列，於各地舉辦環保座談會、環保演唱會等各式各樣的活動。

【好浪費】

二〇〇四年（平成十六年）獲得諾貝爾和平獎的旺加里・馬塔伊（Wangari Maathai）女士，提倡以「好浪費」當作保護環境的國際語言，從此這個字便舉世聞名了。

【恩愛夫妻日】

「恩愛夫妻日」（よい・ふうふ）源於四（よ）月二十二（ふふ）日的諧音。同樣諧音的還有十一月二十二日（いい・ふうふ），許多人都會選在這天登記結婚。

◆ 季節的樂趣

【珊瑚菜】

珊瑚菜是日本原產的芹科野草，生長於日本各地的海岸，主產地為埼玉縣川口市。一般都是將珊瑚菜當作生魚片的配菜，不過拌醋味噌的話滋味爽口，也很好吃。

4月　卯月

23日

距離元旦經過…………112日

距離除夕尚有…………252日

〔二十四節氣〕

穀雨

〔七十二候〕初候

葭始生

聖喬治節

今天是「聖喬治節」，男性會贈送女性紅玫瑰，女性則贈送男性書籍。這是西班牙加泰隆尼亞地區的節慶，於一九八〇年傳入日本。

「聖喬治」是加泰隆尼亞地區的聖賢，在今天逝世。他是傳說中的騎士，曾經殺死惡龍，拯救被獻祭的公主。相傳龍血流經的土地冒出了紅玫瑰的芽，男性贈送女性紅玫瑰的習俗便由此而來。至於女性贈送男性書本，則是因為以《唐吉軻德》聞名的西班牙文豪賽萬提斯也是在今天過世。

一份驚喜的禮物對於送禮和收禮的人來說，都很教人興奮。將平日的感謝與玫瑰、書本一起贈送給親朋好友吧。

●今天的樂趣

【兒童閱讀日】

為了促進兒童閱讀，二〇〇一年（平成十三年）日本制訂了「兒童閱讀日」。起源是聯合國教科文組織將聖喬治與賽萬提斯逝世的今天，定為「世界閱讀與著作權日」。在這樣的日子親子互相贈書也可以促進感情呢。

【蝌仔日】

「蝌仔日」（しじみの日）源於四（し）月二十三（じみ）日的諧音。這個季節的蝌仔為了準備在夏天產卵，會將身體漲大、充滿整個殼。蝌仔含有牛磺酸與鳥胺酸，是消除疲勞的特效藥。

4月 卯月

24日

距離元旦經過…………113 日

距離除夕尚有…………251 日

〔二十四節氣〕

穀雨

〔七十二候〕初候

葭始生

植物學之日

日本野生的植物多達七千種，其中超過一千五百種的學名都是由「日本植物學之父」牧野富太郎所命名的。例如我們身旁常見的櫸樹、月桂、梔子、野菊等學名都出自他之手。他曾在自傳中這樣描述自己：「我覺得自己天生就是植物的另一半。」

他具有獨到的觀察力與繪畫天分，善於用三根鼠毛製成的極細畫筆創作植物畫，其細緻、華美令人嘆為觀止。

一九四〇年（昭和十五年）發行的《牧野日本植物圖鑑》收錄了他的植物畫，是植物學家及植物愛好者之間永垂不朽的聖經。

今天的樂趣

【植物學之日】

牧野富太郎的生日是一八六二年（文久二年）四月二十四日，因此今天是「植物學之日」。牧野小學中輟，幾乎全靠自修學習植物的知識。他成為東京大學植物學院的助理後，又當上了講師持續研究植物，是一位非常努力、充滿熱情的人。

【日本打吡紀念日】

一九三二年（昭和七年）的今天，目黑賽馬場舉辦了日本第一場打吡賽（東京優駿大競走）。現在改名為「東京優駿」（日本打吡，日本ダービー），並於五月舉辦。

4月　　卯月

25日

距離元旦經過	⋯⋯⋯114日
距離除夕尚有	⋯⋯⋯250日

〔二十四節氣〕
穀雨

〔七十二候〕次候
霜止出苗

插秧

早晚的寒意漸漸退去，太陽也更早升起，感覺得出季節正在轉換。苗圃裡播滿的稻穀也冒出了一片綠油油的秧苗。插秧的季節即將到來。

我就讀的國小位在山上，學校裡有一整片農田，全校師生都得下田插秧。我還記得自己拚了命不在那些比想像中還絆腳的淤泥裡摔倒，一面插下秧苗。種完的成排秧苗以及倒映在水田裡的美麗藍天，如今依然歷歷在目。但願全國米農都能心想事成，秧苗「頭好壯壯」。

● 今天的樂趣

【霜止出苗】

穀雨的次候已經接近夏天，告訴人們早上將不再寒冷，不會降霜了。農民也開始準備插秧，水田裡還能看見剛從卵中孵化的蝌蚪在游泳。

【步道橋之日】

一九六三年（昭和三十八年）的今天，大阪車站西口設立了日本第一座採用鋼骨製作的步道橋。當時汽車已經逐漸普及，但因為交通安全宣導仍不完善，因此常發生事故。為了保護小孩，政府便建造了步道橋，之後遍及至全國。

【第一份薪水日】

今天是許多社會新鮮人第一次領薪水的日子，別名「初薪日」。通常第一份薪水，都是包給父母當紅包。

◆ 季節的樂趣

【粉蝶花】

粉蝶花的和名為「琉璃唐草」，花朵約兩公分大，色澤是晶瑩剔透的藍，宛如琉璃，開花時期到五月中旬為止。國營常陸海濱公園（茨城縣）的「粉蝶花之丘」，每到這幾天都會人山人海。

4月 卯月

26日

距離元旦經過…………115日
距離除夕尚有…………249日

〔二十四節氣〕
穀雨

〔七十二候〕次候
霜止出苗

泡澡的樂趣

泡澡這個習慣是六世紀時隨佛教傳入日本的。因為身體髒髒的侍奉佛祖不禮貌，因此清潔身體的沐浴也一同傳了進來。不過，一直到江戶時代出現大澡堂（錢湯），泡澡才成為民眾的日常習慣。在那之後，日本人就一直很喜歡泡澡。

為了不把疲勞帶到明天，除了淋浴以外，不妨泡個熱水澡。浸泡三十八到四十度的水超過十分鐘，抒壓及消除疲勞的效果就會一口氣提高。除了市售的入浴劑以外，泡天然的藥湯也很不錯。現在的季節適合泡魁蒿浴，能舒緩腰酸背痛與肩頸僵硬。

●今天的樂趣

【好澡日】

「好澡日」（よいふろ）源於四（よい）月二六（ふろ）日的諧音。

【簡易魁蒿浴】

魁蒿的芳香成分桉葉油醇能促進血液循環，舒緩肌肉僵硬。

①將適量的魁蒿（二十公分左右、五到六枝）洗淨，切碎。

②將①用一公升的水煮約十分鐘，然後過濾。

③在放好熱水的澡盆裡倒入②。

【弘前櫻花祭】

櫻花前線已經來到青森了，此時弘前城將會有兩千六百株櫻花綻放。

4月　卯月

27日

距離元旦經過…………116日

距離除夕尚有…………248日

〔二十四節氣〕

穀雨

〔七十二候〕次候

霜止出苗

黃金週

黃金週就快到了，氣候也很舒適宜人。要去哪裡玩，該做什麼呢？應該很多人都在計畫怎麼度過假期了吧。最近也有不少學校選在這時舉辦運動會。

「黃金週」是昭和二〇年代時，因為電影在這段期間上映後熱賣，戲院所趁勢打造出的促銷活動名稱。由於朗朗上口，就直譯成了「Golden week」，後來演變為日曆的一部分而廣為人知。真想過個名副其實、璀璨耀眼的黃金連續假期呢。

● 今天的樂趣

【黃金週】

昭和之日（四月二十九日）、憲法紀念日（五月三日）、綠之日（五月四日）、兒童節（五月五日），以及六、日和彈性放假，這一連串國定假日串在一起就成了大型連休「黃金週」了。

【接力賽誕生日】

一九一七年（大正六年）的今天，日本第一場接力賽「東海道接力徒步競走」揭開了序幕。這場東西對抗的盛大比賽，是為了慶祝東京成為首都五十週年所舉辦的，比賽路線從三條大橋（京都府）到上野不忍池（東京都），長約五百公里。賽事會日以繼夜舉辦三天，令許多觀眾熱血沸騰。現在，起點與終點都設有紀念碑。

【諏訪神社例大祭】【萬燈祭】

這是新潟縣佐渡市的祭典，在祭典中會有八座以和紙與鐵絲製成的大萬燈閃亮登場，其中甚至有高達三公尺的大萬燈。這些大萬燈將與諏訪神社的神轎一同巡迴，為夜晚的遊行掀起高潮。

4月　卯月

28日

距離元旦經過…………117日
距離除夕尚有…………247日

〔二十四節氣〕
穀雨

〔七十二候〕次候
霜止出苗

日本庭園

站在寺院或公園裡的日本庭園前，總會讓人覺得很安詳，好像伸了個懶腰一樣。

日本作庭的歷史相當悠久，在七世紀後半的飛鳥時代遺跡中，就曾挖掘出含有池塘的「庭園」，令人驚訝。全世界最古老的工具書《作庭記》就是在平安中期所著的。

日本庭園除了造景美輪美奐，還展現了思想與哲學。最具代表性的就是用石頭與沙子打造的山水禪世界「枯山水」了。此外，用四季植物妝點出的色彩之美，也是日本庭園的魅力所在。

●今天的樂趣

【庭園日】

四（よい）月二十八（にわ）日與好庭園（よいにわ）諧音，因此今天是「庭園日」。這個季節天氣穩定舒適，花草繽紛，各地名庭都正值最美的時候。

【象之日】

一七二九年（享保十四年）的今天，一匹越南大象遠渡重洋，來到當時日本天皇的面前表演。由於必須有官位才能謁見天皇，據說那隻大象立刻被賜予了「廣南從四位白象」的封號與官階。

4月　卯月

29日

距離元旦經過…………118日
距離除夕尚有…………246日

〔二十四節氣〕
穀雨

〔七十二候〕次候
霜止出苗

昭和之日

四月二十九日是個罕見的節日，因為它的名字一直隨時代而改變。這天是昭和天皇的生日，故在二次大戰前稱為「天長節」、二次大戰後稱為「天皇誕辰」。到了平成以後變成了「綠之日」，自二〇〇七年（平成十九年）起則成了「昭和之日」。

這天原本就是為慶祝天皇誕辰而制訂的，再加上正逢黃金週第一天，因此各地都會舉辦春天的祭典。人潮洶湧的熱鬧大型祭典與活動固然有趣，不過當地人代代相傳的鎮守神（氏神神社）儀式也別有一番風情。

●今天的樂趣

【錦帶橋祭】

「錦帶橋祭」以日本三大名橋之一的錦帶橋（山口縣）及河堤為舞台，重現了古代大名輪流至幕府晉謁（參勤交代）的遊行，並由「岩國藩鐵砲隊」現場表演火繩槍。

【日高防火祭】

這是祭祀火神的日高神社（岩手縣）所舉辦的防火祭。高約五公尺的舞台（屋台）將站上超過二十名少女，用三味線、小太鼓、橫笛演奏囃子曲。這種莊嚴的「屋台囃」，是岩手縣的無形民俗文化財。

【拿坡里義大利麵日】

令人懷念的古早味拿坡里義大利麵，是誕生於日本的洋食。由於這道菜出現於昭和年間，因此「拿坡里義大利麵日」便訂在昭和之日。

◆季節的樂趣

【款冬】

現在正是款冬上市的季節。款冬是日本原產的蔬菜，帶有些微的苦味。除了燉菜以外，也適合做成沙拉或金平來享用。

4月 卯月

30日

距離元旦經過⋯⋯⋯⋯119日
距離除夕尚有⋯⋯⋯⋯245日

〔二十四節氣〕
穀雨

〔七十二候〕次候
霜止出苗

鯉魚旗

五月五日端午節即將到來，各地都有鯉魚旗在空中飄揚。

鯉魚旗源於戰國時代的旗幟。到了江戶時代，武士家族為了祈求孩子出人頭地，便仿效中國的「鯉躍龍門傳說」——「鯉魚跳過黃河急流『龍門』」，矗立了鯉魚旗。

由於居住型態改變，現在已經很少有住家能掛出碩大的鯉魚旗了，但將多張鯉魚旗用繩子串起來的「鯉魚旗祭」倒是愈來愈多。隨風飄揚的鯉魚旗群，看了令人心曠神怡，而且顏色、圖案、大小都各有不同，光是欣賞就覺得精神百倍。

●今天的樂趣

【鯉魚旗鄉祭】
「鯉魚旗鄉祭」是以群馬縣館林市鶴生田川為舞台的盛事，超過六千張鯉魚旗將一同在空中悠游。

【杖立鯉魚旗祭】
「杖立鯉魚旗祭」自一九八〇年（昭和五十五年）持續至今，是鯉魚旗祭的始祖。只有在杖立溫泉（熊本縣），才看得到於溫泉煙霧中飛舞的鯉魚旗。

【相模川游泳鯉魚旗】
橫跨相模川（神奈川縣）兩岸的鐵絲上，將會串連大約一千兩百張鯉魚旗。

5月

皐月

さつき

時節已從溫柔和煦的春天，
轉換到活力四射的初夏。
有藍天、綠樹，還有徐徐涼風。
大人小孩都喜愛的快樂出遊季即將到來。

5月　皐月

1日

距離元旦經過	120日
距離除夕尚有	244日

〔二十四節氣〕
穀雨

〔七十二候〕末候
牡丹華

五月雨與五月晴

農曆五月在日文稱為「さつき」，漢字寫為「皐月」或「早月」。語源眾說紛紜，不過最有力的說法，應該是這個月要耕田插秧（早苗），故稱為「早苗月」（小苗月）。農曆五月在國曆上是六月，因此下個月即將到來的梅雨，古人都稱為「五月雨」。除此以外，還有下五月雨的「五月雲」、形容陰雨連綿夜晚的「五月闇」等詞彙流傳下來。「五月晴」原本是指梅雨季時天氣放晴，最近則是指新曆五月特有的爽朗晴天。改成新曆後，語言的意義也跟著轉變了。

● 今天的樂趣

【牡丹華】

春天七十二候的壓軸是人稱「花中之王」的牡丹。此時的花朵即將從柔嫩可愛的春花，轉變為鮮豔華麗的夏花。牡丹就像接下了春天交過來的接力棒般怒放，並在初夏陽光中逐漸凋逝。

【勞動節】

在「勞動節」這天，勞工們將舉辦集會遊行，團結一致地表達訴求。這個節日又稱「勞工祭典」，世界各國與日本各地都會舉辦遊行與集會。

【清涼辦公】

為了緩解地球暖化及電力不足，二〇〇五年（平成十七年）起日本實施了「清涼辦公」活動，鼓勵上班族在夏天不繫領帶、不穿西裝。原本實施的期間為六月一日到九月三十日，不過近年來有提前的趨勢。但願穿著輕便一點，工作也能跟著變輕鬆。

5月 皐月

2日

距離元旦經過…………121日
距離除夕尚有…………243日

〔二十四節氣〕
穀雨

〔七十二候〕末候
牡丹華

八十八夜

今天是自二月四日立春起的第八十八天，也是雜節之一的「八十八夜」。一如日本童謠〈採茶〉的歌詞「夏日將至、八十八夜」一樣，在曆法上，再過幾天就是盛夏「立夏」，以前的人都會從這天開始為夏天做準備。

就像接下來的歌詞「嫩葉滿山遍野，看得見採茶人家」一樣，現在正值採茶旺季，愛喝日本茶的人引頸期盼的新茶即將上市。兩個「八」意味著開枝散葉，因此在八十八夜採下的茶，是象徵平安健康、長生不老的吉茶。

今天的樂趣

【綠茶日】

「綠茶日」是配合八十八夜所制訂的日子。在這天，各地都會舉辦活動來宣傳綠茶的美味與健康功效。

【泡出好喝新茶的方法】

想要鮮度與甘甜，建議用七十度的水泡。想要清爽的香氣與些微的澀味，建議用八十度的水泡。將滾水倒入茶壺中，等整個茶壺都熱了就是八十度，再靜置約五分鐘就是七十度。茶葉的量每人份以一茶匙計算。將茶葉與適溫的熱水倒進茶壺，闔上蓋子，等待一分半就完成了。

5月　皐月

3日

距離元旦經過…………122日

距離除夕尚有…………242日

〔二十四節氣〕

穀雨

〔七十二候〕末候

牡丹華

初箏

靜岡縣濱松市有一個代代相傳的習俗，當地人會將風箏放到高空中，祈求孩子平安成長，稱為「初箏」。相傳這是距今約四百五十年前，治理濱松的城主放風箏替兒子慶祝生日而開始的。

初箏以竹子與和紙製成，大小約四到六張榻榻米，上頭會描繪象徵當地城鎮的花紋及圖案。為了製作出世上獨一無二的初箏，慶生家族還會畫上家徽並寫上小孩的名字，然後在五月三日，集家族與鄉親之力操控絲線放風箏，讓初箏乘著遠州乾爽的風翱翔天際。據說放得愈高，就愈能保佑孩子健康長大。

●今天的樂趣

【濱松祭】

「濱松祭」是五月三日到五日在濱松市舉辦的一大盛事。白天會施放初箏、與其他城鎮進行風箏競賽，入夜後則有雕刻得豪華絢爛的御殿屋台繞街遊行。

【憲法紀念日】

一九四七年（昭和二十二年）的今天，日本實施了「日本國憲法」，向民主主義國家邁開了第一步。因此今天便訂為「憲法紀念日」，藉此「紀念日本國憲法實施並期許國家成長」（引自國民節慶相關之法條）。

【大箏祭】

「大箏祭」的會場在埼玉縣春日部市的江戶川河堤，有志者們會在河畔施放風箏，祈求孩子們健康成長。它的代名詞「大箏」長達十五公尺，寬達十一公尺，非常壯觀。在雄壯的吆喝聲下，大箏隨風而起，大批觀眾就會一同拍手歡呼慶祝。

【博多咚打鼓海港祭】

「博多咚打鼓海港祭」是當地的市民祭典，源於博多商人向領主賀歲的活動。五月三日與四日這兩天，市民將組成「咚打鼓隊」遊行，舉行一連串山車、囃子曲與樂器演奏等豐富的表演。

5月　皐月

4日

距離元旦經過…………123日

距離除夕尚有…………241日

〔二十四節氣〕
穀雨

〔七十二候〕末候
牡丹華

舉目新綠

今天是枝芽茁壯、翠綠耀眼的「綠之日」，目的是讓民眾「親近並感謝大自然，陶冶身心」（引自國民節慶相關之法條）。

我在眺望青翠的綠意時，腦海中總會反射性地浮現出「目には青葉　山時鳥　初鰹」（舉目所見皆為蒼翠的新綠　耳畔不時傳來杜鵑的鳥鳴　嘴裡還嚐著鮮美的鰹魚）這句話。這是江戶中期的俳人山口素堂所作的俳句。杜鵑是隨夏天飛來的候鳥，初鰹是初夏時乘著黑潮北上的鰹魚。將初夏風情詩列舉出來，琅琅上口又容易引發共鳴。原來俳人期待夏天的心情跟我們一樣，真令人開心。

●今天的樂趣

【杜鵑】

杜鵑是從東南亞飛來的候鳥，宣告著夏天來臨，會用響亮的嗓音「啾啾啾啾啾」地鳴唱。

【初鰹】

江戶人相信「初物」具有旺盛的生命力，因此總是爭相食用初鰹。初鰹滋味清爽，將表面稍微烤過的「炙燒鰹魚生魚片」可說是最經典的菜色。

5月　皐月

5日

距離元旦經過	124日
距離除夕尚有	240日

〔二十四節氣〕
穀雨

〔七十二候〕末候
牡丹華

端午節

端午節在日本是祈禱男孩健康長大的日子，不過原本這其實是為男女老幼消災解厄、祈求長壽的節日。

「端午」這個字誕生自古中國，意思是每個月的第一個午日。後來專指在齋戒月五月中，「午日」與「五日」重疊的五月五日，並衍生出浸泡藥浴，喝菖蒲酒的習俗㊟。

在日本，農曆五月自古也是除厄的季節。插秧前，人們會在用菖蒲及魁蒿修葺成屋頂的小屋裡淨身除穢。後來這個習慣與傳自中國的端午節結合，就演變出各種用菖蒲避邪的習俗了。

除了將菖蒲葉泡在熱水中的菖蒲浴以外，人們也將菖蒲掛在屋簷下避邪，或鋪在枕頭下來驅除瘟疫。古人之所以用菖蒲避邪，是因為菖蒲細細長長的葉子會發出陣陣清香，這股香氣含有細辛醚與丁香酚等成分，能促進血液循環、消除疲勞。

●今天的樂趣

【端午節】
端午節成為男孩的節日是始自江戶時代。武士們因為菖蒲（ショウブ）與「勝負」、「尚武」同音，將菖蒲視為吉祥物，從此衍生出祈求男孩平安長大與出人頭地的習俗。人們會擺出武士人偶，高掛鯉魚旗，吃柏餅慶祝。

【兒童節】
「兒童節」是一九四八年（昭和二十三年）制訂的國定假日，宗旨為「尊重孩童的人格發展，為孩童的幸福著想並感謝母親」。（引自國民節慶相關之法條）

聽到「菖蒲」，可能會以為它是一種美麗的紫花，但所謂的紫花其實是鳶尾科的「花菖蒲」（ハナショウブ）。用於菖蒲浴的屬於菖蒲科，開黃綠色的細長筒狀花（可參考P178）。最近只要接近五月五日，花店與超市就會將菖蒲葉捆成一束來販售。

泡菖蒲浴其實是有訣竅的，關鍵在於溫度，溫度掌控好，就更能消除疲勞、舒緩壓力。葉子的芳香成分在熱水中比較容易溶出，因此不妨在空浴缸裡先放十片左右的葉子，再加滿四十三度左右的熱水，等到溫度稍微涼一點再泡。邊泡澡邊輕柔地摩擦葉子，香味會更撲鼻，將身心團團包圍。

㊟過去認為農曆五月氣候炎熱潮濕，五毒俱出、疫癘流行，屬於惡月，因此衍生出各種驅蟲防疫之習俗。

◆季節的樂趣

【柏餅】

柏樹的老葉子會等到新芽長出來才脫落，因此有多子多孫的寓意。

5月　皐月

6日

距離元旦經過…………125日
距離除夕尚有…………239日

〔二十四節氣〕
立夏

〔七十二候〕初候
蛙始鳴

立夏

二十四節氣的立夏到了，在曆法上，從今天開始到立秋（八月八日）的前一天為止，都是夏天，但真正的夏天還沒來呢。現在就先享受涼爽的微風與晴朗舒適的陽光吧。

穿梭在嫩葉間，捎來新綠芳香的南風稱為「薰風」。從薰風衍生而出的「薰風送香」（風薫る）則是日本人熟悉的季節問候語。「薰風」一詞取自漢詩，平安時代的和歌將之吟詠成挾帶花香的春風。後來進入江戶時代，俳諧日益發展，漸漸地人們就將它當成夏天的季語來使用了。

●今天的樂趣

【蛙始鳴】

立夏初候的主角，是即將迎接繁殖期的青蛙。接下來的一段時間，在水邊都會聽到雄蛙對著雌蛙高唱情歌。今年首次聽到的蛙鳴，稱為「初蛙」。

【六日菖蒲】

日本人的飲食與習俗隨節慶而走，因此在端午節是避邪至寶的菖蒲，到隔天就會變回尋常花草而不再是吉祥物。「六日菖蒲」這句話，就是用來比喻錯過時期、毫無用處的事物。

5月 皐月

7日

距離元旦經過…………126日

距離除夕尚有…………238日

〔二十四節氣〕

立夏

〔七十二候〕初候

蛙始鳴

母親節

對多數人來說，有生以來第一次為了「送人」而買花，應該都是要送母親康乃馨吧。手裡攢著零錢跑去花店，挑好花後小心翼翼地帶回家，是對母親傳達「感謝」的一場大冒險。

「母親節」以及贈送母親康乃馨的習俗來自美國。起源是二十世紀初，一名女性在母親過世的五月九日，到教堂獻上白色康乃馨祭拜。這個舉動後來普及到全美，當時的總統便將五月的第二個星期日制訂為「母親節」。在日本，母親節是二次大戰後才廣為人知。以前的習俗是用白色康乃馨祭拜亡母，紅色康乃馨送給健在的母親，不過現在都是挑喜愛的顏色和喜歡的花來贈送。

●今天的樂趣

【母親節】

面對即將到來的五月第二個星期日母親節，大家的禮物是否都準備好了呢？除了送花、送物品，一段感謝的話或一通報告近況的電話也是很棒的禮物喔。

【粉類料理日】

「粉類料理日」（こなもんの日）來自五（こ）月七（な）日的諧音，是為了推廣用麵粉等「粉類」烹調的「粉類料理」而制訂的。若要以親自下廚做的料理為母親節禮物，試試看章魚燒、大阪燒、烏龍麵等粉類料理也不錯喔。

5月　皐月

8日

距離元旦經過…………127日
距離除夕尚有…………237日

〔二十四節氣〕
立夏

〔七十二候〕初候
蛙始鳴

苦瓜節

今天是五月八日「苦瓜節」（ゴーヤーの日）。「ゴーヤー」是葫蘆科蔬菜苦瓜（ニガウリ）的沖繩方言，不過最近倒是「ゴーヤー」這個稱呼更普及。

苦瓜不止滋味鮮美，種植起來也很有成就感。只要準備好花盆、網子與泥土，記得每天澆水，就會沿著網子不斷往上爬並開花結果。苦瓜很適合種成遮陽綠簾來避免夏天室內溫度上升。清新的牽牛花綠簾雖然也很漂亮，但對我這個貪吃鬼而言，當然是種苦瓜比較划算。既涼爽，又能入菜，吃起來也很有飽足感，別說一石二鳥了，根本就是一石三鳥啊。

●今天的樂趣

【苦瓜】

若要從種子開始種苦瓜，現在正是時候。苗的話從現在開始到六月中旬也可以種植。苦瓜的「苦瓜素」具有獨特的苦味，能促進食慾，有效消除疲勞。買苦瓜時要選擇顏色翠綠、凹凸大小一致的才新鮮。

【世界紅十字日】

紅十字會是救災及推廣衛生觀念的國際組織，創始者瑞士企業家亨利·杜南的生日就在今天，因此今天就是「世界紅十字日」。他將紅十字會「不論敵我，受苦的人都該拯救」的理念推廣出去，舉辦了「紅十字點燈運動」，將世界各地的地標用紅色的燈光點亮。

◆季節的樂趣

【魩仔魚】

春天開放的捕魩仔魚即將迎來高峰期。「魩仔魚」是沙丁魚類魚苗的總稱，有各種吃法，例如將現撈的魩仔魚汆燙而成的「水煮魩仔魚」（釜揚げシラス），曝曬風乾的「魩仔魚乾」（シラス干し），以及進一步脫水的「魩仔魚鬆」（ちりめんじゃこ）。它富含鈣質，是非常健康的食材。

5月　皐月

9日

距離元旦經過…………128日
距離除夕尚有…………236日

〔二十四節氣〕
立夏

〔七十二候〕初候
蛙始鳴

冰淇淋

一八六〇年（萬延元年），為了簽訂日美友好通商條約，日本政府派遣使節團前往美國，在那裡他們品嚐到了人生中第一份冰淇淋。

「那東西非常罕見，叫做冰淇淋。冰被染成了各種顏色，還能堆出形狀，滋味甘甜、入口即化，真是人間美味。」

其中一名成員曾在日記中這樣寫道。現在大家習以為常的冰淇淋，在當時可是令人驚訝、感動的珍饌，甚至還要寫進日記裡留念。

在那之後過了一百五十年，如今在日本也能享用到各式各樣的冰淇淋了。

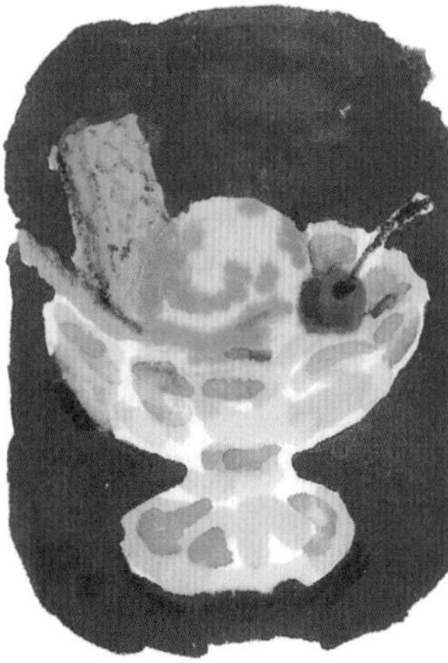

●今天的樂趣

【冰淇淋日】

一九六四年（昭和三十九年）的今天，冰淇淋業者為了推廣冰淇淋，在各式各樣的設施免費發放冰淇淋，這就是「冰淇淋日」的由來。以前長輩買給我的冰淇淋都只有一球，所以現在看到兩球的冰淇淋，都還會覺得興奮呢。

【沖繩入梅】

以歷年平均值來看，沖繩地區差不多要進入梅雨季了。在這種濕熱的天氣下來一球冰淇淋，真是消暑。

5月　皐月

10日

距離元旦經過…………129日
距離除夕尚有…………235日

〔二十四節氣〕
立夏

〔七十二候〕初候
蛙始鳴

野鳥與「人言鳥語」

日本常見的野鳥約有六百種，雖然都稱「野鳥」，生態卻各不相同。最具代表性的有麻雀、鴿子這種一年四季都在固定地盤生活的「留鳥」；黃鶯、雲雀等隨季節於國內遷徙的「漂鳥」；燕子、杜鵑等春天來日本繁衍後代，秋天離開的「夏候鳥」；以及天鵝、白額雁等來日本過冬的「冬候鳥」。

正如同「花鳥風月」這個詞，野鳥為日本人的生活增色不少。大概是因為牠們自由翱翔天際的模樣讓人聯想到上天的使者吧，在日本神話及地區傳統裡，野鳥經常以神明使者的身分出現，直到現在依然深受日本民眾喜愛。像是像是象徵「不辛苦」（不苦勞）的「貓頭鷹」（日文的「不苦勞」與貓頭鷹諧音，都念做「フクロウ」），讓壞事煙消雲散的「紅腹灰雀」（紅腹灰雀與謊言諧音，都念做「ウソ」）等等，都因為帶有吉祥的寓意而獲得日本人青睞。

●今天的樂趣

【愛鳥週】

今天開始到五月十六日是「愛鳥週」。以前從美國傳來的愛鳥保育運動「鳥類節」是訂在四月十四，不過為了配合日本野鳥的活動時期，這個節日便往後推遲了一個月，並於一九五〇年（昭和二十五年）起改名「愛鳥週」。在這週，各地都會

此外，長途跋涉來到日本的候鳥，以及隨季節遷徙的漂鳥，都是告知春夏秋冬四季轉變的季節使者。牠們為求偶所發出的嚶嚶鳥囀，以及為養育幼雛而奔波的堅強，都令人動容。

日本人的生活周遭常有野鳥棲息，因此產生了一種獨特的遊戲。那就是將鳥鳴聲轉換成人類語言的「人言鳥語」（聞きなし）。例如將黃鶯的啼聲「ホーホーケキョ」叫成「法法華經」（ホーホケキョ）。這種叫法自江戶時代底定，在此之前黃鶯的啼聲還有「ホーホキ」、「ヒートク」等叫法。

杜鵑的人言鳥語是「特許許可局」（とっきょきょかきょく），綠繡眼是「長兵衛、忠兵衛、長忠兵衛」（ちょうべい、ちゅうべい、ちょうちゅうべい），草鵐是「一筆啟上仕候」（いっぴつけいじょうつかまつりそうろう），冠羽柳鶯是「燒酎來一杯～」（ショウチュウイッパイグイー）。很多人言鳥語聽起來都令人存疑……更有些野鳥是只聞其聲，不見其鳥。用人言鳥語當線索，尋找生活周遭的野鳥，也是一番樂趣。

舉辦以愛護自然與野鳥保育為宗旨的座談會與賞鳥會。

【野鳥的種類】
除了留鳥、漂鳥、夏候鳥、冬候鳥以外，還有受颱風等影響而從原本棲息地誤闖的「迷鳥」，以及旅途中路過日本的「旅鳥」等等。

5月 皐月

11日

距離元旦經過…………130日

距離除夕尚有…………234日

〔二十四節氣〕

立夏

〔七十二候〕次候

蚯蚓出

長良川鵜飼開放

今天是岐阜縣長良川開放「長良川鵜飼」（鷺鷥捕魚）的日子。在岐阜，這副風景可是告知初夏到來的風情詩呢。

「鵜飼」是一種傳統捕魚法，鵜匠會在船上架設篝火，操控十數隻海鵜捕魚。這種捕魚法運用了鵜能將捕到的魚整尾吞下再輕鬆吐出的習性，至今已有超過一千三百年的歷史。為了不讓這項傳統消失，鵜匠成了皇室御用的漁夫，是隸屬於官內廳的國家公務員，很令人驚訝吧。

民眾可以從遊覽船上，欣賞被篝火照亮的奧妙鵜飼世界。

●今天的樂趣

【蚯蚓出】

自古以來，蚯蚓就是珍貴的益蟲，能幫忙翻土、滋潤土壤。在這個季節把土挖開，偶爾就會看見蚯蚓突然鑽出來，因為立夏次候正是蚯蚓頻繁活動的時候。

【長良川鵜飼】

每年五月十一日至十月十五日，除了河水漲潮的時間以外，每天晚上都會舉辦「長良川鵜飼」。這段期間會挑八次舉行「御料鵜飼」，將捕到的香魚獻給皇室。

◆季節的樂趣

【若鮎】

配合鵜飼解禁以及開放釣香魚（鮎魚）等活動，此時的和菓子店也會賣起模仿香魚造型的點心。若鮎的表情和大小依店家而異，不過基本作法都是用雞蛋糕將求肥裹起來。

5月　皐月

12日

距離元旦經過…………131日

距離除夕尚有…………233日

〔二十四節氣〕
立夏

〔七十二候〕次候
蚯蚓出

芝麻豆腐

帶有滑溜口感與濃郁芝麻香的芝麻豆腐，相傳是隨佛教一起傳入日本的。後來到了鎌倉時代，齋菜隨著禪宗日益發展，芝麻豆腐便成為家喻戶曉的代表性料理了。

芝麻小小的顆粒中，飽含著滿滿的健康營養素。它的脂肪具有能預防動脈硬化的亞油酸與油酸、能消除疲勞的維生素B，以及素有「抗老巨星」美譽的維生素E。

「芝麻豆腐」雖然叫豆腐，卻沒有使用黃豆，基本材料只有芝麻、葛粉、水這三項而已。做法分為兩大系統，分別是用帶皮炒芝麻製作的永平寺（福井縣）系，以及用去皮白芝麻製作的高野山（和歌山縣）系。永平寺系嚐起來濃郁香醇，高野山系則滋味清爽。你喜歡哪一種呢？

●今天的樂趣

【永平寺芝麻豆腐日】

這天是依照芝麻豆腐（ごまとうふ）與五（ごま）月十二（とうふ）日的諧音所制訂的。

【國際護師節】

佛蘿倫絲・南丁格爾奠定了近代護理的基礎，「國際護師節」即為紀念她的生日而制訂。含今天在內的一週為「護師週」，各地都會舉辦護理體驗與座談會來推廣護理觀念。

【檜枝岐歌舞伎】

在檜枝岐村（福島縣），今天會表演有兩百六十年歷史的農村歌舞伎「檜枝岐歌舞伎」來祭神，演員皆為村民。這項鄉土藝能是將江戶時代的歌舞伎傳承至今的大功臣。

5月　皐月

13日

距離元旦經過…………132日
距離除夕尚有…………232日

〔二十四節氣〕
立夏

〔七十二候〕次候
蚯蚓出

五月暴風日

有一句和八十八夜（P147）相關的諺語，叫做「八十八夜別離霜」。意思是八十八夜所降的霜，已經是上半年最後的一場霜了。而「五月暴風日」（分手日）便是從「別離」衍生出來的。據說在情人節告白成功後的第八十八天，「交往起來不太順利」而心煩意亂的情侶，最適合挑在這天談分手。

這種豐沛的想像力固然令人讚嘆，不過冠上了「五月風暴」（メイストーム）——這個為五月帶來狂風暴雨的低氣壓之名，難免令人惴惴不安。希望到時談判別像暴風雨，而是能夠風平浪靜地好好說再見。

●今天的樂趣

【五月風暴】

一九五四年（昭和二十九年）五月九日至十日，超大型低氣壓橫跨日本海，北上朝日本撲來。研究人員為這個造成嚴重災情的低氣壓取了「五月風暴」的名字，並將它當成日後氣象預報的研究範本。後來「五月風暴」演變為專指所有為五月帶來狂風暴雨的低氣壓，同時也變成了要大家保持警戒的警語。

【竹醉日】

「植竹」是夏天的季語。在古中國的民俗傳說中，農曆五月十三日竹子會醉倒，因此趁這天移植非但不會驚擾它，還會讓它愈長愈好。由於這則傳說，農曆與新曆的五月十三日就成為「竹醉日」了，別名「竹迷日」。

【愛犬之日】

一九四九年（昭和二十四年）的今天，日本成立了全日本警犬協會（現在的一般社團法人Japan Kennel Club）。愛犬之日就是為了紀念此事而制訂的。

5月 皐月

14日

距離元旦經過…………133日
距離除夕尚有…………231日

〔二十四節氣〕
立夏

〔七十二候〕次候
蚯蚓出

卯花腐

潔白的溲疏花開在一片山野中總是特別耀眼，而現在正是齒葉溲疏綻放的時候。溲疏花又名「卯花」，農曆四月的別稱「卯月」就是從這個花名而來的㊟。

卯花盛開的季節所下的連綿長雨，稱為「卯花腐」。農民相信卯花能占卜農作豐收或歉收，若那年開得非常燦爛就是豐年，若因為接連下雨而早早凋零就是凶年。或許因為農民認為連漂亮的卯花都凋謝了，農作物大概也凶多吉少吧。

㊟也有一說認為「卯」在十二地支中排行第四，故用「卯月」表示農曆四月。

●今天的樂趣

【卯花】

製作豆腐及豆漿後剩餘的豆渣，別名也是「卯花」。據說這是因為豆渣的模樣像極了一叢叢白色小花，才有了這個名稱。

【風日祈祭】

伊勢神宮（三重縣）內的風日祈宮祭祀著風神。在這天，宮裡將舉辦「風日祈祭」，祈求接下來農作物生長的季節能風調雨順。

5月 皐月

15日

距離元旦經過…………134日

距離除夕尚有…………230日

〔二十四節氣〕

立夏

〔七十二候〕次候

蚯蚓出

葵祭

現代人一聽到「祭典」這兩個字，腦海中浮現的答案都不太一樣。不過在平安時代，古人的答案只有一個，那就是上賀茂神社與下鴨神社（兩社皆位於京都府）的例大祭「葵祭」。六世紀中葉時，日本曾經發生嚴重的饑慌，人們認為那是賀茂諸神作祟所導致的，便舉辦了葵祭安撫諸神以祈求五穀豐收。直到現在，葵祭依然會按照平安時代的古禮來舉辦。

華麗的王朝遊行堪稱葵祭的代名詞。超過五百名身著平安裝束的信眾，將從京都御所移師下鴨神社，再前往上賀茂神社。信眾們會用葵葉點綴牛隻、馬匹以及牛車，這項習俗來自上賀茂神社的主神——賀茂別雷大神降臨時下達的神諭「以葵葉裝飾祭典」，而這便是「葵祭」名稱的由來。

● 今天的樂趣

【葵祭】
「葵祭」的正式名稱為「賀茂祭」。人們會從五月一日起舉辦一連串祭典，並於最後一天十五日時，舉行「王朝遊行」（路頭之儀），以及上奏祭文、率領神馬繞境的「社頭之儀」等活動。

【沖繩回歸紀念日】
二次世界大戰後，沖繩歷經了二十七年，終於在一九七二年（昭和四十七）年的今天回歸日本。

【J聯賽日】
日本第一場職業足球聯賽「J聯賽」，就是在一九九三年（平成五年）的今天拉開序幕的。

5月 皐月

16日

距離元旦經過…………135日

距離除夕尚有…………229日

〔二十四節氣〕

立夏

〔七十二候〕末候

竹筍生

旅行計畫

五月是絕佳的出遊旺季，光是想像下次旅行要去哪裡玩，就令人興奮得像是遠足前夕的孩子一樣。這也難怪，因為計畫旅行會讓人覺得幸福，據說效果最多能持續八週。只要把想去的地方與在旅程中想體驗的事物列成表單，就會令人滿心期待。今天就在腦海中神遊，度過快樂的一天吧。

● 今天的樂趣

【竹筍生】

立夏末候的「竹筍生」代表「現在正是筍子生長出來的時候」。這個季節已經過了孟宗竹的盛產期，不過淡竹、真竹、千島箬卻正是好吃的時候。

【旅之日】

江戶時代的俳人松尾芭蕉於一六八九年（元祿二年）三月二十七日，展開了「奧之細道」之旅。將這天換算成新曆是五月十六日，於是今天便被訂為「旅之日」了。芭蕉所走遍的奧之細道，從江戶深川啟程，途經東北與北陸，最後抵達大垣（岐阜縣），總移動距離為兩千四百公里，是一段歷時超過一百五十天的壯遊。

◆ 季節的樂趣

【杜鵑花】

日本人從《萬葉集》時代就很熟悉杜鵑花，而現在正是杜鵑花開得最美的時候。日本國內有超過數十種野生杜鵑，不過現在家庭栽培的各色杜鵑，大多是在江戶時代品種改良而來的。每到五月這個季節，葛城高原（奈良縣）就會開出滿山遍野的杜鵑，人稱「一眼百萬枝」。

5月 皐月

17日

距離元旦經過…………136日

距離除夕尚有…………228日

〔二十四節氣〕立夏

〔七十二候〕末候 竹筍生

茶泡飯

早上賴床或是嘴饞的時候，茶泡飯（お茶漬け）就會在我家大顯身手。在飯上放點梅乾、佃煮、山葵，倒入煎茶，撒上紫蘇或海苔，讓身心暖呼呼的茶泡飯就完成了。

茶泡飯誕生於江戶時代中期。日本人原本就有在飯上淋熱水吃「湯泡飯」的習慣，自從煎茶於江戶時代出現並普及到民間以後，茶泡飯便誕生了。江戶城裡不但有林立的茶泡飯餐館，甚至還有發行茶泡飯餐館美食指南。看來對性急的江戶人來說，茶泡飯這種速食正好對他們胃口。

●今天的樂趣

【茶泡飯日】

「茶泡飯日」是為了紀念永谷宗圓逝世而制訂的，他發明了煎茶的製法，為日本的飲茶文化留下諸多貢獻。宗圓的後代還創立了以茶泡飯調理包聞名的「永谷園」。

【輪王寺延年之舞】

日光山輪王寺（栃木縣）將在今天以「延年之舞」祭神。相傳這種舞是超過千年以前，由天台宗第三代住持慈覺大師——圓仁，自唐代傳入的。兩名舞者會在僧侶們的誦經聲下翩翩起舞，藉此祈求天下太平、國泰民安、延年益壽。

5月 皐月

18日

距離元旦經過…………137日
距離除夕尚有…………227日

〔二十四節氣〕
立夏

〔七十二候〕末候
竹笋生

御神輿

或許跟地域特質有關，東京許多祭典都會舉辦抬神輿的活動。例如現在這個季節，淺草神社會舉辦三社祭，神田神社（神田明神）則會舉辦神田祭。看著眾人在氣勢恢宏的吆喝聲下奮力扛起神輿，實在教人熱血沸騰。

神社祭典中出現的神輿就是神明的轎子。平常待在神社裡的神明將坐上神輿，巡視信徒居住的地區，為人們消災解厄。轎子那麼晃，喊聲又那麼吵，不會驚擾神明嗎？這倒不必擔心。因為人們相信愈是用力晃動神輿、炒熱氣氛，神明的威力就會愈強大。

●今天的樂趣

【三社祭】

淺草神社的三社祭將在接近五月十七日到十八日的星期五至星期日舉行。第一天會跳祈求五穀豐收的舞蹈來祭神，第二天會派出將近一百座町神輿和孩童神輿繞境，最後一天則由三座本社神輿巡遊各個鄉鎮議會。這是日本最盛大的祭典之一，將會有一百五十萬名遊客前來共襄盛舉。

【神田祭】

神田祭以眾多神輿繞境而聞名，採隔年舉辦（於西曆奇數年接近五月十五日的週末舉行，前後共六天），神輿會在神田明神信徒居住的秋葉原、大手町、日本橋等大都會巡視。最後一天的高潮稱為「宮入」，抬轎手們會扛起將近一百座町神輿繞行境內，將四周氣氛炒得熱鬧滾滾。

◆季節的樂趣

【蘆筍】

露天栽培的蘆筍現在正值產季。蘆筍含有豐富的天門冬醯胺，能即時補充熱量，具有消除疲勞的功效。放冰箱冷藏時，將穗尖朝上立好，便能延長保存期限。

5月　皐月

19日

距離元旦經過…………138日

距離除夕尚有…………226日

〔二十四節氣〕

立夏

〔七十二候〕末候

竹筍生

撒團扇

鑑真和尚於奈良時代創立的唐招提寺（奈良縣），將會在今天把大量的團扇撒向信徒。這是在覺盛和尚（唐招提寺中興之祖）圓寂的日子所舉辦的「撒團扇」儀式的環節之一。

覺盛是鎌倉時代的高僧，他一生嚴守戒律，振興了當時已經衰敗的唐招提寺。他曾對想要殺死蚊子的弟子說：「將自己的血分給蚊子，是慈悲的表現。」後人不忍他遭到蚊子叮咬，便以團扇祭拜覺盛，希望他至少能搧搧風，把蚊子趕跑。心型團扇是避邪、去病的吉祥物，法會過後，這些團扇便會發放給參拜者。

●今天的樂趣

【撒團扇】

撒團扇之前，唐招提寺會先在講堂舉辦悼念覺盛的中興忌梵網會。寺方發送給信徒的團扇共有一千五百支，其中數百支為了安全考量，改為親手傳遞。

【小諸・山頭火之日】

以「分け入っても分け入っても青い山」（行過重重山路　觸目所及皆是連綿青山）、「まっすぐな道でさみしい」（筆直之路更顯淒涼）等自由俳句聞名的種田山頭火，曾在一九三六年（昭和十一年）的今天，投宿於長野縣小諸市。這天就是為了紀念他而制訂的。

5月 皐月

20日

距離元旦經過…………139日

距離除夕尚有…………225日

〔二十四節氣〕立夏

〔七十二候〕末候 竹笋生

森林浴

日本約有七成國土覆蓋著森林，是全球屈指可數的森林國家。我們在欣賞鬱鬱蒼蒼的森林照片時，心裡之所以覺得平靜安詳，大概是因為祖先自古就與山林為伍的緣故吧。

實際到森林裡深呼吸，會發現空氣中帶有清新宜人的芬芳，那是樹木散發出來的揮發性物質芬多精，類似於人類的精氣。植物散發芬多精可以避免疾病與害蟲纏身，而我們吸收芬多精則能有效放鬆、舒緩壓力。這種沐浴在大量芬多精下陶冶身心的「森林浴」，是一九八二年（昭和五十七年）由林野廳所提倡的活動。日本人對森林浴早已司空見慣了，但這個詞以及它的健康功效，卻是近年來才推廣到全世界的。

●今天的樂趣

【森林日】

「森林」是由五個「木」組成的，筆劃共二十劃，因此五月二十日就制訂為森林日了。

【東京港開港紀念日】

「東京港」以隅田川河口為中心，與名古屋港、橫濱港、大阪港、神戶港並列為日本五大港。之後於一九四一年（昭和十六年）的今天，加入了國際貿易港的行列。

【成田機場開港紀念日】

一九七八年（昭和五十三年）的今天，「新東京國際機場」開港。因此日本的空中門戶——成田機場的紀念日恰巧也訂在今天。

5月　皐月

21日

距離元旦經過…………140日

距離除夕尚有…………224日

〔二十四節氣〕

小満

〔七十二候〕初候

蠶起食桑

小満

二十四節氣的小滿已經到了。此時不只花草樹木、蟲魚鳥獸充滿活力，萬物也都在生長，天地間一片欣欣向榮。

在溫暖地區，前一年秋天播種的麥子現在已經開始收割了。因此有人認為「小滿」這個字，源於稻穗結實後慢慢變成金黃色，農民看了稍微鬆一口氣（稍微滿足）的意思。

●今天的樂趣

【蠶起食桑】

小滿初候的意思是「蠶從卵中孵化出來，開始大快朵頤」。蛾的幼蟲蠶寶寶會吃桑葉長大，大約一個月後吐絲，結出絲綢的原料——繭。

【小學紀念日】

一八六九年（明治二年）的今天，京都府創立了全日本第一所小學，位於京都市內的小學舊址如今還立有紀念石碑。

【藻刈神事】

二見興玉神社（三重縣）將在今天舉辦藻刈神事，把二見浦沿海「興玉神石」上生長的甘藻採收下來，製成除晦的護身符「無垢鹽草」授予信徒。在二見興玉神社的祭神儀式中，「無垢鹽草」同時也是驅魔的工具。

◆季節的樂趣

【布穀鳥】

每到五月中旬，布穀鳥（カッコウ）就會從南方飛來，發出跟名字一樣「布穀、布穀」的叫聲。牠的聲音聽起來有些淒涼，常在門可羅雀的店家前鳴叫，因此在日本又有「閑古鳥」（かんこどり）的別稱。

5月 皐月

22日

距離元旦經過⋯⋯⋯⋯141日
距離除夕尚有⋯⋯⋯⋯223日

〔二十四節氣〕
小満

〔七十二候〕初候
蠶起食桑

東京晴空塔

二〇一二年（平成二十四年）五月二十二日，東京晴空塔開幕了。它的高度為六百三十四公尺，是全世界最高的自立式電波塔。

東京晴空塔雖然採用了最新科技來搭建，但也運用了不少日本傳統建築工法，例如避震技術。晴空塔的結構仿造五重塔，建築中心貫穿了一根叫「心柱」的柱子。當遇到地震或強風時，這根柱子就會發揮秤錘的作用，減輕整棟建築物的搖晃。

除此之外，晴空塔的顏色設計主要採用了藍染中最淺的傳統色「藍白」，也就是在白色中加入些微藍色的「天空藍」。清爽的色調與高聳入雲的模樣融為一體，成了民眾最喜愛的東京新地標。

今天的樂趣

【東京晴空塔】「東京晴空塔」這個名字是從公開徵稿中篩選出六個選項，再由全國民眾投票決定的。高度六百三十四公尺則是源自東京、埼玉的舊國名「武藏」（むさし）與六三四（むさし）的諧音。對日本人而言，這是個非常熟悉且朗朗上口的數字。

【自行車之日】「自行車之日」是為了紀念日本自行車協會在今天創立而制訂的。這個季節氣候穩定，涼風習習，連日來都會是好天氣，最適合騎自行車了。

5月　皐月

23日

距離元旦經過…………142日
距離除夕尚有…………222日

〔二十四節氣〕
小滿

〔七十二候〕初候
蠶起食桑

情書日

不論在哪個時代，刻骨銘心的戀愛都令人嚮往，許多向心上人傾訴思念的情書也保留了下來。古人的情書就是和歌。例如編纂於七世紀至八世紀、日本最古老的和歌集《萬葉集》，便有超過半數的和歌都是熱烈的情歌。

江戶時代識字率提升，平民百姓也能寫歌作文，自然也會互贈情書。他們跟現代人一樣，會擔心弄巧成拙，也會怕自己辭不達意，因此據說當時不但有書商出版情書範例集，就連代寫情書的代書行都風靡一時。

●今天的樂趣

【情書日】

五（こい）月二十三（ぶみ）日與情書（こいぶみ）諧音，再加上一九九八年（平成十年）的今天，電影【情書】於日本上映，為了紀念，今天便訂為「情書日」了。

【接吻日】

這也是來自電影的紀念日。一九四六年（昭和二十一年）的今天，【二十歲的青春】於日本首映，播出了日本電影史上第一個接吻鏡頭。儘管演員的嘴唇只有輕輕碰到一下，但在當時卻造成了轟動，電影院接連幾天都一票難求。

【櫻花前線終點】

北海道的釧路與根室現在正值蝦夷山櫻及千島櫻盛開的花季。從三月櫻花前線北上算起，至今已經過了兩個月，將全日本染成一片櫻色的旅程即將抵達終點。

◆季節的樂趣

【鳳蝶】

從這個季節開始，就會看見鳳蝶在空中翩翩起舞。日本有超過十種以上的鳳蝶，最常見的是黃色翅膀上帶有黑色花紋的黃鳳蝶，牠們會在柚子等芸香科植物上產卵，因此幼蟲別名「柚仔」。

5月 皐月

24日

距離元旦經過…………143日

距離除夕尚有…………221日

〔二十四節氣〕
小滿

〔七十二候〕初候
蠶起食桑

伊達卷之日

今天是大家熟悉的日本年菜「伊達卷」的紀念日。可能有人會覺得很奇怪：新年不是老早就過了嗎？其實這是為了紀念戰國武將伊達正宗的忌日而制訂的。

也有人認為既然伊達卷是喜慶時吃的豪華蛋料理，那麼這裡的「伊達」應該是源自伊達正宗帥氣的裝束與瀟灑的打扮才對㊟。

伊達卷的作法是將蛋液、魚漿、砂糖、味醂拌在一起，煎得鬆鬆軟軟的再卷起來。這種形狀就像書卷一樣，因此人們也把它視為祈求學問及智慧增長的吉祥食物。

㊟日文將「注重打扮、愛漂亮」稱為「伊達」。

今天的樂趣

【高爾夫場紀念日】

一九〇三年（明治三十六年）的今天，英國貿易商亞瑟・赫斯克斯・葛魯姆在六甲山（兵庫縣）創立了日本第一座高爾夫球場。

【無刺地藏尊例大祭】

以「無刺地藏尊」之名令人耳熟能詳的東京都巢鴨高岩寺，會在每年的一月、五月、九月的二十四日舉行共三次的例大祭。二十名僧侶將接連唸誦「大般若經」，場面相當壯觀，每次都會吸引大批信眾前來參拜，祈求延年益壽。

5月　皐月

25日

距離元旦經過…………144 日

距離除夕尚有…………220 日

〔二十四節氣〕

小滿

〔七十二候〕初候

蠶起食桑

廣辭苑

我第一次接觸《廣辭苑》，是在第四版出版的一九九一年（平成三年）。當時它的厚度、收羅詞彙之豐富及深度都令我嘆為觀止，這點我至今依然記得非常清楚。

時光流逝，儘管現在只要上網就能查到詞彙的意義，但人們對《廣辭苑》的信任依然無可取代，因此在專欄或新聞報導中，還是常常可以看到「根據廣辭苑……」等句子。

《廣辭苑》是按照詞彙意義衍生順序編纂而成的國語辭典。例如「やさしい」（溫柔）這個詞，最早的意義是「身子瘦了一圈、感到慚愧」。對現代人來說可能有點莫名其妙，但《萬葉集》與《古今和歌集》都曾引用這些語義。《廣辭苑》充滿了將詞彙的誕生、用法的演變抽絲剖繭的樂趣，就算只是隨意翻開一頁閱讀，也會讓人覺得受益良多呢。

●今天的樂趣

【廣辭苑紀念日】

初版的《廣辭苑》是在一九五五年（昭和三十年）五月二十五日發行的，共收錄了約二十萬個詞彙，十四年來賣出了一百一十萬冊。《廣辭苑》每十年就會修訂一次，最新版為二〇一八年（平成三十年）發行的第七版，共收錄了約二十五萬個詞彙。

【餐車日】

一八九九年（明治三十二年）的今天，私鐵山陽鐵道（現為山陽本線）的特快車設置了全日本第一輛餐車。最早的菜單只提供洋食，直到七年以後和食餐車才出現。

5月 皐月

26日

距離元旦經過…………145日

距離除夕尚有…………219日

〔二十四節氣〕

小満

〔七十二候〕次候

紅花榮

紅花

飛鳥時代以前經由絲路傳入日本的紅花，自古就是人們熟悉的染料及顏料。紅花剛開花時是黃色的，經過幾天後花瓣會逐漸轉變成紅色，因此古人將紅花比喻為日漸加深的愛，並留下了許多相關的和歌。

我的故鄉山形縣在江戶時代盛行紅花栽培及貿易，因此縣花也是紅花。對我而言，紅花總是令我覺得很懷念。相信任何人心中都有這樣的花吧。你的「鄉愁花」又是哪一種呢？

●今天的樂趣

【紅花榮】

小滿次候正是「紅花盛開的時候」。紅花的花期在五月到七月，採收時只會摘下花瓣當作染料，因此別名「末摘花」。

【源泉溫泉日】

來自五（ごくじょう な）月二十六（ふろ）日與「極品溫泉」（極上な風呂）的諧音。將湧泉引入泉池中，不重複循環使用的「源泉溫泉」可說是最奢侈的極品溫泉了。

【梅雨前奏】

這個時節所下的雨其實是梅雨季的「前奏」，日文稱為「走り梅雨」，別名「前梅雨」、「迎梅雨」或「筍梅雨」。

5月　皐月

27日

距離元旦經過	146日
距離除夕尚有	218日

〔二十四節氣〕
小満

〔七十二候〕次候
紅花榮

百人一首之日

相傳一二三五年（嘉禎元年）的今天，是藤原定家完成《小倉百人一首》的日子。百人一首其實就是和歌選集，一共收錄了一百名優秀歌人的代表作並且傳承至今。

《小倉百人一首》網羅了古代到鎌倉時代初期的作品。近世以來人們大多透過歌牌來熟悉它，近幾年還出現了以競技歌牌為主題的漫畫和電影，掀起了一波歌牌熱潮。

和歌最吸引人的地方在於能跨越時代接觸古人的思想、志向以及美麗的日語。《小倉百人一首》中含有四十三首情歌，短短的三十一個文字裡飽含了戀慕之情，每一首都動人心扉。

●今天的樂趣

【百人一首之日】
藤原定家在他的日記《明月記》裡，曾記載一二三五年（嘉禎元年）的今天，他受好友之託將百首和歌貼在拉門上，因此一般認為這天就是百人一首完成的日子。

【小松菜之日】
小松菜之日（こまつなの日）源自五（こま）月二十七（つな）日的諧音。小松菜是江戶代表性的蔬菜，含有豐富的鈣質等營養素。

5月 皐月

28日

距離元旦經過…………147日

距離除夕尚有…………217日

〔二十四節氣〕

小滿

〔七十二候〕次候

紅花榮

煙火日

江戶時代的人想要清涼一「夏」時，喜歡聚集在河畔遊河或遊船，而最受歡迎的遊河地點就是流經整座江戶市的隅田川（大川）了。隅田川的納涼期為農曆五月二十八日到八月二十八日，第一天五月二十八日還會舉行盛大的「開川」儀式。

一七三三年（享保十八年），將軍德川吉宗為了憑弔因飢荒、瘟疫而過世的難民，於隅田川開川時一同舉辦了水神祭。當時施放的祭祀煙火便是日本第一場煙火大會，從此之後，將隅田川納涼期點綴得繽紛燦爛的煙火，便成為江戶的風情詩了。五月二十八日的今天就是依據這則逸聞所制訂的煙火紀念日。不論古今，煙火都照亮了人們的生活呢。

今天的樂趣

【隅田川煙火】

自一七三三年以後，隅田川在納涼期間都會於入夜後施放煙火。當時的人們認為在轉瞬即逝的煙火上一擲千金，是一種「風雅」的表現，因此武士、工商業者都會爭相贊助煙火商。將隅田川點綴得璀璨繽紛的煙火大會，成了後來的「隅田川煙火大會」（於每年七月舉辦）並且一路延續至今。

【虎雨】

時光回溯到一一九三年（建久四年）的今天，曾我十郎祐成與五郎時宗這對兄弟，決定趁今天為父報仇。兩人將傘點燃代替火把以接近敵人，最後雖然成功雪恨，卻也遭到逮捕處刑。哥哥十郎祐成的情人虎御前聽聞噩耗，悲傷地流下淚水，相傳她的淚珠化成了「虎雨」（虎が雨），至今仍然下個不停。

【業平忌】

今天是平安時代的歌人，人稱六歌仙之一的在原業平的忌日。晚年他棲身的十輪寺（京都府），將在今天舉辦祭祀他的法會。

5月　皐月

29日

距離元旦經過…………148日

距離除夕尚有…………216日

〔二十四節氣〕

小滿

〔七十二候〕次候

紅花榮

蒟蒻日

不論燉煮、快炒還是生吃都美味的蒟蒻，一年四季都會在餐桌上登場，但因為蒟蒻的原料——魔芋很容易撞傷，不適合運輸跟保存，所以蒟蒻以前可是只有在秋冬才能吃到的高級食材。直到一七七六年（安永五年），水戶藩的農民發明了用魔芋粉製作蒟蒻的方法後，百姓才開始吃得到蒟蒻。人們長期以來一直很依賴蒟蒻，因為蒟蒻豐富的水分及膳食纖維有「整腸功能」，能幫助腸道代謝。此外，蒟蒻還有預防糖尿病及減肥的好處。一定要在今天品嚐充滿健康活力的蒟蒻料理喔。

● 今天的樂趣

【蒟蒻日】

「蒟蒻日」（こんにゃくの日）與五（こん）月二十九（にゃく）日諧音，加上此時正好是栽種魔芋的季節，因此今天便制訂為「蒟蒻日」了。蒟蒻有百分之九十七都是水分，其餘則是無法消化的膳食纖維——葡甘露聚醣，所以蒟蒻幾乎沒有熱量。葡甘露聚醣會吸附壞膽固醇跟大腸菌，並將其排出體外。

【民族日】

把五月的「5」看作「S」（エス），再加上二十九（ニック）日的諧音，就成為今天的「民族日」（エスニックの日）了。為了推廣東南亞等民族的文化及料理，今天將會舉辦豐富的活動及廚藝大賽。

◆ 季節的樂趣

【新馬鈴薯】

這個季節上市的新馬鈴薯大多來自九州，主要產於鹿兒島跟長崎。新馬鈴薯未經儲藏就直接上市，故帶有皮薄多汁的口感。它含有大量的水分，非常適合快炒，也可以跟蒟蒻一起做成鹹鹹甜甜的料理。

5月 皐月

30日

距離元旦經過…………149日

距離除夕尚有…………215日

〔二十四節氣〕

小滿

〔七十二候〕次候

紅花榮

防範梅雨

五月三十日又可讀成「ゴ（五）ミ（三）ゼロ（〇）」，意即「沒有垃圾」，因此今天不僅是吸除垃圾的「吸塵器之日」，更是「打掃日」。

提到這個季節的打掃，當然就是針對梅雨，好好防霉啦。只要氣溫超過二十度且濕度在百分之六十以上，黴菌就會將污垢跟灰塵當成養分，迅速孳生，因此必須適時通風、擦拭，並運用各種除濕商品防範黴菌。壁櫥、衣櫃跟鞋櫃容易孳生黴菌，等注意到時往往已經發霉了，因此不妨讓這些地方保持通風，才能避免黴菌找上門。

● 今天的樂趣

【沒有垃圾日】

「沒有垃圾日」（ゴミゼロの日）源自五（ゴ）月三十（ミゼロ）日的諧音，因此從今天開始為期一週，都會舉辦垃圾減量及回收再利用的活動。

【女子將棋日】

二〇〇七年（平成十九年）的今天成立了日本女子專業將棋協會，因此今天便是「女子將棋日」。一般的「將棋日」是在十一月十七日。

31日

距離元旦經過…………150日
距離除夕尚有…………214日
〔二十四節氣〕
小滿
〔七十二候〕次候
紅花榮

菖蒲杜若難擇一

菖蒲（溪蓀）擁有亭亭玉立的身影，以及優雅高貴的紫色。這種宣告梅雨季來臨、深受民眾喜愛的季節使者，如今就要開花了。菖蒲是多年生草本植物，外側的花瓣中央帶有網紋，日文「綾紋」（あやめ）一詞，就是由菖蒲（あやめ）而來的。

日本有一句俗諺，比喻雙方都很好、難分優劣，叫做「菖蒲杜若難擇一」（いずれアヤメかカキツバタ）。菖蒲與杜若（燕子花）外型十分相似，但可以看開花的地點來分辨。菖蒲長在山野上，杜若生長在水邊。其他相似的花還有花菖蒲（玉蟬花），特徵是花瓣根部帶有黃斑。

●今天的樂趣

【水鄉潮來菖蒲祭】
自五月下旬至六月下旬，水鄉潮來菖蒲園（茨城縣）將會舉辦「水鄉潮來菖蒲祭」。多達百萬株的五百種菖蒲，將同時盛開。

【菖蒲】
「菖蒲」之所以有「アヤメ」與「ショウブ」兩種讀音，是因為就連古人都經常將兩者混為一談。杜若、菖蒲、花菖蒲同屬於鳶尾科。而端午節用來泡「菖蒲浴」的菖蒲則是菖蒲科。它們都擁有細長的葉子，才會產生這場令人暈頭轉向的「菖蒲」大戰。

6月

水無月

みなづき

潤澤生命的長雨淅淅瀝瀝地下，
令花草樹木更加嬌艷欲滴。
因為連綿陰雨而鬱鬱寡歡的心，
就靠繡球花與梔子花一解煩憂吧。

6月 水無月

1日

距離元旦經過…………151日

距離除夕尚有…………213日

［二十四節氣］
小滿

［七十二候］末候
麥秋至

換季

今天開始，很多地區的學校跟職場都會把冬季制服換成夏季制服。我高中冬天的制服是深藍色的，夏天則是純白的水手服。一進到六月，教室便突然明亮了起來，光是這樣就讓人心情輕鬆不少。現在雖然能隨氣溫自由更換服裝，不過當時等待「六月一日」的到來反倒更令人開心。

換季（衣替え）起源於中國傳入的宮中儀式「更衣」，故日文又寫成「衣更え」。在平安時代，宮中一年換季兩次，分別是在農曆的四月一日跟十月一日，換成夏裝跟冬裝。由於換季也有清除日常生活中累積的晦氣之意，因此日常用品也會隨著季節更換。

到了江戶時代，幕府規定要跟著季節換季，所以一年必須換季四次。武士們會在換季的第一天更換新衣，於春秋兩季穿著加了內裏的「袷」，於夏天穿沒有內裏的「帷子」，冬天則穿表布跟裏

●今天的樂趣

【麥秋至】

在小滿末候登場的「麥秋」，代表割麥的季節已經到了。對麥子來說，現在已是豐收的秋天，「麥秋至」這個詞就是從此衍生而來的。

【六月的別名】

六月雖然是梅雨季，別名卻是「水無月」（みなづき）。農曆六月大約是

布之間加了棉花的「棉襖」。這個習俗後來也傳入民間，成為日本每年固定的傳統活動。

明治時代則是一年換季兩次。當時政府機關採用西服為制服，於是新曆的六月一日與十月一日便成了換季的日子。

雖然現在一般家庭都是看情況自行換季，不過趁今天換上涼爽的夏裝，讓六月有個清涼的開始也不錯。添購新的夏裝跟日常用品，整理出不要的東西，讓住處跟身心都改頭換面一下吧？

新曆的七月左右，由於正值酷暑、水源乾涸，便出現了「水無月」這個別名。此外，也有人認為這是從結束插秧工作的「皆仕盡」（みなしつき）跟在田裡放水的「水張月」（みづはりづき）演變而來的。

【氣象紀念日】

一八七五年（明治八年）的今天，日本政府設立了氣象廳的前身——東京氣象台，開始觀測氣象與地震。因此今天就是「氣象紀念日」。

6月 水無月

2日

距離元旦經過…………152日

距離除夕尚有…………212日

［二十四節氣］
小滿

［七十二候］末候
麥秋至

發源地橫濱

長年以來，身為西方文化入口並逐漸繁榮的海港城市橫濱，一直都是許多東西的「發源地」。例如瓦斯業、上下水道、電信業、網球、日報、公共廁所、旅館、加油站……全都是生活中司空見慣的東西。可見在這一百五十年左右，許多西方文化都是從橫濱傳遍全日本，再演變成我們生活中不可或缺的一環。

另外，橫濱也是牛肉火鍋、冰淇淋、拿坡里義大利麵等各種美食的發源地。這裡的「拿坡里」指的是「拿坡里風味」的意思，發源自橫濱實在是太出人意料了。

●今天的樂趣

【橫濱開港紀念日】

一八五九年（安政六年）的六月二日，橫濱港正式開放，成了國際貿易港口。最一開始國際貿易港口的候選地點是東海道沿岸的驛站城鎮——神奈川，但是當地的人口太多，政府擔心會與外國人產生衝突，因而選上了橫濱這個寧靜的漁村。

【叛變之日】

這個駭人聽聞的紀念日，來自一五八二年（天正十年）的今天，戰國時代規模最大的叛變「本能寺之變」。織田信長一行人當時停留在本能寺（京都府），不料卻遭到家臣明智光秀襲擊，最後信長在寺裡引火自焚。

【玫瑰之日】

「玫瑰之日」（ローズの日）源自六（ロー）月二（ズ）日的諧音。此時各地都開滿了五顏六色的玫瑰，美麗的花朵與花香令人心曠神怡。

◆季節的樂趣

【沙腸仔】

一般來說，沙腸仔是指背部呈淡黃色、腹部包覆著白銀色鱗片的少鱗鱚。現在正是牠們產卵的季節，因此油脂相當豐厚。

6月 水無月

3日

距離元旦經過⋯⋯⋯⋯153日

距離除夕尚有⋯⋯⋯⋯211日

［二十四節氣］
小滿

［七十二候］末侯
麥秋至

六月新娘

每當我在神社或小教堂看到新娘，內心就會感到很溫暖，彷彿新人向我分享了他們的幸福。

這個月結婚的「六月新娘」，在英文裡叫「June Bride」。羅馬神話認為六月是婚姻及女性的守護神——朱諾的月分，因此自古以來西方就堅信六月新娘一定能獲得幸福。

日本六月受到梅雨的影響，原本是結婚的淡季。但自從一九六七年（昭和四十二年）左右，大倉飯店開始宣傳「六月新娘」後，日本便掀起六月新娘風潮，至今仍未退燒。

●今天的樂趣

【測量日】

道路建設、都市計畫跟地圖繪製都必須經過測量。由於測量法是在一九四九年（昭和二十四年）的今天公布的，因此今天便成了「測量日」，以加深人們對測量的理解與興趣。茨城縣筑波市的國土地理院也會在這天對外公開。

◆季節的樂趣

【枇杷】

枇杷是薔薇科的常綠喬木，初夏時會結出色彩鮮豔的橙色果實。新鮮的枇杷果皮上會留有細毛跟白粉。

6月　水無月

4日

距離元旦經過…………154日
距離除夕尚有…………210日

［二十四節氣］
小滿

［七十二候］末侯
麥秋至

驅蟲儀式

此時在各地的稻田，都能看見緊緊扎根的水稻正在成長茁壯。農民們會在秋天採收之前小心翼翼地照護它們，不過一旦出現害蟲，尤其在沒有農藥的時代，那可就令人頭痛了。因此，自古以來一到六月，農民就會舉行「驅蟲儀式」。這個儀式會把巨大的稻草人偶放到河流裡沖走或是燒掉，以祈求不要有害蟲。在西日本，這個儀式也稱為「送實盛」。

●今天的樂趣

【濁川的驅蟲儀式】

這是秋田縣鹿角郡小坂町的驅蟲儀式。每年六月上旬，人們都會帶著象徵成群病蟲與災害的稻草人偶，一邊用囃子伴奏一邊在鎮上遊行，最後再燒掉人偶，以祈求不要有病蟲害。

【送實盛】

「實盛」指的是平安末期的武將——齋藤實盛。相傳他因為被稻子的根絆倒而慘死敵人手下，人們堅信他含恨化成了蝗蟲這類的害蟲，將稻田啃食得滿目瘡痍，所以有些地方會在送實盛時替齋藤實盛舉行祭祀法會。其中最有名的就是愛媛縣西予市每年六月舉行的「送實盛」。

【蛀牙預防日】

為了預防蛀牙，一九二八年（昭和三年）選定了與蛀牙（むし）諧音的六（む）月四（し）日當作蛀牙預防日。從今天開始是為期一週的「口齒保健週」，目的是透過維護牙齒及口腔促進身體健康。這天就換上新的牙刷，比平時更仔細地刷牙來預防蛀牙吧。

6月 水無月

5日

距離元旦經過⋯⋯⋯⋯155日
距離除夕尚有⋯⋯⋯⋯209日

［二十四節氣］
小満

［七十二候］末侯
麥秋至

入梅

九州地區與四國地區此時差不多要宣布「入梅」了。

梅雨是由日本群島東北方的鄂霍次克海氣團與東南方的小笠原暖氣團相互擠壓所產生的，這兩種氣團的特徵一樣，都是水氣含量較高。

接下來大約四十天左右，將會有各種氣團為了停留在日本附近而產生像相撲一樣的推擠現象。氣團在互相推擠時會形成「梅雨前線」，並把彼此含帶的水氣化成雨。

入梅時兩個氣團彼此勢均力敵，但隨著夏天的腳步愈來愈近，小笠原暖氣團也逐漸占了優勢，等到鄂霍次克海氣團投降，朝北方移動後，梅雨也就結束了。想到會下很久的雨就讓人有些悶悶不樂，但這對農作物來說卻是場甘霖。梅雨是連接春夏兩季的橋樑，就讓我們一起好好享受它吧。

● 今天的樂趣

【環境日】

「環境日」是為了紀念一九七二年（昭和四十七年）六月五日所舉行的「聯合國人類環境會議」而制訂的節日。日本把六月訂為環境月，各地都會在這時舉辦保護地球環境的活動。

◆ 季節的樂趣

【沙丁魚】

沙丁魚是便宜又美味的大眾魚代表，進入梅雨季時，牠的脂肪也會變肥厚，因此這個季節的沙丁魚又叫「入梅（梅雨）沙丁魚」。搭配這個名號，加點梅子果肉或梅醋一起享用也很不錯喔。

6月　水無月

6日

距離元旦經過…………156日
距離除夕尚有…………208日

［二十四節氣］
芒種

［七十二候］初侯
螳螂生

芒種

「二十四節氣」是以中國黃河流域的氣候為基準，將太陽的運行劃分成二十四等分，所以有時會與日本人所感受到的季節有些落差，而今天開始的「芒種」便是如此。

「芒」指的是稻穗跟麥穗前端的硬毛。「芒種」顧名思義就是「種植有芒刺的植物的季節」，但其實日本這時早就播種完了。我查了一下現在最適合種什麼植物，結果是皇宮菜跟小松菜這種碰到雨水就會成長茁壯的葉菜。雖然一直很期盼梅雨季能夠放晴，不過訂定計畫播種也不錯呢。

● 今天的樂趣

【螳螂生】

芒種初候的主角，是從秋天誕下的卵中孵化的螳螂幼蟲。螳螂會捕食啃食農作物的害蟲，因此自古以來就是農民眼中的益蟲。

【稽古日】

室町時代將能樂集大成的世阿彌，曾在著作裡提到：「應該要在六歲的六月六日開始稽古（練習）。」因此今天就是「稽古日」，同時也是「樂器日」跟「插花日」。在這樣的日子，不論開始練習什麼都很棒呢。

【小廚師之日】

這個日子源於一九六〇年代流行的畫畫歌「可愛小廚師」，因為裡頭出現了六月六日的歌詞。

【YOSAKOI 索朗祭】

一名參加了高知縣夜來祭而深受感動的大學生，於一九九二年（平成四年）在北海道發起了這個祭典。這個祭典每年六月上旬都會舉行為期五天的活動，現在已是觀光客達兩百萬名的盛大活動，參加隊伍需配合索朗民謠的旋律，表演充滿活力的舞蹈。

6月 水無月

7日

距離元旦經過…………157日

距離除夕尚有…………207日

［二十四節氣］
芒種

［七十二候］初候
螳螂生

父親節

五月的第二個禮拜天是「母親節」，自那之後已經過了一個多月，來到了六月的第三個禮拜天，這天是要跟父親表達「謝意」的「父親節」。

父親節發源於一九一〇年（明治四十三年）年的美國，當時有一名女性提倡：「既然有母親節，自然也要有父親節。」於是父親節便誕生了。那位女性在自己父親的墳前獻上白玫瑰，並請牧師做了禮拜。

日本則是從一九五〇年代左右開始過父親節，現在已是每年的固定節日。許多人都會在這天贈送領帶跟襯衫等男裝，以及鰻魚、酒類等食品。

●今天的樂趣

【父親節】

相較於「母親節」，大家常常會遺忘「父親節」這個日子。或許是因為母親節已過得心滿意足，或是因為害羞的父親反應太冷淡，讓人覺得特別慶祝也沒意義，不過感恩的心還是最重要的，大家差不多該訂定父親節的計畫囉。

◆季節的樂趣

【蠶豆】

蠶豆的豆莢是朝著天空長大的，因此在日本叫做「空豆」（ソラマメ）。當向上長的豆筴往下垂，就是蠶豆最好吃的時候。

6月　水無月

8日

距離元旦經過…………158日
距離除夕尚有…………206日

［二十四節氣］
芒種

［七十二候］初候
螳螂生

世界海洋日

今天是全世界省思海洋生態的「世界海洋日」。這屬於較新穎的國際節日，為聯合國在二〇〇九年（平成二十一年）所制訂的。

海洋是孕育海產的珍貴寶庫，但近年來海洋的污染卻愈來愈嚴重。最嚴重的問題就是海上漂浮了大量的塑膠垃圾。無法分解的塑膠經過海浪的沖刷變得細碎，甚至還進到了魚跟海鳥的體內。為了稍微扭轉這種情況，已經陸續有店家開始禁用塑膠吸管了。

●今天的樂趣

【世界海洋日】

「世界海洋日」又叫「World Oceans Day」，各地將會舉辦淨灘活動與思考海洋重要性的研討會。

【信州地酒乾杯日】

每個月的八日都是「信州地酒乾杯日」，因為拿酒杯乾杯時，由上往下看很像數字的「8」，所以八日便制訂為「信州地酒乾杯日」了。群山環繞的長野縣擁有豐沛的清澈水源，當地也很盛行釀日本酒、啤酒及紅酒等地酒。今天這個日子，就是要跟重要的人一起對飲長野風土所孕育出來的珍貴信州地酒。

【大鳴門橋開通紀念日】

大鳴門橋連接著鳴門海峽兩端的兵庫縣淡路島，以及德島縣大毛島，這座全長一千六百二十九公尺的巨大吊橋，是在一九八五年（昭和六十年）的今天竣工的。橋上還設有「渦之道」步道，可以在海拔四十五公尺處欣賞鳴門海峽著名的漩渦。

6月 水無月

9日

距離元旦經過…………159 日

距離除夕尚有…………205 日

［二十四節氣］

芒種

［七十二候］初候

螳螂生

繡球花的魔法

日本流傳著一個魔法，聽說只要在六月尾數是六的日子（六、十六、二十六），把一朵梅雨季開的繡球花倒掛在屋簷下就能驅邪避凶。若是把花倒掛在廁所就不會得婦女病。不過每個地區的習慣不同，有的地方會用和紙把繡球花包起來，有的地方則會用紅白水引綁繡球花。

繡球花具有毒性，古時候的人們或許是冀望這種毒可以驅除疾病吧。另外，還有一說是只要把變色的繡球花倒過來，就能討個吉利，從此「疾病不纏身」。

● 今天的樂趣

【賞繡球花】

繡球花的別名是「七變化」。它會因為土壤的酸鹼值，以及花瓣色素一點一點地分解，進而改變顏色。此時正是繽紛的繡球花將各地風景妝點得多采多姿的時候。也只有這個季節才能欣賞到被雨點打濕的繡球花。

【搖滾日】

「搖滾日」（ロックの日）源自六（ロッ）月九（ク）日的諧音。除了音樂之外，這天也是讚揚搖滾樂影響時尚與生活型態的節日。

6月　水無月

10日

距離元旦經過…………160日

距離除夕尚有…………204日

［二十四節氣］

芒種

［七十二候］初候

螳螂生

時間觀念

日本人號稱是全世界最守時的民族。不過，這其實是近一百年來才培養出來的美德。

日本人以前的生活採用「不定時法」，就是「一刻（約兩小時）」的長短會以季節為基準變化，直到一八七二年（明治六年）才跟國曆一樣採用把一天分成二十四等分的「定時法」。聽說以前的平民都是靠城堡跟寺廟敲響的「時之鐘」來掌握時間。因此，明治時期來到日本的外國人，在日記裡寫下煩惱時，經常會提到日本人自由奔放的時間觀念。

不過，隨著鐵路跟學校制度的建立，人們也愈來愈懂得「守時」的重要，這段歷史確實很符合日本人認真又守規矩的性格。不過，偶爾還真想跟前人看齊，悠閒地過日子呢。

●今天的樂趣

【時間紀念日】

「時間紀念日」是在一九二〇年（大正九年）的今天制訂的，目的是希望人們能重視時間並守時。天智天皇利用刻漏（水鐘）報時是在六七一年的四月二十五日，換算成新曆就是六月十日，因此才會把這天訂為「時間紀念日」。

◆季節的樂趣

【時鮭】

北海道海域在春夏之際可以捕到油脂肥美的時鮭。一般鮭魚的捕獲期在秋天，但這種魚卻搞錯了時間，因此別名「時不知鮭」。不過牠的味道可是掛保證的。

6月 水無月

11日

距離元旦經過…………161日

距離除夕尚有…………203日

［二十四節氣］

芒種

［七十二候］次侯

腐草為螢

螢火蟲

又到了源氏螢在河畔邊翩翩飛舞的時候了。螢火蟲自古便擄獲了人們的心，牠們那一閃一閃的光芒其實是在傳達情意，雄蟲會呼喚雌蟲，而雌蟲會回應雄蟲。古人認為這個光芒是死者的靈魂與牽掛。雖然眾說紛紜，不過據說源氏螢的名字，其實是來自於源賴政這名在源平合戰的前哨戰中身亡的武將。

源氏螢的成蟲壽命很短，大約只有兩週。牠們不吃東西，只喝水，所以童謠裡才會出現這麼一句「這兒的水很甜」，用來呼喚螢火蟲。

● 今天的樂趣

【腐草為螢】

芒種次候的主角是在黃昏時一閃一閃的螢火蟲。古代的中國人相信腐爛的竹子跟草會轉生成螢火蟲。源氏螢出沒的時間大約是六至七月，小牠一圈的平家螢則是會在七月左右出沒。

【入梅】

在還沒有天氣預報的時代，梅雨的起始跟長短都是事先規定好的。夏至的前十天左右是「入梅」，這是日本的雜節，也是宣告梅雨來臨的日子。依照曆法，梅雨大約會在三十天後結束。

6月 水無月

12日

距離元旦經過…………162日

距離除夕尚有…………202日

［二十四節氣］
芒種

［七十二候］次候
腐草為螢

戀愛與革命的印度咖哩日

今天是「戀愛」、「革命」、「印度咖哩」這些「香辣刺激」的詞組合而成的一天。由來是一九二七年（昭和二年）的今天，販售麵包及和洋菓子的新宿中村屋創立了喫茶部（餐廳），開始販售「正統印度咖哩」。

推廣運用大量香料的印度咖哩的人，正是來自印度的革命家——拉希・比哈里・鮑斯。他逃亡到日本後，受到中村屋創始者夫婦的庇護，因緣際會下與他們的女兒——相馬俊子墜入愛河，不久兩人便結婚了。想推廣祖國料理的鮑斯不僅提議要把印度咖哩加到菜單裡，還幫忙設計食譜，因此才出現了大受好評的「正統印度咖哩」，時至今日仍是新宿中村屋的招牌菜。

●今天的樂趣

【戀愛與革命的印度咖哩日】

鮑斯來到日本時，日本主流的「咖哩」是用切碎的蔬菜、肉、麵粉跟咖哩粉做成的歐式咖哩。相較之下，鮑斯的印度咖哩則是以帶骨的雞肉與各種香料為特色，吃過的人都說這種咖哩的味道令人相當「震撼」。

【情人節】

這天源於巴西的傳統節日，巴西人會把天主教徒眼中的「月老」——聖安東尼忌日的前一天當成「情人節」慶祝，情侶跟夫妻都會在這天互贈照片。

6月 水無月

13日

距離元旦經過…………163日

距離除夕尚有…………201日

［二十四節氣］

芒種

［七十二候］次候

腐草為螢

茗荷

接下來就是茗荷的產季了，這個食材可是餐桌上的名配角喔。它除了是很棒的佐料外，還能當作味噌湯的配料或是做成醬菜，品嚐時香氣會在口中擴散開來，讓人感受到夏天的氣息。

傳說吃茗荷會害人忘東忘西，但這只是民間故事跟落語所散播開來的迷信罷了。其實茗荷不僅能幫助消化，還富含能溫暖身體的α－蒎烯。在梅雨季的低溫和空調導致手腳冰冷的季節裡，它可是進補的好食材呢。

●今天的樂趣

【優質茗荷日】

高知縣茗荷的產量大約占全日本的九成，六月則是銷售旺季。由於十三（いいみょうが）日與優質茗荷（いいみょうが）諧音，今天就成為「優質茗荷日」了。

【隼鳥之日】

二〇〇三年（平成十五年）五月九日，小行星探測器「隼鳥號」接下了一份前所未有的任務——帶回「絲川」小行星的地表樣本，接著航向太空。「隼鳥號」花了七年的時間，在二〇一〇年（平成二十二年）的今天順利回到了地球。「隼鳥號」克服了許多困難，它的本體在穿過大氣層時燃燒殆盡，結束了長達六十億公里的旅程。而順利回收的樣本裡含有太陽系剛形成時的物質，或許這能推動科學界與其他領域，促成更進一步的研究。

【黃金粽會】

奈良縣的弘仁寺將在今天舉行「黃金粽會」，送給信眾驅邪避凶的「粽子」。這個粽子是用柏葉、藺草跟糰子做成的，可以當成護身符裝飾在房屋的屋簷或是主要梁柱上。

6月　水無月

14日

距離元旦經過…………164日

距離除夕尚有…………200日

［二十四節氣］

芒種

［七十二候］次候

腐草為螢

奧林匹克五環

今天是國際奧林匹克委員會（IOC）制訂五環旗的日子。這個標誌的正式名稱叫「奧林匹克五環」。面向白布，由左至右依序是由藍、黃、黑、綠、紅這五種顏色的環所構成的W型，象徵著世界的五大洲（亞洲、歐洲、非洲、南北美洲、大洋洲）。據說這個環環相扣的標誌蘊藏著奧林匹克的理念，希望世界各國能共享運動盛事，在競爭的同時加深友好關係。不過，為什麼會選這五種顏色呢？答案是「國旗」。聽說這五個環的顏色再加上白色，幾乎就能畫出世界上所有的國旗，因此才會選出這幾種顏色。

●今天的樂趣

【五環旗制訂紀念日】

從西元前就開始舉辦的古代奧林匹克運動會，最後一次舉辦是在西元三九三年。經過了一千五百年，直到十九世紀末才在法國男爵皮耶・德・古柏坦的號召下恢復舉辦現今的奧林匹克運動會。五環旗也是由他設計的，並在一九一四年（大正三年）的今天公諸於世。

【山王祭】

日枝神社（東京都）所舉辦的山王祭是著名的江戶三大祭。山王祭在西曆的雙數年舉辦，隔年則舉行神田明神的神田祭（P165）。山王祭在過去曾風靡全江戶，上至將軍、下至平民都會前來參與這個盛事。現在的山王祭則是由穿著古裝的隊伍帶領著神輿與山車在皇居周邊的永田町、霞關、銀座等地區遊行。

◆季節的樂趣

【蓴菜】

蓴菜是蓴菜科的水生多年植物，特徵是莖跟葉都包覆著一層透明果凍狀的黏液。人們通常會將它的嫩葉及花苞做成涼拌菜、醋拌菜或是湯的主料來食用。

6月　水無月

15日

距離元旦經過	165日
距離除夕尚有	199日

［二十四節氣］
芒種

［七十二候］次候
腐草為螢

波自加彌

有一座神社，祭祀著日本唯一一尊辛香料神明——波自加彌神，那就是石川縣金澤市的波自加彌神社。社名與神名皆有的「波自加彌」，其實是薑與花椒的古語，每年的六月十五日都會舉行「波自加彌大祭」。一般認為這個奇特的祭典源於奈良時代，當時的人們靠著波自加彌神引出的靈水——「黃金清水」度過旱災後，便開始供奉野生的薑，向神明表達感謝之意。現在除了會供奉大量的薑，全國的食品業者還會獻上薑製品。當天神社會準備用黃金清水煮成的「薑湯」招待信眾，以祈求平安順遂。

● 今天的樂趣

【薑之日】

「薑之日」源於「波自加彌大祭」。薑自古以來就深受人們的喜愛，它富含嗆辣的薑油，以及加熱後產生的薑酚，這兩種成分都能促進血液循環，使身體暖和起來。

【暑期問候日】

日本首次銷售暑期問候專用的明信片，正是在一九五〇年（昭和二十五年）的今天。根據現在的規定，暑期問候明信片必須趁梅雨結束到立秋這段期間寄出，才算符合禮數。

6月 水無月

16日

距離元旦經過…………166日
距離除夕尚有…………198日

［二十四節氣］
芒種

［七十二候］末候
梅子黃

嘉祥之日

今天是嘉祥之日，要吃和菓子跟麻糬來消災解厄、招來福氣，是愛吃甜食的人，尤其是愛吃和菓子的人會特別期待的日子。

有人認為這個節日起源於八四八年（嘉祥元年）的六月十六日，當時仁明天皇在神明面前供奉了十六個點心，以祈求身體健康。江戶時代時這個節日不僅是幕府每年都會舉辦的例行活動，在平民之間也相當盛行。

為了傳承這項習俗，許多和菓子店都會在這天販售嘉祥點心。由於這天是十六日，因此販售的大多是六個種類、十六個種類或是七個種類（一加六）的和菓子組合。「嘉祥」這個吉利的詞彙代表好兆頭，這天就讓我們對著甜滋滋的和菓子祈福消災吧。

●今天的樂趣

【梅子黃】

「梅雨」一詞據說源於「梅子成熟時所下的雨」。七十二候中也有出現逐漸染色的梅子果實。

【和菓子之日】

日本人自古就會在六月十六日吃嘉祥點心以祈求平安順遂，「和菓子之日」便是依照這個習俗制訂的。和菓子店也會在這天擺出模仿青梅、枇杷等當季水果造型的消暑練切。

【山藥泥麥飯日】

「山藥泥麥飯日」（むぎとろの日）是從六（むぎ）月十六（とろ）日的諧音制訂而來的。

6月 水無月

17日

距離元旦經過…………167日
距離除夕尚有…………197日
［二十四節氣］
芒種
［七十二候］末侯
梅子黃

梅活

距離春天開花已經過了四個月，結實纍纍的梅子開始轉熟，店面也擺出了青梅跟黃梅，旁邊還能看到釀梅酒用的瓶子與冰糖，或是用來製作酸梅的紅紫蘇。

就如同俗諺「梅子可讓人遠離當天的劫難」（梅はその日の難逃れ）一樣，梅子的果實非常有益健康，裡頭富含能有效消除疲勞的檸檬酸，以及抗老化巨星維生素E。雖然青梅含有害物質，不過只要利用燒酒與砂糖醃漬即可分解。另外，製作酸梅的話最好選用半熟或全熟梅，製作果醬的話則以全熟梅最合適。

●今天的樂趣

【三枝祭】

大神神社（奈良縣）的支社——率川神社將在今天舉辦三枝祭。率川神社供奉的神明據傳就住在三輪山上，因此祭典中獻給神明的華美酒桶便是用三輪山上盛開的三枝花（日本百合）裝飾的，故「三枝祭」別稱「百合祭」。這個祭典會在祛除疫病的同時，保佑人們平安健康。

◆季節的樂趣

【夾竹桃】

夾竹桃是一種相當受歡迎的行道樹，一到這個季節便會開出白、黃、紅、粉色等色彩繽紛的花朵，但與它惹人憐愛的樣子不同，夾竹桃的枝葉、花朵與根都含有劇毒，千萬要小心別直接碰到皮膚。

【刀鱭】

刀鱭會從有明海逆流而上游到筑後川，初夏到梅雨結束正好是牠們的旺季。這種魚非常稀有，只會在福岡縣跟佐賀縣的部分區域上市，在當地備受愛戴，是一種宣告季節到來的魚種。刀鱭全長約三十五公分，牠閃閃發亮的銀色魚身藏有很多小刺，因此整隻烘烤或油炸前必須先「去骨」才行。

6月　水無月

18日

距離元旦經過…………168日
距離除夕尚有…………196日
［二十四節氣］
芒種
［七十二候］末侯
梅子黃

飯丸與飯糰

在我知道今天是「飯丸日」後，心裡突然冒出了一個疑問——「飯糰」（おむすび）與「飯丸」（おにぎり）究竟有什麼差異呢？於是我著手調查了一下。字典裡沒有明確記載兩者的差異，只寫說兩種都是「捏飯」。另一個說法是，東日本地區大多稱為「飯丸」，而西日本地區大多叫「飯糰」。又有一說是三角形的是「飯糰」，圓形跟圓筒狀的稱為「飯丸」。最近飯糰文化掀起了新的風潮，出現只要把白飯跟配料放在海苔上，再包起來即完成的「免捏飯糰」。而且「免捏飯糰」的配料也不斷推陳出新，甚至有起司與水煮蛋等等。飯糰這種誕生於彌生時代的日本人的靈魂食物，往後也將隨著時間推移不斷改良進化。

●今天的樂趣

【飯丸日】

日本最古老的飯丸化石出土自石川縣鹿島郡的鹿西町（現為中能登町），由於「鹿」與「六」諧音，再加上每個月的十八日是「米食日」，兩者合起來就成為「飯丸日」了。順帶一提，「飯糰日」是一月十七日。

【考古學出發日】

一八七七（明治十年）年的今天，美國的動物學家愛德華・摩斯來到了日本。他從橫濱搭火車前往新橋時，在窗外發現了大森貝塚，證明了日本也有古代文化，而這也成為日本研究考古學的開端。東京都品川區的大森貝塚遺跡庭園目前還留有大森貝塚碑與貝層的標本。

◆季節的樂趣

【香魚】

六月是日本人再熟悉不過的淡水魚——香魚開放垂釣的季節。秋天時在河川裡孵化的香魚苗會順游到海裡，隔年春天時再以成魚的樣貌逆流而上。由於香魚聞起來很像西瓜跟小黃瓜，才有了「香魚」這個名稱。一般認為鹽烤是最美味的吃法，可以同時享受到獨特的香氣及鬆軟的肉質。

6月　水無月

19日

距離元旦經過…………169日
距離除夕尚有…………195日

［二十四節氣］
芒種

［七十二候］末侯
梅子黃

櫻桃

進入這個季節，晶瑩剔透的紅櫻桃便開始出現在市面上了。

我的故鄉山形縣是櫻桃的主要產地，雖然這樣講很奢侈，但我從小就覺得櫻桃是吃「免錢的」，哪需要「花錢買」呢。離開故鄉後，當我在超市看到一整盒販售的櫻桃時，我才驚覺它在世人眼中的價值。小時候，我都會跟朋友比賽吐籽，訣竅在於要把舌頭想像成炮管捲起來，再一口氣把籽發射出去。

●今天的樂趣

【櫻桃忌】

今天是以《人間失格》、《斜陽》而家喻戶曉的昭和時代小說家——太宰治的忌日。東京三鷹市的禪林寺會在這天舉行法會，至今仍有許多粉絲慕名參加。忌日的名字取自太宰治的代表作——《櫻桃》。不過櫻桃在日本一般稱為「サクランボ」，「桜桃」則是別稱。

【朗讀之日】

「朗讀之日」（ろうどくの日）源自六（ろう）月十九（どく）日的諧音。平時都默唸在心裡的人，不妨試著在這天朗誦出來吧。放入感情朗誦的話，對文章也能有更深一層體會。

◆季節的樂趣

【春蠶上市】

小滿的初候為「蠶起食桑」（P168），春蠶會在這個季節孵化結繭，並迎來銷售旺季。賣出去的蠶繭會在加工後製成生絲。除了春蠶之外，還有夏蠶、秋蠶及晚秋蠶，整個飼養的過程可以持續到十月。

6月 水無月

20日

距離元旦經過…………170日

距離除夕尚有…………194日

［二十四節氣］芒種

［七十二候］末侯 梅子黃

Mint與薄荷

想要提神醒腦時，我總會喝薄荷茶。每次喝都令我感慨「自己悄悄長大了」。大概是因為小時候我們不講「Mint」，而是講「薄荷」，令我對「薄荷」產生了一縷鄉愁，再加上以前我害怕的那股涼涼的味道，現在反而能幫我提神，所以我才會愛上薄荷茶吧。

「Mint」是「薄荷」的英文，都是指唇形科薄荷屬的多年生草本植物。薄荷裡的薄荷醇有提神醒腦的作用，對頭痛、眼睛疲勞與抒壓都很有效。薄荷的生命力非常強韌，因此適合種在院子或是花盆裡。

●今天的樂趣

【薄荷日】

二十（ハツか）日與薄荷（ハッカ）諧音，加上特產為薄荷的北海道北見市的六月天就如薄荷一樣涼爽，因此今天便制訂為薄荷日了。

【薄荷水】

（兩人份）

①把五百毫升的冰水和三克左右的薄荷葉放入密閉容器。

②將①的蓋子蓋緊後後搖一搖。

③散發出薄荷香味後就完成了。也可以按照自己的喜好加一些檸檬汁。

【伐竹會】

京都鞍馬寺的「伐竹會式」，起源於平安時代時，一名僧侶施法鬥倒大蛇的傳說。

活動當天會用長四公尺以上、寬十公分的綠竹當成大蛇，讓裝扮成僧兵的男子們用開山刀砍斷綠竹，以祈求五穀豐收。由於竹子的碎片可以避邪，因此參拜的信眾都會把它帶回去。

6月 水無月

21日

距離元旦經過…………171 日
距離除夕尚有…………193 日

［二十四節氣］
芒種

［七十二候］末候
梅子黃

夏季保健

日本四季分明，除了有每個季節特定的景色，也有相對應的疾病。接下來就是夏天最炎熱的時候，中暑跟夏季倦怠都是此時常見的症狀。就像「壯漢也有生病時」（鬼の霍乱）這句諺語一樣，平時身強體壯的人也敵不過夏天的暑氣。這裡的「霍亂」是中醫的一種病名，會出現類似中暑的症狀。

近幾年夏天，總會不斷聽到「猛暑」、「酷暑」等形容詞。現在就開始攝取充足的水分與營養，保持充足的睡眠，避免把疲勞累積到隔天吧。

● 今天的樂趣

【夏季保健活動】
這項活動是日本厚生省（現為厚生勞動省）為了促進國民健康並預防食物中毒及傳染病而制訂的，固定於每年六月二十一日至七月二十日舉辦。

【炸蝦日】
由於「6」的形狀看起來很像蝦子，二十一又與炸蝦諧音（ふらい），因此今天便是「炸蝦日」。相信不論對哪一輩人來說，看到餐桌上出現炸蝦都會特別開心。此時正好也是明蝦的產季。

6月　水無月

22日

距離元旦經過…………172日
距離除夕尚有…………192日

［二十四節氣］
夏至

［七十二候］初候
乃東枯

夏至

今天是夏至，是一年之中太陽昇得最高的時候，也是白天最長的一天。隨著季節更迭，白晝從冬天、春天到夏天逐漸拉長，對於享受日光的人而言，今天是最值得期待的一天。每當夏至來臨，我都會想起摩天輪高掛天際的座艙。不過，就算夏至結束，日照時間較長的日子仍會持續一段時間。就讓我們好好享受這個夜幕晚晚降臨，天明卻早早來到的季節吧。全世界也將在今晚熄燈，憑著幽幽燭火悠閒地度過「燭光之夜」。

●今天的樂趣

【乃東枯】

「夏枯草」別名「乃東」，會在一年之中日照時間最長的這個季節悄悄枯萎。自古以來人們就對夏枯草充滿了好奇，因為在其他植物生長茂盛之際，就只有它會逐漸枯萎。

【燭光之夜】

這天是「燭光之夜」，人們會於夏至晚上八點至十點熄燈，在省電的同時利用燭火悠哉地度過一晚。這項運動是加拿大在二〇〇一年（平成十三年）發起的，後來傳遍了全世界。

【姬路浴衣祭】

從今天開始，長壁神社（兵庫縣）與城南公園周邊將會舉行為期三天的姬路浴衣祭。江戶時代有位城主受到轉封必須離開姬路，當時人們來不及準備禮服，便穿著浴衣參加城主所舉辦的祭神儀式，一般認為姬路浴衣祭就是源於這個儀式。

◆季節的樂趣

【杏子】

杏子是薔薇科李屬的闊葉樹，會結出美味的橘色果實，產季只有六至七月間短短的一個月。種子經過乾燥處理後便是「杏仁豆腐」的材料。

6月　水無月

23日

距離元旦經過…………173日

距離除夕尚有…………191日

［二十四節氣］
夏至

［七十二候］初候
乃東枯

今明兩天是東京都港區愛宕神社的「千日詣酸漿廟會」。只要在這個難得的日子前來參拜，就能獲得參拜一千天份的庇佑。神社內還會擺滿消災解厄的吉祥物——酸漿（燈籠草），贈送給前來參拜的民眾。接下來日本各地於盛夏中舉辦的酸漿花市，就是源自這個廟會。據說只要把神社內的野生酸漿拿來煎湯服下，就能治好婦女病跟小朋友的暴躁脾氣，由於評價很不錯，因此神社才開始分送給前來參拜的民眾。

日本人自古以來就深信紅色具有消災解厄的力量。由綠轉紅、逐漸成熟的酸漿說不定真的有讓人打起精神的力量呢。

今天的樂趣

【千日詣酸漿廟會】
「千日詣酸漿廟會」的歷史相當悠久，連江戶時代出版的《東都歲時記》都曾提及這個廟會。人們相信只要穿過大殿前設置的茅草圈，再前往參拜就能獲得一千天份的庇佑。

【奧林匹克日】
「奧林匹克日」是為了紀念一八九四年（明治二十七年）的今天成立國際奧林匹克委員會（IOC）而制訂的。

6月　水無月

24日

距離元旦經過⋯⋯⋯⋯174日
距離除夕尚有⋯⋯⋯⋯190日

［二十四節氣］
夏至

［七十二候］初侯
乃東枯

妙八

幽浮（Unidentified Flying Object）是美國空軍為不明飛行物所取的名字。那麼日本又是怎麼稱呼的呢？其實日本石川縣羽咋市流傳著一則民間故事，傳說每晚都有怪火在天上飛來飛去，人們稱它為「妙八」。妙八指的是佛教舉行法會時使用的打擊樂器，形似銅鈸，它那扁平形狀的光芒確實與幽浮頗為相似。

其實我也曾看過一次像妙八的橘色光芒。今天是「幽浮日」，抬頭看看天空，說不定會有妙八在天上盤旋喔。

● 今天的樂趣

【幽浮日】

這天的由來是因為一九四七年（昭和二十二年）的今天，美國企業家肯尼士・阿諾德目擊到發光的飛碟。幽浮小鎮——羽咋市則會在這天舉辦展覽跟紀念活動。

◆ 季節的樂趣

【梔子花】

梔子花的花朵大約五到十公分，它純白的花朵會散發出濃郁的甘甜香味。由於香氣宜人，因此與瑞香、丹桂並稱為「三大香木」。

6月 水無月

25日

距離元旦經過…………175日

距離除夕尚有…………189日

［二十四節氣］

夏至

［七十二候］初候

乃東枯

生酒

日本酒是用米、麴跟水發酵而成的，為了讓酒長時間保持香醇的滋味，許多日本酒都會在儲藏前與裝瓶前進行加熱處理。另一方面，「生酒」指的則是未經加熱處理就直接陳化並上市的日本酒。生酒的優點除了酵素與酵母釀造出的華麗香氣與清淡口感外，還具有清爽又新鮮的風味，因此又有「本生」與「生生」的別名。

由於生酒的性質纖細，味道較容易產生變化，因此最好存放在冰箱裡。要是能在悶熱難耐的夏季時一口喝下冰鎮後的生酒，不僅消暑解熱，身體也會感到一陣清涼。

●今天的樂趣

【生酒日】

一九八四年（昭和五十九年）的今天，日本首度發售了能在常溫下流通的生酒。在儲藏、流通及打包技術的進步下，終於能夠享用到夏天所無法品嘗的生酒了。

【天覽試合之日】

一九五九年（昭和三十四年）的今天，天皇及皇后史上第一次觀看了職棒比賽。當時由巨人對上阪神，在比分四比四的九局下，擔任首棒打者的長嶋茂雄打出了再見全壘打，為這場名留青史的比賽拉下帷幕。

◆季節的樂趣

【秋葵】

秋葵的口感黏黏稠稠的，是因為它含有果膠膳食纖維與黏液素蛋白質，這兩種成分可以降低血糖，調整腸道環境。只要把煮好的秋葵跟奶油乳酪拌在一起，就是一道與生酒很搭的下酒菜。

6月 水無月

26日

距離元旦經過…………176日
距離除夕尚有…………188日

［二十四節氣］
夏至

［七十二候］初候
乃東枯

露天浴池日

六・二六可以讀成「ろ・てん・ぶろ」，與露天浴池發音相近，因此今天是「露天浴池日」。泡露天浴池能夠一邊欣賞風景，不論男女老幼人人都喜愛。不少設施還會供應斗笠讓旅客配戴，這樣便能不被天氣影響享受泡湯樂趣。我也是那種下雨也要泡湯的旅客，要是旅館有露天浴池，不管天氣如何，我都會泡上很長一段時間。

露天浴池的樂趣在於它的開放感，以及能親自用視覺、聽覺、觸覺去感受大自然的更迭。日本自古以來就有「溫泉療法」，能透過泡溫泉治療傷口與疾病，不過我深切地感受到，溫泉對於療癒心靈其實也有很大的幫助。

● 今天的樂趣

【露天浴池日】

「露天浴池日」的發祥地──湯原溫泉鄉（岡山縣）為了表達平日對旅客的感謝，將在這天舉行各種活動。除了會有住宿優惠，還有旅客也能參加的露天浴池大掃除、早市等活動，許多人都會在這天慕名而來。

【河口湖香草節】

富士山腳下的河口湖畔會在六月下旬至七月上旬時舉行香草節。包含薰衣草在內的各種香草及花朵將競相開花，為這一帶染上繽紛色彩。八木崎公園和大石公園是河口湖香草節的主要會場，接連幾天將有和太鼓、爵士樂演奏，以及煙火大會等活動，將香草節的氣氛炒到最高點。

【東京鐵塔天之川燈飾秀】

這是在七夕將近時舉辦的夢幻活動，東京鐵塔的觀景台及階梯上會映照出「夏夜的銀河」，讓人彷彿在群星中散步般陶醉其中。

6月 水無月

27日

距離元旦經過…………177日
距離除夕尚有…………187日

［二十四節氣］
夏至

［七十二候］次侯
菖蒲華

備前散壽司

岡山縣的「備前散壽司」是自古流傳下來的喜慶料理之一。這道美食會在醋飯上放蛋絲、香菇、蓮藕、青鱗仔跟蝦子等色彩繽紛的配料，材料又依家庭與地區的不同而有變化。

它的出現據說是因為江戶時代領主所頒布的一道命令——「用餐只限一湯一菜」。由於人們想在特別的節日吃點好料，便把壽司的配料藏在醋飯底下，因此它也有「隱藏壽司」的別名。這道料理不僅能品嘗到岡山的山珍海味，還能體會到開朗又堅強的平民智慧。

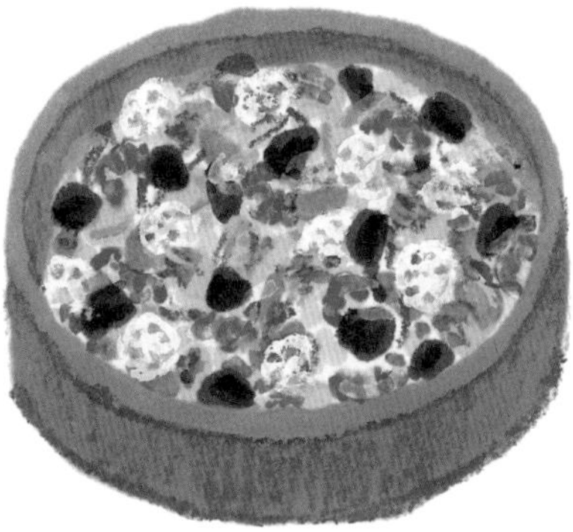

●今天的樂趣

【菖蒲華】

此時正是東北跟北海道的菖蒲開得最漂亮的時候，宮城縣的「多賀城跡菖蒲祭」跟北海道的「厚岸菖蒲祭」也充滿了人潮，非常熱鬧。

【散壽司之日】

備前散壽司的出現源於備前岡山的初代藩主——池田光政所頒布的「一湯一菜令」。而六月二十七日正是池田光政的忌日，因此這天才會制訂為散壽司之日。但也有人說這項命令其實是第六代藩主——池田齊政所頒布的。

6月 水無月

28日

距離元旦經過	178日
距離除夕尚有	186日

［二十四節氣］
夏至

［七十二候］次候
菖蒲華

聖代

聖代是用冰淇淋、鮮奶油、水果與醬料層層堆疊出的迷人甜點，這個詞彙其實源自於法文的「parfait」，有「完美」的意思。法式料理的「parfait」是一種使用了蛋黃跟鮮奶油的冰品。冰淇淋要一邊攪拌一邊讓它結凍，但「parfait」能因此得名，是因為它不用這麼麻煩也能做出完美的冰品。聽說明治時期用來跟外國人交際的場所——鹿鳴館也有提供「parfait」。

不過，一般認為以前的「parfait」是放在盤子裡的。用高腳杯跟繽紛食材點綴出的「聖代」，則是出現在水果甜點店大受歡迎的昭和初期以後。這道甜點是水果甜點店在構思用各種水果製成的甜點時誕生的，之後便逐漸普及開來了。

●今天的樂趣

【聖代日】

一九五〇年（昭和二十五年）的今天，出現了日本職業棒球史上首場完全比賽（Perfect Game）。由於Perfect與parfait發音相近，今天就成為「聖代日」了。

【貿易紀念日】

一八五九年（安政六年）六月二十八日，德川幕府將宣布自由貿易的日期換算成新曆，制訂了這個日子。

【李子大荒神】

三寶大荒神（奈良縣）將在今天舉行防火跟祈求交通安全的夏日祭典。由於祭典舉辦時正好是李子的產季，因此別稱「李子大荒神」。

6月 水無月

29日

距離元旦經過…………179日

距離除夕尚有…………185日

［二十四節氣］

夏至

［七十二候］次侯

菖蒲華

搖滾名人堂

日本武道館（東京都）是為了一九六四年（昭和三十九年）的東京奧運所建造的綜合武道設施。它除了是舉辦柔道、劍道、空手道大賽的「武道聖地」，同時還是知名的「搖滾名人堂」。

日本武道館之所以會成為「搖滾名人堂」，是因為一九六六年（昭和四十一年）披頭四來日本開演唱會。當時有人發起抗議，反對在武道聖地舉辦搖滾演唱會，後來他們還是順利結束共五場的演唱會並離開日本。此後，日本武道館便聞名世界，成為音樂人及粉絲夢寐以求的演唱會會場。

● 今天的樂趣

【披頭四紀念日】

一九六六年（昭和四十一年）的今天，風靡全世界的披頭四首度來日本開演唱會，為了紀念這個日子便制訂了「披頭四紀念日」。

【佃煮日】

「佃煮日」的「佃」（ツクダ）發音與二十九（ツク）日相近，再加上佃煮的發源地——佃島（東京都）住吉神社創建於一六四六年（正保三年）六月二十九日，因此今天就成為「佃煮日」了。

◆ 季節的樂趣

【萬願寺辣椒】

「萬願寺辣椒」是大正時期出現在京都府舞鶴市萬願寺地區的京都蔬菜。它可以長到十五公分長，因此別稱「辣椒之王」。

6月　水無月

30日

距離元旦經過…………180日
距離除夕尚有…………184日

［二十四節氣］
夏至

［七十二候］次侯
菖蒲華

夏越大祓

距離新年已度過了半年，今天是一年之中的重要轉折點。一想到明天開始就是下半年了，心情也不免跟著緊張起來。

古人比我們更重視這種感覺，因此傳下了「夏越大祓」的儀式，讓人們能愉快地迎接明天開始的後半年。

夏越大祓是一種祭神儀式，用來驅除、淨化新年到現在累積的晦氣和災厄，以祈求平安健康。各地神社都會準備禾本科的多年生草本植物——茅草所捆成的「茅輪」，讓人們穿過茅輪淨化身心。這項習俗源於神明教導人們「將茅草編成圈、纏在腰上，就不會生病」的神話。

此外，有些儀式也會使用神社提供的紙人偶來驅邪。用人偶輕撫過自己的身體，再對著它吹氣，就能將自身的晦氣轉移過去。之後再把人偶交給神社淨化，便能淨化我們身上的晦氣。

最近，還出現了「夏越餐」（夏越ごはん）這個與夏越大祓有關的儀式料理。

●今天的樂趣

【夏越餐之日】

「夏越大祓」是驅除災厄、祈求平安健康的儀式。只要吃下這個儀式所衍生出的「夏越餐」，就能養精蓄銳度過下半年。「夏越餐」裡象徵茅輪的炸牡蠣，使用了當季的茗荷、苦瓜和秋葵等夏季蔬菜。

夏越餐的飯裡會加入栗子跟豆子，飯上還會擺出設計成茅輪形狀、添加了夏季蔬菜的炸牡蠣，並淋上生薑蘿蔔泥醬。儘管這道菜的知名度還不高，但各地已有愈來愈多餐飲業者跟超市推出這項餐點，市面上也陸續出現食譜，讓人可以在家烹調。

夏越大祓與夏越餐可以幫助我們轉換心情，迎接新的後半年。不妨就趁今天回顧一下前半年，調整一下身心狀態吧。

【水無月】

自古以來，人們就習慣在夏越大祓吃「水無月」。「水無月」是一種切成三角形、模仿去除暑氣的碎冰的和菓子。作法是在糖跟糯米粉製成的白外郎糕上，添加象徵驅魔的紅豆。一到六月，店面就會擺出「水無月」當成季節和菓子。但願吃下這道甜點，便能克服炎炎夏日的暑氣。

7月

文月

ふみづき

梅雨尚未離開，
盛夏便已經到來了。
開山、開海、夏日祭典……
消暑活動連綿不絕。

7月　文月

1日

距離元旦經過…………181 日

距離除夕尚有…………183 日

［二十四節氣］

夏至

［七十二候］次侯

菖蒲華

開山、開海

今天開始就是七月了，度假季節正式到來。各地也紛紛舉辦開山儀式，為登山客祈求平安。

在古代，只有修驗者與修行僧能夠攀登祭祀神佛的靈峰。但平民百姓也想參拜神明和佛祖，因此江戶幕府便在夏天選定了一段時間「開山」，允許百姓登山朝拜。後來「開山」一詞變成了開放登山的日子及其儀式的代稱，並一路傳承至今。開放海水浴的日子也仿效開山，稱為「開海」。快趁著今天向山神、海神祈求平安，擬定暑期計畫吧。

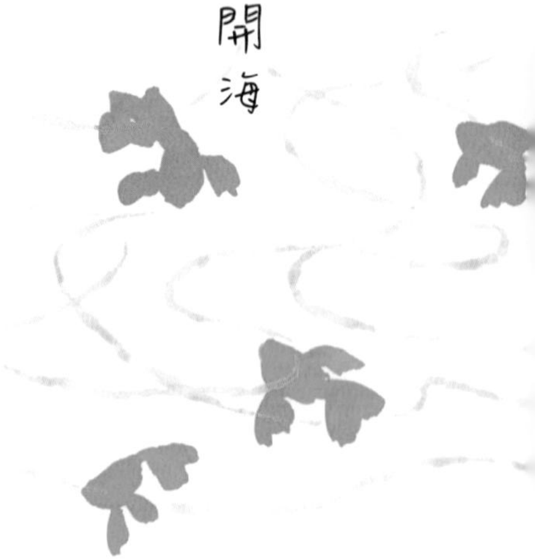

●今天的樂趣

【開山】

在今天，北口本宮富士淺間神社（山梨縣）將會舉辦開山祭，祭祀富士山的開山神。月山（山形縣）、白山（石川縣、岐阜縣）、石鎚山（愛媛縣）等各地靈峰也會相繼舉行開山儀式。

【開海】

開海的日期依地區而異，不過本州的海水浴場大多選擇在今天開海並舉辦祭典祈求平安。

【文月】

「文月」為農曆七月的別稱，由來是七夕（P220）時，人們會在裝飾竹子的短籤上寫詩歌、透過文字向上天許願。

【祇園祭】

夏天到秋天的祭典季，將由驅除疾病、消災解厄的祇園祭拉開序幕。

八坂神社（京都）的祇園祭將從今天開始持續舉辦到七月三十一日，櫛田神社（福岡縣）的博多祇園山笠祭則是從今天舉辦到七月十五日為止。

7月 2日

文月

距離元旦經過	182日
距離除夕尚有	182日

［二十四節氣］
夏至

［七十二候］末侯
半夏生

半夏生

今天是從夏至（P202）算起的第十一天，也是雜節（P420）「半夏生」，從今日起，七十二候也將進入「半夏生」。半夏是一種草藥，日文稱為「烏柄杓」，由於花期正好在這個季節，「半夏生」一詞便誕生了。

對於米農而言，半夏生是非常關鍵的階段。日本自古流傳著一個說法：若不趕在今天之前插完秧，秋收就會減半。這稱為「半夏半毛」或「半夏半作」。

在日本各地的半夏生美食中，最有名的便是發祥自關西的章魚了。據說吃章魚的原因，是為了祈求稻穀的根像章魚腳一樣又多又壯。

● 今天的樂趣

【半夏生】
在半夏生所降的雨稱為「半夏雨」。古人認為這是一種毒雨，因此會把井蓋起來避免井水遭到汙染。

【烏龍麵之日】
古代的香川縣有個習俗，人們會在半夏生這天打烏龍麵設宴，慰勞農民插秧與收割的辛勞，因此今天便制定為「烏龍麵之日」了。

【年中之日】
今天正好是一整年正中間的日子，不但距離新年過了一百八十二天，距離除夕也有一百八十二天，為了紀念，這個日子便誕生了。

7月　文月

3日

距離元旦經過…………183日

距離除夕尚有…………181日

［二十四節氣］
夏至

［七十二候］末候
半夏生

青海波

「青海波」是一種用同心圓弧規律排列而成的吉祥圖案，象徵翻湧的浪濤。從奈良時代直到今天，青海波始終深受日本人喜愛，一波波湧來的海浪寄寓著人們祈求永遠幸福繁榮的心願。舞者在表演雅樂的「青海波」時，會穿上畫有這種圖案的衣服，據說這便是命名的由來。用過智慧型手機的人，應該都會覺得青海波的一道道波浪很眼熟，像極了Wi-Fi標誌吧？岐阜縣高山市提供給旅客的Wi-Fi服務，就是以青海波當作圖標。這種傳統結合科技的巧思，真是令人眼睛一亮呢。

● 今天的樂趣

【浪濤日】

「浪濤日」（なみの日）源於七（な）月三（み）日的諧音，呼籲人們感謝海洋與海浪，提高對自然環境的瞭解及環保意識。

【霜淇淋日】

一九五一年（昭和二十六年）的今天，明治神宮外苑（東京都）舉辦了駐日美軍的狂歡節，並販售了日本最早的霜淇淋。日本從大正時代起就有西式冰品，但幾乎都是杯裝冰淇淋或冰棒，像這樣將冰淇淋盛在甜筒中，在當時是一種嶄新的吃法。

【七味日】

「七味日」（しちみの日）也是源自七（しち）月三（み）日的諧音。日本的傳統香料七味辣椒粉發祥自江戶時代，當時的商品名稱為「七色唐辛子」，發售不久便立刻普及開來了。

【戸出七夕祭】

「戸出七夕祭」是從今天開始到七日，於富山縣高岡市戸出地區舉辦的慶典。在祭典上，大大小小共一千五百串七夕掛飾將連成七彩繽紛的「七夕隧道」，繽紛夢幻的景色讓它享有「日本第一絕美七夕」的稱譽。

7月 文月

4日

距離元旦經過…………184日
距離除夕尚有…………180日

［二十四節氣］
夏至

［七十二候］末侯
半夏生

中元節

在日本，中元節是透過禮品表達平日感謝的一種季節性問候，它的歷史相當悠久，源自古中國每逢一月十五日「上元」、七月十五日「中元」、十月十五日「下元」向神明祭拜供品表達謝意的習俗。其中的「中元」與日本傳統的「盂蘭盆節」結合，便衍生成向親朋好友、工作夥伴贈送謝禮的「中元節」了。故中元節的時期與盂蘭盆節一樣，都有地域上的差異。以東京而言，七月舉辦盂蘭盆節的地區通常是在七月上旬到十五日贈送中元禮品，晚一個月舉行的地區則是在七月下旬到八月十五日贈送中元禮品。

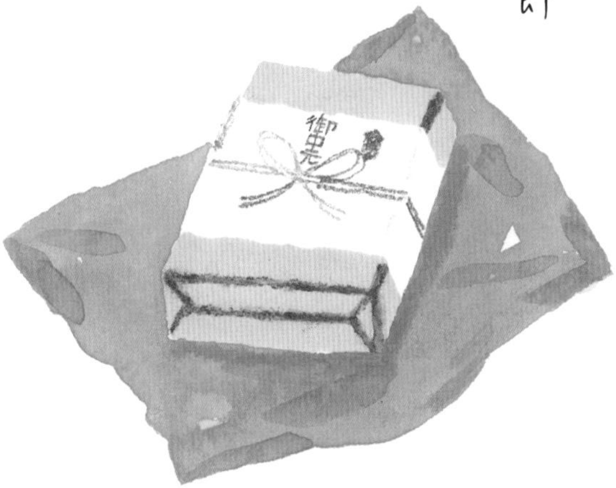

●今天的樂趣

【時尚修復節】

「時尚修復節」（ファッションおなおしの日）源於七（おな）月四（おし）日的諧音。趁著今天保養喜愛的衣服，好好修補一番，不但能保留珍貴的回憶，對環保也很有幫助喔。

◆季節的樂趣

【甜玉米】

顧名思義，「甜玉米」是一種甜度較高的玉米，可是一旦採收，含糖量就會迅速減少，所以必須儘早烹調。放入冷水中煮口感會比較多汁，放入熱水中煮嚐起來則比較有嚼勁。

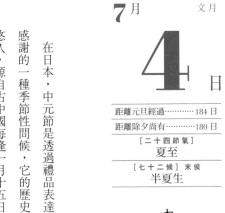

7月 文月

5日

距離元旦經過⋯⋯⋯⋯185日
距離除夕尚有⋯⋯⋯⋯179日

［二十四節氣］
夏至

［七十二候］末候
半夏生

東星鰻、西海鰻

星鰻與海鰻現在正值產季，兩者皆擁有細長蜿蜒的身軀，也都是受人喜愛的夏季美食。據說星鰻和海鰻「喝了梅雨會變肥美」，但關東人偏愛星鰻，關西人偏愛海鰻，故又有「東星鰻、西海鰻」之稱。星鰻適合做壽司及天婦羅，海鰻則適合煮湯或煮火鍋，做成涼拌菜也很經典。

從營養面來看，星鰻含有豐富的維生素A，能讓眼睛及肌膚保持健康，此外牠也含有大量的鈣質，能預防骨質疏鬆症，對骨頭和牙齒的生長有好處。

海鰻也含有豐富的鈣質，烹調方式是將骨頭切碎，連骨頭一起享用。皮則含有大量的硫酸軟骨素，能緩解關節疼痛，預防肌膚龜裂，避免產生皺紋。

● 今天的樂趣

【星鰻日】

「星鰻日」（あなごの日）源自七（あな）月五（ご）日的諧音。星鰻是夜行性動物，白天會躲在海底泥沙或岩洞裡休息。或許正因為牠老是躲在洞穴裡，才會有「穴子」這個別稱吧。

【江戶切子日】

「江戶切子」是始於江戶時代末期的一種玻璃工藝品，「江戶切子日」則是源於七（なな）月五（ご）日與魚卵造型的「魚子」（ななご）紋的諧音。而這天便是為了推廣江戶切子所制訂的紀念日。

7月 文月

6日

距離元旦經過…………186日

距離除夕尚有…………178日

［二十四節氣］
夏至

［七十二候］末侯
半夏生

牽牛花

夏天的信使——牽牛花是於奈良時代傳入日本的。當時牽牛花人稱「牽牛子」，種籽可以入藥，相當珍貴。到了江戶時代後期，牽牛花陸續出現改良過花色與花型的品種，從此一躍成為備受歡迎的「觀賞花」。此外，牽牛子的花名與牛郎星的別名「牽牛星」相同，開花時期也與七夕重疊，因此人們也將綻放的牽牛花視為牛郎與織女相逢的吉祥物。

明天就是七夕了。但願牽牛花能在朝露下水靈靈地盛開，保佑牛郎與織女重逢，並賜予人們好運。

●今天的樂趣

【入谷牽牛花祭】

「入谷牽牛花祭」將從今天開始到七月八日，於東京都台東區的鬼子母神（真源寺）一帶舉行。這是全日本規模最大的牽牛花市，將有約八十個攤販共襄盛舉。

【洗硯】

日本人習慣在七夕前夜保養硯台與書桌，藉此祈求學業進步及寫出一手好字。不妨就趁今天把文具好好整理一下吧。

【鋼琴日】

一八二三年（文政六年）的今天，是德國醫師西博德首度將鋼琴帶入日本的日子。

7月　文月

7日

距離元旦經過…………187日

距離除夕尚有…………177日

［二十四節氣］
小暑

［七十二候］初候
溫風至

七夕

今天是七夕，是隔著銀河的牛郎與織女一年一度重逢的浪漫節日。七夕也是五節（P420）之一，因此日本人會在今天透過各式各樣的習俗慶祝兩人重逢。

牛郎與織女在日本稱為「彥星」與「織姬」，在七夕傳說的發祥地中國則稱為「牽牛星」、「織女星」。

相傳牛郎善於養牛，織女則長於織布。兩人結為連理後，因為新婚燕爾而怠忽職守，觸怒了天帝。天帝將夫妻倆拆散，罰他們住在銀河兩岸，可是看著他們整日愁眉苦臉，又於心不忍，便允許夫妻倆每年七月七日相會。

這則傳說以及向織女祈求女紅縫紉手藝進步的「乞巧節」傳入日本後，與《古事記》中記載的「織女」神話——縫製羽衣以迎神的少女——互相結合，便產生了七夕的習俗。

另一方面，七夕也與祭祖的盂蘭盆節息息相關。日本人認為七夕是盂蘭盆節

●今天的樂趣

【小暑】

到了二十四節氣之一的小暑，夏天便正式來臨了，氣溫也會一口氣升高。

【溫風至】

小暑初候吹的是溫熱的薰風，這種薰風挾帶著梅雨的濕氣，又稱「南風」。

【夏季大三角】

「夏季大三角」是由牛

的準備期，有些地區至今仍留有於七夕掃墓、沐浴淨身的習俗。

我家每年都會在七夕擺出許願竹，掛上祈求長壽的紙鶴、象徵漁獲與農作豐收的紙網，還有以乞巧節祭拜的五色繩為起源的風幡等等。不過主角還是寫上心願的短籤，煩惱該寫什麼也是一種樂趣呢。

當天晚餐一定吃麵線。細長的麵條彷彿絲線，又像是銀河，保佑著牛郎與織女能順利重逢。

郎化身天鷹座牛郎星、織女化身天琴座織女星，以及天鵝座天津四相連而成的，每到夏夜便在天空東方閃閃發亮。

【素麵日】

「素麵日」源於七夕吃素麵（麵線）的習俗。也有人認為這種習俗來自古人於七月七日吃「索餅」（素麵的前身，類似台灣的麻花卷）避邪的傳統。

7月　文月

8日

距離元旦經過…………188日

距離除夕尚有…………176日

［二十四節氣］

小暑

［七十二候］初候

溫風至

島蔬菜

沖繩縣曾是獨立的琉球王國，因此留有許多獨特的飲食文化。由於四季溫暖，當地種植的蔬菜也很特殊，沖繩縣政府還將「戰前引入的傳統地方蔬菜」定義為「傳統農產品」（島蔬菜），努力維護傳統。最具代表性的有苦瓜、絲瓜、甜瓜、冬瓜等葫蘆科蔬菜。這些在南島備受喜愛的蔬菜，飽含了幫助人們戰勝酷暑的豐富營養素，例如攝取不足時容易夏季倦怠的鉀，以及保護皮膚不被烈日曬傷的維生素C等等。

●今天的樂趣

【那霸日】

「那霸日」源於沖繩縣政府所在地那霸（なは）與七（な）月八（は）日的諧音。在這天，那霸市將舉辦各種活動大肆慶祝，並免費開放文化財與博物館供民眾參觀。

【送七夕】

依照各地傳統，七夕許願竹必須在今天之內收起來。以前的人還會舉辦「送七夕」，將許願竹流放到河川或大海，祈求心願能上達銀河。

【七轉八起之日】

「七轉八起」是日本的一句成語，意思是不倒翁不論跌倒幾次都會站起來，象徵著不屈不撓。為了鼓勵災區居民從二〇一六（平成二十八年）的熊本地震中振作起來，這個紀念日便誕生了。

【都城六月燈御蔭祭】

每年七月八日到九日，宮崎縣都城市便會連同神柱宮的「獻燈祭（六月燈）」一同舉辦御蔭祭。今晚的「宵祭」將有高達四公尺的大燈籠山車繞行市街，明天的「本祭」則會派出神輿在市區內繞境遊行。

7月 文月

9日

距離元旦經過…………189日

距離除夕尚有…………175日

［二十四節氣］
小暑

［七十二候］初侯
溫風至

四萬六千日

今天和明天是淺草寺（東京都）的功德日——四萬六千日。只要在這天參拜，就能獲得拜了四萬六千天份的庇佑，換算成年，就是一百二十六年份，相當於一輩子。四萬六千這個數字可能來自「一生」與「一升」的雙關，因為據說一升的米，正好有四萬六千顆米粒。

四萬六千日是在江戶時代普及到民間的。當時只有七月十日是功德日，民眾為了祈求一輩子的庇佑，從前一天起便大排長龍，於是七月九日也成了四萬六千日，並且延續至今。

●今天的樂趣

【淺草寺酸漿花市】

酸漿（燈籠草）是避邪的吉祥物。在四萬六千日的第二天，淺草寺境內將會舉辦酸漿花市。

【歐外忌】

一九二二年（大正十一年）的今天，是日本文豪森歐外的忌日。代表作有《舞姬》、《高瀨舟》、《山椒大夫》等等。

◆季節的樂趣

【百合】

所澤百合園（埼玉縣）及鳥取花迴廊（鳥取縣）現在正是百合開得最燦爛的時候。

7月　文月

10日

距離元旦經過…………190日

距離除夕尚有…………174日

［二十四節氣］
小暑

［七十二候］初候
溫風至

納豆的起源

以健康食品聞名的納豆起源眾說紛紜。一說認為，平安時代的武將源義家於平定奧州時向農民徵收馬糧，就是納豆的濫觴。原本的馬糧應該要把黃豆煮熟後曬乾，但因為軍用急需，農民只好把煮好的黃豆直接放進當時的保鮮容器米俵（稻草製的米袋）中呈交上去。不料數天後，豆子發出了味道，產生黏稠的絲線，而這正是我們熟悉的牽絲納豆。相傳那些豆子後來成了軍糧，奧州的農民平日也開始製作納豆。

關東民眾大多喜愛納豆，或許跟靠近發祥地有關。不過最近關西人似乎也愈來愈愛吃納豆了。人稱「百肴之王」的納豆，憑著它那黏糊糊的口感，可是「黏住」了一票粉絲呢。

●今天的樂趣

【納豆日】

這天是依據七（な）月十（とう）日與納豆（なっとう）的諧音制訂的。納豆是一種在煮熟的黃豆中加入納豆菌發酵而成的食品，由於納豆菌生長在枯草中，因此納豆應該是煮過的黃豆碰到稻草後誕生的，但是否發祥自源義家，目前尚無定論。

【超人力霸王之日】

一九六六年（昭和四十一年）的今天，【超人力霸王】首次於電視上播映，如今這位變身英雄仍然受到許多民眾喜愛。

7月 11日

文月

距離元旦經過	191日
距離除夕尚有	173日

［二十四節氣］
小暑

［七十二候］初候
溫風至

祇園大明神與祭典

在醫療不發達的時代，每到夏天衛生條件惡化，就會流行起瘟疫。當時的人們非常害怕瘟疫，認為那是痛恨人世的怨靈造成的，因此都會膜拜能平息疫情的祇園大明神——牛頭天王（素戔嗚尊）。「祇園御靈會」就是為了平息疫情而舉辦的儀式，如今則以「祇園祭」、「天王祭」等形式流傳了下來。京都的祇園祭與博多祇園山笠祭最具代表性，不過接下來的季節其實還有許多不同的祇園神明祭。看看住家附近有什麼樣的祭典，也挺有趣的呢。

●今天的樂趣

【祇園祭、天王祭】

日本各地將在今天舉辦向牛頭天王祈求消災解厄的祭典，像是富山縣的冰見祇園祭、兵庫縣的神戶祇園祭，以及愛知縣的尾張津島天王祭等等。

【世界人口日】

一九八七年（昭和六十二年）的今天，世界人口突破五十億人，聯合國為了紀念便制訂了「世界人口日」。如今世界人口已經超過七十億人，根據推測，到了二一〇〇年很有可能超過一百一十億人。

7月　文月

12日

距離元旦經過…………192日

距離除夕尚有…………172日

［二十四節氣］

小暑

［七十二候］初候

溫風至

亮晶晶大作戰

七一二（ナイフ）與刀子（ナイフ）諧音，因此今天是「西洋餐具日」。湯匙、刀叉容易愈用愈沒光澤，不妨就趁今天把它們清潔得亮晶晶，感謝餐具平日的辛勞吧。

不銹鋼餐具可以用柔軟的布沾牙膏或小蘇打輕輕擦拭。銀製餐具則建議在鍋底鋪上鋁箔紙並倒入適量的水，再根據要清理的餐具數量加入等匙的鹽。煮滾後把刀叉、湯匙放進去加熱約十分鐘。

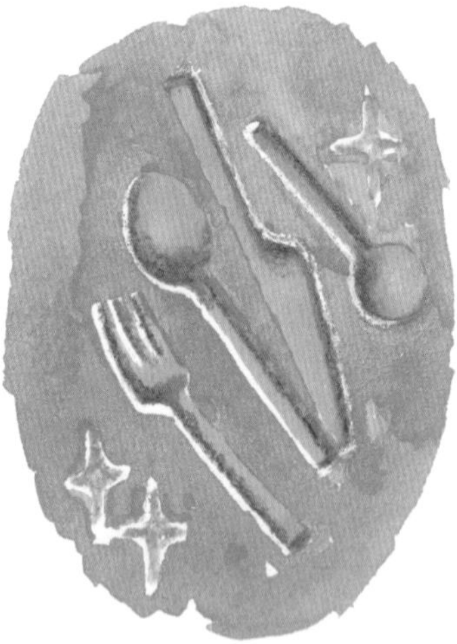

等到差不多了就撈起來，再把水擦乾就會變得亮晶晶了，心情也會跟著煥然一新喔。

●今天的樂趣

【西洋餐具日】

這個日子源自七（ナ）月十二（イフ）日與刀子（ナイフ）的諧音。國產的湯匙刀叉百分之九十都是由新潟縣燕市生產的。

【健康檢查日】

一九五四年（昭和二十九年）的今天，是日本首度實施健康檢查的日子。

◆季節的樂趣

【高原萵苣】

長野縣擁有許多高原，是全日本萵苣產量第一的地方。高原這種晝夜溫差大的環境，最能激發出萵苣的甜味。

7月 文月

13日

距離元旦經過…………193日

距離除夕尚有…………171日

［二十四節氣］
小暑

［七十二候］次候
蓮始開

時節進入小暑的次候「蓮始開」，各地池塘、沼澤都能見到盛開的蓮花。不過就如同「早起的鳥兒有蟲吃」這句諺語一樣，只有一大清早才能見到楚楚可憐的花苞綻放的模樣。蓮出淤泥而不染，在佛教象徵著清淨，根部則是大家熟悉的蔬菜——蓮藕。

蓮花於破曉時開花，中午過後花苞逐漸關閉，直到隔天清晨再次綻放。如此連續循環三天後，短暫的花期到了第四天，花朵便會凋零，但生命力依然旺盛。就連沉睡在地底超過兩千年的種籽都能發芽，開出燦爛的「古代蓮」。

● 今天的樂趣

【蓮始開】

埼玉縣行田市的地底曾經埋著兩千年前的蓮子，蓮子因為整地工程接觸到水，竟然於一九七三年（昭和四十八年）發芽開花了。當地政府將它命名為「古代蓮」（行田蓮）並小心培育，如今古代蓮已經成為當地公園「古代蓮之里」的象徵了。

【迎火】

在東京等七月過盂蘭盆節的地區，今天起便邁入盂蘭盆節了。人們會在門前或玄關燃燒麻桿，堆出「迎火」，迎接祖先的靈魂。

【日本標準時刻制訂紀念日】

一八八六年（明治十九年）的今天，日本政府公布了一道法令——以通過兵庫縣明石市的子午線（東京一百三十五度）當作日本標準時刻的基準，統一全國的時間。

◆ 季節的樂趣

【水羊羹】

水羊羹滑溜的口感嚐起來冰冰涼涼的。與練羊羹相比，水羊羹含有更多水分，口味也較不甜膩，而這正是它清涼消暑的祕密。

7月　文月

14日

距離元旦經過…………194日

距離除夕尚有…………170日

［二十四節氣］

小暑

［七十二候］次候

蓮始開

太空向日葵

向日葵是夏花的代名詞，但它不只開在地上，也開在宇宙，那就是日本天氣預報的壓箱寶——氣象衛星「向日葵」。向日葵這個名字除了含有「在太空開花」的願景，還寄寓了與天氣息息相關的太陽形象。它開在距離地表約三萬六千公里的赤道上空，以與地球自轉相同的速度飛行，因此從地面上來看它永遠都是靜止的。

多虧向日葵拍攝了衛星雲圖，我們才能預測晴雨，並提早準備抵禦颱風、暴雨等氣象災害。

●今天的樂趣

【向日葵之日】

一九七七年（昭和五十二年）的今天，第一顆氣象衛星「向日葵一號」發射了，這天就是為了紀念而制訂的節日。現在日本所使用的氣象衛星則是「向日葵八號」與「向日葵九號」。

【吉利丁日、果凍日】

一般認為吉利丁起源於古埃及，但果凍這種點心卻是出現在十八世紀末的法國。選擇這天為紀念日是因為法國大革命爆發的日期正是七月十四日。

7月 文月

15日

距離元旦經過…………195日

距離除夕尚有…………169日

［二十四節氣］小暑

［七十二候］次侯 蓮始開

盂蘭盆節

盂蘭盆節是迎接祖先靈魂返鄉的重要節慶，在日本別稱「御盆節」。包含東京在內的部分地區，都會以今天為主舉辦盂蘭盆節。

相傳七月十五日這天，釋迦牟尼佛的弟子木蓮為了拯救母親，請來許多高僧供養他們，而這就是盂蘭盆法會的起源。盂蘭盆節於七世紀傳入日本後，與日本人自古以來祭祖的習俗互相融合，逐漸演變成了現在的盂蘭盆節。

以前全日本的盂蘭盆節都是在農曆七月舉行，但自從明治時代採用新曆以後就改變了。新曆七月，也就是現在的七月正是農務最繁忙的時候。在農業人口眾多的鄉下地區，想在七月好好迎接祖先難免力不從心，因此便推遲到隔月才舉行了。

● 今天的樂趣

【紅白機之日】

一九八三年（昭和五十八年）的今天，是家用遊戲主機先驅——Family Computer（俗稱紅白機）發售的日子。

【追山笠】

從七月一日開始舉辦的博多祇園山笠祭（福岡縣）將在今日迎接最後一天。一早便由八台舁山（山車）繞行博多市內的「追笠山」儀式，在熱鬧了兩週後也將劃下句點。

7月　文月

16日

距離元旦經過…………196日

距離除夕尚有…………168日

［二十四節氣］

小暑

［七十二候］次候

蓮始開

海水浴

一群人抓著從海裡伸出的鐵棍，緩緩浸泡到海水裡——這是大約一百三十年前的「海水浴」風景。「海水浴」一詞出現於明治時代，是當時的人為了推廣在西方諸國盛行的健康運動「海水療法」而創造出來的詞彙。

其實日本自古也有浸泡海水調理身心的習俗，稱為「潮湯治」或「潮浴」，因此醫療用的海水浴沒多久便普及開來了。到了大正時代，愈來愈多人愛上玩水，海水浴也成了日本夏天不可或缺的熱門活動。

●今天的樂趣

【開海】

在北海道與東北地區，許多海水浴場都會選擇在今天開放。除了游泳，到小賣店享受美食也是海水浴的一大樂事。

【送火】

七月十三日透過迎火迎接回來的先靈，將在今天返回另一個世界。因此人們會在門前燃燒送火，恭送祖先。

【後入藪】

「入藪」是江戶時代的家僕、傭人返鄉休息的日子。一月十六日是「入藪」，今天則是「後入藪」。

【彩虹日】

「彩虹日」來自七彩（なないろ）與七（なな）月十六（いろ）日的諧音。這個季節空氣的濕度較高，看見彩虹高掛天際的機會也變多了。

◆季節的樂趣

【蜀葵】

蜀葵是錦葵科植物，高度可以超過兩公尺，它會從從入梅開始開花，據說當所有的花苞都綻放，梅雨季也差不多結束了。花色有紅、白、紫等等，非常繽紛。

7月 文月

17日

距離元旦經過…………197日
距離除夕尚有…………167日

［二十四節氣］
小暑

［七十二候］次候
蓮始開

山鉾巡行

日本三大祭之一的八坂神社（京都府）祭典——祇園祭，將在七月一日到三十一日這段期間舉辦各種儀式。今天舉行的是祭典的最高潮山鉾巡行。用人偶及織品裝飾得豪華壯麗的山鉾，將在京都市內遊行繞境。

祇園祭是日本各地拖著山車、山鉾、屋台遊行的祭典始祖。起源是八六九年（貞觀十一年）時，人們因畏懼瘟疫及天災，於宮中庭園為當時日本的六十六個國立了六十六根鉾，祈求國泰民安。到了平安時代中期，此儀式成了京都人最熟悉的例行活動，並逐漸普及至全國。

●今天的樂趣

【山鉾巡行】

在今天的前祭中，將有七座鉾、兩座傘鉾、一座曳山、十三座舁山，總計二十三座山鉾集結在四條烏丸的十字路口，由參加者依序拖拉遊行。傍晚則會舉行「神幸祭」，將神輿從八坂神社抬到御旅所（讓神明在遊行中途休憩的地方）。

【東京之日】

這天是為了紀念「江戶」於一八六八年（慶應四年）七月十七日改名「東京府」而制訂的，後來在一九四三年（昭和十八年）又改名為「東京都」。

7月　文月

18日

距離元旦經過…………198日

距離除夕尚有…………166日

［二十四節氣］

小暑

［七十二候］末侯

鷹乃學習

夏天的雛鳥

七十二候的「鷹乃學習」指的是「小鷹差不多要學習振翅與狩獵了」。顧名思義，此時山中老鷹的幼雛會不斷練習，為離巢做好準備。那麼來看看城鎮裡的鳥兒吧。街上三不五時就會出現空蕩蕩的燕子巢，吱吱喳喳吵著肚子餓的幼鳥以及辛勤哺育的母鳥也都不見蹤影，代表著今年燕子平安築巢了，可以鬆一口氣，但也令人覺得有些捨不得。不過，燕子此時其實還停留在日本，直到秋天離開日本之前，牠們會成群在吉原等河岸築巢，把自己吃得頭好壯壯，準備遷徙過冬。

●今天的樂趣

【鷹乃學習】

「鷹」是鷹形目與隼形目鳥類的總稱，招牌特徵是銳利的雙眼以及鉤狀的鳥喙。日本一共棲息了三十多種「鷹」，例如黑鳶、游隼、蒼鷹等等。

【防盜日】

每月十八日是「防盜日」，因為十八的十就像是兩根棍子，而棍（ぼう）與防（ぼう）同音，八（は）與犯（はん）諧音。七月的五日、六日則是「SECOM日」，紀念日本第一家保全公司SECOM創業（SECOM可讀為「セコム」，與「七六五」諧音），在這天，日本各地也會舉辦防盜、防災的宣導活動。

◆季節的樂趣

【夏飛魚】

飛魚最好吃的季節在春夏之際，而只在夏天才捕撈得到的飛魚，則稱為「夏飛魚」。顧名思義，「飛魚」的特徵是能夠躍出水面滑翔飛行，距離可達四百公尺之遠。在長崎縣，當地人稱飛魚為「顎」，將飛魚以炭火烘烤後曬乾熬成的高湯則稱為「飛魚高湯」，近年來相當受到大眾歡迎。

7月　文月

19日

距離元旦經過…………199日

距離除夕尚有…………165日

［二十四節氣］小暑

［七十二候］末侯 鷹乃學習

出梅

從歷年平均來看，沖繩、九州、四國等地的梅雨季已經結束了，中國、近畿、東海、關東甲信等區域也即將「出梅」，一直被雨雲遮蔽的太陽終於能探頭，氣溫也會一口氣上升。在日本，當日最高氣溫超過三十度的日子稱為「真夏日」，超過三十五度的日子稱為「猛暑日」，夜晚氣溫不低於二十五度的日子則稱為「熱帶夜」。每到這個季節，便會常常聽到這些詞彙。

根據每年的情況，有時即便出梅，還是會有幾天陰雨連綿，這在日文稱為「戻梅雨」或「返梅雨」，也就是「倒黃梅」的意思。

●今天的樂趣

【出梅歷年平均值】

沖繩為六月二十三日，奄美為六月二十九日、九州南部為七月十四日、九州北部為七月十九日、四國為七月十八日、中國・近畿・東海・關東甲信為七月二十一日、北陸為七月二十四日、東北南部為七月二十五日、東北北部為七月二十八日。

【愛知無花果日】

愛知縣是日本無花果產量第一的地區。無花果的產季在七月至十月，由於十九（いちじく）與無花果（いちじく）諧音，因此這幾個月的十九日便是「愛知無花果日」了。

7月 文月

20日

距離元旦經過…………200日

距離除夕尚有…………164日

［二十四節氣］
小暑

［七十二候］末候
鷹乃學習

入土用

今天開始是為期兩週的「土用」，而今天是第一天，稱為「入土用」。土用指的是立春、立夏、立秋、立冬前的十八天，也就是各個季節交替的時期。相傳這是依據中國的陰陽五行說「春屬木、夏屬火、秋屬金、冬屬水，季節交替的十八日屬土」而來的雜節（P420）。

一年有四次土用，但現在日本人通常只過夏季的土用，這大概是因為人們在夏季容易因暑氣身體不適，所以特別注重這段時期吧。

此時去超商也會看到店裡出現「土用丑日」、「鰻魚」等字樣的廣告。中國以天干地支標示日期，而「丑日」就是指正好對應到「丑」的日子。土用丑日每年的日期都會變化，有時一年之中甚至會出現兩次。

土用丑日吃鰻魚養精蓄銳的飲食習俗誕生自江戶時代。當時的蘭學者平賀源

●今天的樂趣

【土用波】

在夏天土用的季節，即使晴空萬里仍會湧現的大浪稱為「土用波」。這是遙遠的太平洋南方有颱風成形的一大徵兆。

【土用蜆】

「土用蜆治消化不良」是老祖宗傳下來的智慧，連江戶時代的健康書籍都有介紹它的功效。夏天容

內從老祖宗的智慧「在丑日吃『う』開頭的食物能抵抗炎炎夏日」獲得靈感，請夏天生意門可羅雀的鰻魚店擺出「本日為土用丑日」的廣告看板，據說這就是土用丑日吃鰻魚的起源。這個策略成功抓住了愛討吉利的江戶人的心，吃鰻魚的習俗也迅速流傳開來。

平賀源內是知名的發明家，他的點子固然精采，但在現代，鰻魚算是高級食材，若想獲得精力抵禦炎炎夏日，嘗試其他食物會更經濟實惠——例如梅子（うめ）就具有消除疲勞的功效、烏龍麵（うどん）容易消化、瓜類（うり）能消暑解熱，這些食物都能滋養身心。此外，也可以趁土用丑日泡「丑湯」，舒舒服服地洗個澡。善用這些傳統的古老智慧，養足力氣對抗暑氣吧。

易疲勞，導致肝功能下滑，而富含牛磺酸的蜆正是修補肝臟的最佳食材。用水煮出鮮味就能熬成美味的高湯。

【海之日】

每年七月的第三個星期一是國定假日「海之日」。它起源於紀念一八七六年（明治九年）七月二十日，明治天皇結束東北出巡，搭船抵達橫濱港所制訂的「海之紀念日」。到了一九九六年（平成八年），「海之紀念日」才更改為「海之日」。

7月　文月

21日

距離元旦經過…………201日

距離除夕尚有…………163日

［二十四節氣］
小暑

［七十二候］末候
鷹乃學習

聽過日本三景嗎？

江戶時代的人出門旅遊，除了欣賞宜人的風景，也一定會造訪知名神社。其中最受歡迎的就是日本三景——松島（宮城縣）、天橋立（京都府）、嚴島（廣島縣）。松島與瑞嚴寺、天橋立與成相寺、嚴島與嚴島神社是最受歡迎的三個組合，如今觀光客依然駱繹不絕。

一如日本四面環海，日本三景也都是沿海的名勝風景區。松島顧名思義，有許多長滿松樹的大小群島；天橋立的宮津灣有突出的白砂青松沙洲；嚴島則有廣袤的原始叢林與靈峰彌山，以及建立在山腳下的嚴島神社，如此美景不知感動了多少前來探訪的遊客呢。

●今天的樂趣

【日本三景之日】

這天是為了紀念江戶時代的儒學家——林春齋的誕辰所制訂的。他撰寫的《日本國事跡考》對松島、天橋立、嚴島的美景讚不絕口，人稱「日本三景之父」。

【暑假開始】

除了北海道和東北，大部分地區的國小、國中、高中都陸續放暑假了。

【親近自然運動】

今天開始到八月二十日的一整個月，是日本的「親近自然運動」月。全國的自然公園將舉辦自然觀察會、體驗教室、健走等親近大自然的豐富活動。

◆季節的樂趣

【北萱草】

這個季節在各地的高原與山丘，都能看見盛開的北萱草。北萱草的花形類似百合，顏色是山吹色，滿山遍野綻放的美景，令人嘆為觀止。霧峰（長野縣）、尾瀨（群馬、福島、新潟縣）、霧降高原（栃木縣）等等都是賞北萱草的知名景點。

7月 文月

22日

距離元旦經過…………202日

距離除夕尚有…………162日

［二十四節氣］
小暑

［七十二候］末侯
鷹乃學習

穿浴衣

在夏日祭典及煙火大會穿浴衣，是日本獨特的時尚風情。聽著喀啦喀啦的木屐聲，望著七彩繽紛的浴衣，心情也跟著雀躍起來了。

和服的穿搭有許多必須配合季節的規矩，而浴衣是出遊的便服，沒有那麼嚴謹的規定，不過基本上只會在夏天穿著。一年裡穿到浴衣的次數並不多，因此更需細心愛護、保養。若浴衣附有洗標，就可以在自家清洗，但要小心褪色，再上過漿的話，曬乾後就會很平整。至於木屐，只要用擰乾的抹布將污漬擦掉再陰乾即可。

●今天的樂趣

【木屐日】

木屐的尺寸常出現「七」這個數字，像是「七吋七分」等等，再加上木屐的足跡很像漢字的「二」，因此今天就是「木屐日」了。

【土用三郎】

夏天土用的第一天稱為「土用太郎」、第二天稱為「土用次郎」、第三天，也就是今天稱為「土用三郎」。古人認為土用三郎這天若放晴，作物就會豐收，下雨的話則會歉收。

【熊谷團扇祭】

「熊谷團扇祭」是八坂神社的祭典，每年七月十九日到二十三日這五天，神社所在埼玉縣熊谷市便會舉辦這場盛會。

7月　文月

23日

距離元旦經過…………203日
距離除夕尚有…………161日

［二十四節氣］
大暑

［七十二候］初候
桐始結花

大暑與暑期問候

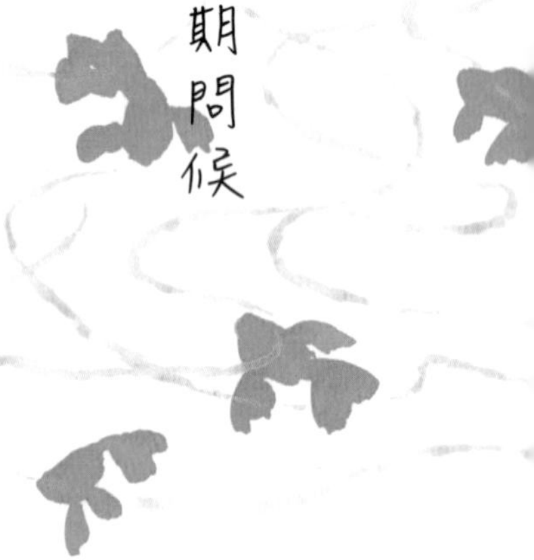

就跟「大暑」字面上的意思一樣，一年之中氣溫最高、最炎熱的節氣終於到來了。馬路上熱氣蒸騰，抬頭一看還有積雨雲，這種熱昏頭的天氣將持續好一陣子。

此時最高興的就是接到朋友寄來的暑期問候了。朋友關心自己健康的這份體貼，以及信裡交代的近況，都令人覺得很安慰。暑期問候必須在梅雨季結束後至立秋（P255）之前，或到土用中（立秋前的十八天內）寄送才符合禮數。而今天恰巧也是愛好書信、明信片的「書信日」。不妨就趁今天寄一封帶有煙火、西瓜等夏日風情圖案的暑期問候信，關心一下親朋好友吧。

●今天的樂趣

【桐始結花】
梧桐是常見的家具木材，此時會開始結雞蛋形狀的果實，同一時間，枝椏上也會冒出隔年四至五月才綻放的花蕾。梧桐因為果實與花蕾相連，故也是象徵多子多孫的吉祥植物。

【文月之日】
文月是七月的古名，這個「文」字再加上每月二十三日的二（ふ）三（み）與文（ふみ）諧音，共有兩個「文」，因此每年這天都會發售紀念郵票。

【天婦羅日】
天婦羅與鰻魚、燒肉並列為預防夏季倦怠的三大食物，在「大暑」這天吃天婦羅，活力充沛地度過一天，便是「天婦羅日」的宗旨。趁今天吃點蔬菜、海鮮類的天婦羅，多多攝取維生素與蛋白質，擊退夏日倦怠吧。

【宇和島牛鬼祭】
愛媛縣宇和島市每年七月二十二日至二十四日，都會舉辦「宇和島牛鬼祭」。鬼頭牛身的巨大靈獸「牛鬼」將會繞行市區，驅趕災厄。

7月 文月

24日

距離元旦經過…………204日

距離除夕尚有…………160日

［二十四節氣］

大暑

［七十二候］初侯

桐始結花

蟬鳴

「唧——唧——唧——」

「唧——唧唧唧——」

「唧~唧~」

今年的蟬也開始高聲合唱了。仔細觀察公園的樹叢或樹幹，不時還會發現蟬蛻。蟬蛻是這個季節特有的玩具，小朋友們會比賽蒐集到幾個蟬蛻，甚至把它黏在衣服上。文章一開頭的蟬鳴，分別屬於油蟬、斑透翅蟬、蟪蛄。斑透翅蟬的日文「ミンミンゼミ」取自牠的叫聲「ミーンミンミンミン」，蟪蛄的日文「ニイニイゼミ」也取自牠的叫聲「ニーーーチーーー」，那麼油蟬呢？有人認為是因為牠的叫聲「ジージー」很像炸東西時油花吱吱作響的聲音。乍聽似乎有點道理，但又有點牽強啊……

●今天的樂趣

【油蟬的初蟬鳴】

油蟬的初蟬鳴是告知季節轉換的自然訊號，在日本各地都能觀測到。而東京每年都是在今天左右開始聽得到油蟬的叫聲。

【河童忌】

一九二七年（昭和二年）的今天，是文豪芥川龍之介的忌日。「河童忌」這個名字則是取自他的代表作《河童》。

【天神忌】

日本三大祭典之一的大阪天滿宮天神祭，將在今明兩天盛大舉辦。人們會透過神轎的「陸渡御」（陸上繞境）與「船渡御」（海上出巡）等儀式，祈求消災解厄。

7月　文月

25日

距離元旦經過…………205日

距離除夕尚有…………159日

［二十四節氣］
大暑

［七十二候］初候
桐始結花

冰殿下

在炎炎夏日吃刨冰是最棒的享受。草莓、哈密瓜、抹茶搭配牛奶，各種豐富的口味令人食指大動。

夏天所有人都吃得到冰是從明治時代才開始的，在那之前冰是奢侈品，只有位高權重的人或王公貴族才能享用，畢竟想吃冰就得建造冰窖儲藏雪和冰塊，也需要有人管理，還得費功夫搬運。《枕草子》就記載過一種「削冰」，作法是把冰塊削成雪花，淋上樹液熬成的糖漿。到了江戶時代，雪塊和冰塊變成了獻給將軍家的貢品，百姓甚至尊稱冰為「冰殿下」。若當時的人得知現代有專賣刨冰的店，肯定會驚訝得連下巴都掉下來吧。

●今天的樂趣

【刨冰日】

刨冰在日本別名「夏冰」（なつごおり），這與七（な）月二十五（つごおり）日剛好是諧音，因此今天就是「刨冰日」了。最近大受歡迎的「天然冰」，是利用嚴冬的低溫與甘甜的天然水，透過池塘或湖泊冰鎮而成的。這種天然冰必須花上兩週的時間慢慢結凍，質地很細膩，且不太含有雜質。

【鮮味粉日】

明治時代末期，東京帝國大學（現東京大學）的池田菊苗教授從昆布中粹取出鮮味，發現了繼酸、甜、苦、鹹之後的第五個味覺「鮮」。而在一九〇八年（明治四十一年）的今天，這種粹取方式獲得了專利許可，於是今天就變成「鮮味粉」（味精）日了。

◆季節的樂趣

【葫蘆乾】

栃木縣特產的葫蘆乾（乾瓢），此時正是採收及加工最繁忙的時候。將葫蘆果肉撕成細長的模樣，擺在盛夏的豔陽下曬乾就完成了。

7月 文月

26日

距離元旦經過…………206日
距離除夕尚有…………158日

［二十四節氣］
大暑

［七十二候］初侯
桐始結花

夏日怪談

說到日本的夏天，當然少不了怪談囉。

除了電視、雜誌會推出鬼故事特輯以外，電影也會上映不少鬼片。一接觸這些令人涼颼颼、毛骨聳然的恐怖故事，暑意也跟著煙消雲散了。

夏天與怪談連結在一起的習俗始自江戶時代，當時的歌舞伎受到憑弔怨靈及孤魂野鬼的民俗表演「盆狂言」的影響，每到夏天都會演出有幽靈登場的「怪談」。其中最具代表性的就是以「我好恨啊……」一詞家喻戶曉的《東海道四谷怪談》，故事描述阿岩因為怨恨丈夫而化為幽靈，成功復仇雪恨。

●今天的樂趣

【幽靈日】

歌舞伎狂言作家鶴屋南北撰寫的《東海道四谷怪談》，是在一八二五年（文政八年）的今天於江戶中村座上映的，因此今天就是「幽靈日」。

【夏季泡澡日】

「夏季泡澡日」（なつぶろの日）源自七（なつ）月二十六（ぶろ）日的諧音。在炎熱的夏天洗澡通常只會淋浴，不過泡澡其實可以安撫失調的自律神經，舒緩夏季倦怠喔。

7月 文月

27日

距離元旦經過…………207日

距離除夕尚有…………157日

［二十四節氣］

大暑

［七十二候］初侯

桐始結花

西瓜前線

告知季節輪替的花有「開花前線」，其實蔬菜水果也有前線。例如透過「西瓜前線」，就能將產區從南到北移動的情況盡收眼底。

西瓜前線的起點在三月份的沖繩，接著會移動到九州、中國、近畿、東海，五到六月於關東地區結出果實，目前則是在東北地區持續北上。八月西瓜前線會抵達北海道，九月初旬結束產季。民眾大多以為西瓜是夏季的水果，其實西瓜的產季很長，是一種會陪伴我們超過半年的貼心作物。

●今天的樂趣

【西瓜日】

西瓜皮的條紋就像夏天的（なつの）繩索（つな）一樣，與七（なつ）月二十七（つな）日諧音。不過，條紋西瓜其實是從昭和初期才開始種植的。在那之前，日本的西瓜都是北海道的特產品種「傳助黑皮西瓜」，整顆西瓜黑溜溜的。

【上越祭】

「上越祭」於每年七月二十三日至二十九日舉辦，祭典中包含了豐富的活動和煙火大會，上越市八阪神社的祇園祭更是其中的重頭戲。

7月 文月

28日

距離元旦經過…………208日

距離除夕尚有…………156日

［二十四節氣］
大暑

［七十二候］次侯
土潤溽暑

夏天的智慧「消暑」

一轉眼，七十二候也來到了大暑的次候「土潤溽暑」了。「溽」的意思是潮濕炎熱，日本夏天特有的濕黏炎熱氣候，就稱為「溽暑」。

為了揮別這種一出門便渾身是汗的溽暑，以前的人發明了許多「消暑」妙方。像是吃冰涼的食物或喝冷飲來驅散暑氣、在街道上灑水、淋浴沖涼等等，甚至是像現代人喝冰鎮過的啤酒一樣設宴飲酒、養精蓄銳。如今日本的夏天已經成為酷暑，氣溫超過四十度也不稀奇，因此大家更要懂得運用「消暑」的智慧結晶克服溽暑、享受夏天。

●今天的樂趣

【土潤溽暑】

地面被雨浸濕後會持續散發熱氣，因此這個季節特有的午後雷陣雨，會令夏天的溽暑變得更加炎熱。不過正因為一整天都籠罩在悶熱的暑氣裡，清晨片刻的涼意才更令人神清氣爽吧。

【葉菜之日】

「葉菜之日」（なっぱの日）源自七（な）月二十八日（っぱ）的諧音。葉菜類蔬菜富含鈣質與鐵質，在食慾不振的夏天，適合做成爽口的沙拉及涼拌菜。而現在正好是高原高麗菜與黃麻菜的盛產期。

【亂步忌】

一九六五年（昭和四十）年的今天，是懸疑小說巨匠——江戶川亂步過世的日子。他的代表作為《石榴》，因此今天也稱為「石榴忌」。

◆季節的樂趣

【甘酒】

江戶時代的人為了避免夏季倦怠，會在街上兜售甘酒（甜酒）當作營養補充飲料，而甘酒也成了夏天的季語。甘酒除了含有容易轉換成熱量的葡萄糖、能夠調整腸道環境的寡糖以外，還含有必需胺基酸與維生素B群，堪稱「喝的點滴」。

7月　文月

29日

距離元旦經過…………209日

距離除夕尚有…………155日

［二十四節氣］

大暑

［七十二候］次候

土潤溽暑

福神漬

今天是「福神漬之日」，因為七福神（しちふく）與七（しち）月二十九（ふく）日諧音。「福神」這個喜氣洋洋的名字來自七福神。明治時代，福神漬在上野的醬菜店上市時，原料有白蘿蔔、茄子、瓜類等七種蔬菜，據說當時就是把這七種蔬菜當成七福神來命名的。

此外，還有另一個有趣的說法：「有了福神漬就不需要其他配菜，錢可以存起來，因此福神就在醬菜裡。」於是福神漬這個名字便誕生了。

說到福神漬，大家最熟悉的吃法不外乎與咖哩的黃金組合，其實這種搭配發祥自海上。一開始是豪華郵輪的餐廳想用福神漬代替印度料理的佐料「酸辣醬」來搭配咖哩，久而久之就固定下來了。

●今天的樂趣

【福神漬之日】

福神漬的原料隨製作者而多少有些差異，不過一般都是取七福神的含義，以白蘿蔔、茄子、海刀豆、蓮藕、小黃瓜、紫蘇、香菇等七種材料醃漬。今天的晚餐不如就吃咖哩配福神漬吧？

【七福神之日】

這個日子也是源自七（しち）月二十九（ふく）日的諧音。挑今天去拜七福神，說不定會比平常獲得更多保佑喔。

7月 文月

30日

距離元旦經過…………210日

距離除夕尚有…………154日

［二十四節氣］
大暑

［七十二候］次侯
土潤溽暑

土用風乾

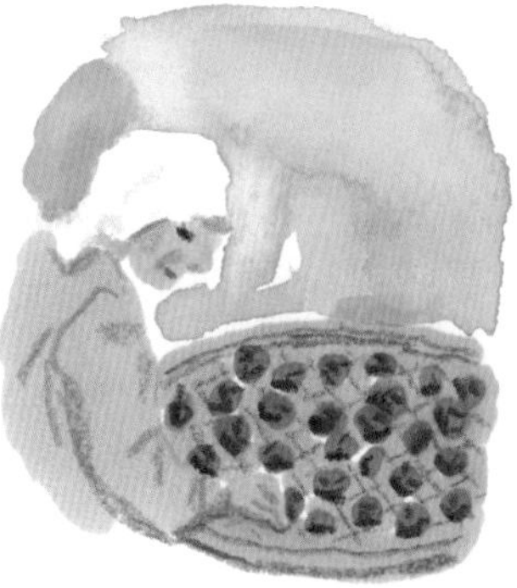

夏天的土用期間（P234）若天氣都很晴朗，就是「土用風乾」的好日子了。讓衣服、藏書通風陰乾，可以避免蟲害及發霉等損傷，是陽光熾烈的盛夏特有的保養法。六月醃好的梅子也得經過土用風乾才能熟成，曬過陽光的梅子不但細菌減少、保存期限延長、種籽容易脫落，梅乾顏色也會變得更加鮮豔。

●今天的樂趣

【梅乾日】

「梅乾日」來自七月（なんが）三十日（さる）的諧音。梅子含有豐富的檸檬酸，能消除疲勞，酸味也能刺激食慾，因此自古以來，日本人便將吃梅乾稱為「難去」（なんがさる）。古早味的「梅子便當」便是先人運用梅乾殺菌、防腐等效果而凝聚出來的智慧結晶。

【土用三星】

在夏天土用的黎明前，東方天空會高掛著三顆連成一線的星，也就是獵戶座腰帶上的三連星。這三顆星在日本稱為「三星」、「三光」。土用三星會在夜晚與清晨的間隙升起，隨著天明逐漸消失蹤影，這種奇景是現在這個季節才看得到的觀星秀。

【職業摔角紀念日】

日本職業摔角界最具代表性的選手力道山，於一九五三年（昭和二十八年）的今天，成立了日本第一個職業摔角組織「日本職業摔角協會」。職業摔角立刻風靡大街小巷，當時的民眾還會熱情地圍著街頭電視看比賽轉播呢。

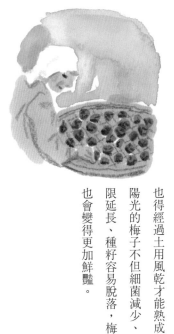

7月 文月

31日

距離元旦經過	211日
距離除夕尚有	153日

［二十四節氣］
大暑

［七十二候］次候
土潤溽暑

消暑與消災的風鈴

每逢盛夏，我的老家就會掛出風鈴。聽到風鈴輕快透明的音色，暑氣彷彿也消失得無影無蹤了，真是不可思議。這點大家似乎也深有同感，難怪在傍晚聽風鈴聲乘涼的祭典，總是充滿熱鬧的人潮。

據說風鈴起源於佛堂及塔樓屋簷下垂掛的鐘型鈴鐺「風鐸」。古人認為風鐸是除魔用的器具，凡是鈴聲響徹的範圍，便能保持清淨。

室町時代以後，貴族為了消除降到自己身上的災難，開始將風鐸掛在自家避邪。

江戶時代則出現了「風鈴商」，從此風鈴便成為百姓熟悉的夏日風情了。

● 今天的樂趣

【風鈴祭】

不少神社佛寺都會在今天舉辦風鈴祭，例如川越冰川神社（埼玉縣）、西新井大師（東京都）、小房觀音（奈良縣）、如意輪寺（福岡縣）等等。祭典上將有數不清的風鈴隨風搖曳，為前來參拜的信徒消災解厄。

【飛行傘紀念日】

一九八九年（平成元年）的今天，福岡縣北九州市的皿倉山舉辦了第一屆飛行傘日本冠軍賽，而這天便是為了紀念此事所制訂的日子。

8月

葉月

はづき

本月有熱鬧的夏日祭典，
也有盂蘭盆節及終戰紀念日。
生命一靜一動的對比，
顯得格外鮮明。

8月　葉月

1日

距離元旦經過…………212日
距離除夕尚有…………152日

［二十四節氣］
大暑

［七十二候］次候
土潤溽暑

八朔

今天是「八朔」，光看字面很容易誤以為跟柑橘類的「八朔橘」有關，其實這是「八月朔日」的簡稱。「朔日」在日文又可唸做「一日」（ついたち），也就是每個月的第一天。

農曆八朔正好在新曆九月，因此古人習慣在這天祭拜稻田，向神明祈求稻穀豐收。到了鎌倉時代，「稻穀」衍生成了「農作」（田の実），而農作與「請託」（頼み）同音，因此又產生了向恩人贈禮、表達謝意的習俗。德川家康初入江戶城的日子正好是八朔，因此在江戶時代，八朔也是節慶日。直到現在，日本各地仍會舉行「八朔祭」、「八朔相撲」等祭典來祈求五穀豐收。

●今天的樂趣

【八朔相撲祭】

這是傳承自江戶時代的祭典，孩子們會在大國魂神社（東京都）比賽相撲，並藉由這個儀式祈求農作豐收、國泰民安。

【八朔橘】

一八六〇年（萬延元年），因島（廣島縣）寺院的僧侶在寺裡發現了柑橘類植物八朔橘的果樹。據說「八朔」這個名字，是因為寺院住持誤以為「這種果子應該從八朔開始可以吃」而取的。因此漢字雖然寫成「八朔」，實際的產季卻是在三月左右。

【花街謝恩】

在八朔這天，京都花街的舞伎與藝伎們會換上黑紋和服，一一拜訪平日照顧她們的恩師及茶屋老闆以表達感謝之情。

【八月的別稱】

「葉月」原本是農曆八月的舊稱，後來演變為新曆八月的別稱。它的由來並不是八月枝葉繁茂，而是源自樹木開始凋零的「葉落月」。此外，也有人認為八月是稻穀飽滿的季節，由於飽滿（はる）與葉子（はる）諧音，就演變成「葉月」了。

8月 葉月

2日

距離元旦經過…………213日

距離除夕尚有…………151日

［二十四節氣］
大暑

［七十二候］末候
大雨時行

睡魔

從今天開始，青森縣各地都會舉辦「睡魔祭」。睡魔祭最大的看頭就是豪華繽紛的大花燈了。燈內的光芒將武士圖與美人畫映照得栩栩如生，場面震撼、令人嘆為觀止。

睡魔祭是由七夕驅除惡靈的儀式「燈籠流」，以及趕跑睡意、避免妨礙夏天務農的「眠流」結合而成的慶典。青森縣內超過二十個地方都會舉辦睡魔祭，以珍惜北方短暫的夏天。「青森睡魔祭」的舞者「跳人」會一邊手舞足蹈，一邊喊著驅魔口號「啦瑟啦」（ラッセーラー）；「弘前睡魔祭」則是拖著扇形的大燈籠遊行。這兩種是最具代表性的睡魔祭。

●今天的樂趣

【大雨時行】
在七十二候上，夏天也來到尾聲了。此時正是午後雷陣雨最猛烈的季節。

【睡魔】
睡魔祭的「睡魔」有「ねぶた」與「ねぷた」兩種讀音，兩者都是從「睡意」（眠た）訛傳而來的。青森睡魔祭將從今天起舉辦到八月七日，弘前睡魔祭則是從八月一日舉辦至八月七日。

【香草日】
「香草日」來自（ハーブの日）八月（ハー）二（ブ）日的諧音。

8月　葉月

3日

距離元旦經過	214日
距離除夕尚有	150日

［二十四節氣］
大暑

［七十二候］末候
大雨時行

滋潤喉嚨的蜂蜜

冷氣吹太久，覺得喉嚨有點刺痛時，我家就會拿出蜂蜜。把切丁的白蘿蔔放進保鮮盒裡，嘩啦嘩啦地倒入蜂蜜，稍等一會兒後白蘿蔔就會出水，滋潤喉嚨的特效藥便完成了。這是一種結合了蜂蜜殺菌作用與白蘿蔔消炎功效的喉嚨痛民俗療法，別名「蘿蔔蜜」。可以直接含在嘴裡，也可以沖熱水飲用，等蘿蔔蜜一點一滴地滋潤喉嚨，乾乾癢癢的感覺就會在不知不覺間消失。

●今天的樂趣

【蜂蜜日】

「蜂蜜日」（ハチミツの日）源自八（ハチ）月三（ミツ）日的諧音。蜂蜜自古以來就以殺菌聞名，連古埃及人製作木乃伊都曾使用蜂蜜。日本人在燙傷、被蚊蟲叮咬的時候，也會把蜂蜜當成藥物塗抹，以緩和症狀。

【海灘鞋之日】

海灘鞋發祥自日本。二次大戰以後，許多外國人希望能穿到「橡膠製的草履」，於是海灘鞋便應運而生了。由於Beach的B形狀像8，三（サン）又與涼鞋（サンダル）諧音，今天就成為「海灘鞋之日」了。

8月 葉月

4日

距離元旦經過…………215 日

距離除夕尚有…………149 日

［二十四節氣］
大暑

［七十二候］末侯
大雨時行

換筷子

仔細觀察每天吃飯的筷子，會發現不是塗漆已經剝落，就是筷尖受損，比想像中的還要傷痕累累。若你心想「是不是該換一把新的」，卻又因為「但還可以用……」而猶豫不決，不妨就趁著「筷子日」的今天，換一雙新的吧。這種天天使用的物品一換成新的，不但會讓人充滿幹勁，心情也會跟著煥然一新唷。

雖然現在有些筷子的材質能進洗碗機，但還是靠手洗較能常保如新。

● 今天的樂趣

【筷子日】

「筷子日」（はしの日）源自八（は）月四（し）日的諧音。在這天，日枝神社（東京都）將會舉行「箸感謝祭」，福壽院（神奈川縣）及箸藏寺（德島縣）則會舉辦「箸供養」，焚燒全國各地信徒捐贈的筷子。在家裡要扔掉筷子時，別忘了也要對它們抱持「感恩的心」喔。

【啤酒館之日】

一八九九年（明治三十二年）的今天，日本最早的啤酒館「惠比壽啤酒館」在東京銀座開幕了。據說當時工廠直銷的生啤酒大受民眾喜愛，平均一天光顧的客人超過八百名，生意非常興隆。

◆ 季節的樂趣

【藍莓】

以前大家對藍莓的印象大多是做成果醬，但藍莓含有豐富的花青素，能抗氧化、舒緩眼睛疲勞，因此現在市面上也常能買到新鮮的藍莓。藍莓果皮上的白粉稱為「果粉」，是果實分泌出來抵禦下雨或乾燥的保護罩，吃下去不會有問題。果粉愈多的藍莓代表愈新鮮。

8月　葉月

5日

距離元旦經過…………216日

距離除夕尚有…………148日

［二十四節氣］
大暑

［七十二候］末候
大雨時行

涼拌豆腐

涼拌豆腐（冷奴）口感冰涼滑順，是夏季餐桌上不可或缺的一道佳餚，不但簡單、便宜，更換佐料和調味料還能輕鬆變出新口味。打從江戶時代中期、豆腐變成平民美食開始，涼拌豆腐便一直常伴在人們左右。

我家涼拌豆腐的佐料是「蔬菜漬」（だし），這是山形的鄉土料理，作法是將小黃瓜、茄子、茗荷等夏季蔬菜加上納豆昆布一同醃漬。長野的「蔬菜黑白切」（やたら）與「蔬菜漬」類似，同樣也是涼拌豆腐常見的佐料。此外，新潟的涼拌豆腐會加「寒作里辣椒醬」，大分的涼拌豆腐則是加「柚子胡椒」等在地調味料，至於沖繩則一定會加鹹鹹的「醃小魚」（スクガラス）這種塩辛。正因為涼拌豆腐是一道單純美味的小菜，各地才會出現這麼多深植人心的獨特口味吧。

●今天的樂趣

【豆腐日】

涼拌豆腐在日文稱為「冷奴」，而「奴」（やっこ）與八（やっ）月五（こ）日諧音，因此今天就是豆腐日，非常適合來盤美味的涼拌豆腐。「冷奴」的「奴」源自江戶時代的家僕，據說是因為家僕所穿的半纏染有四方形花紋，跟切成塊狀的豆腐非常相似，因此豆腐就稱為「奴」了，就連湯豆腐都有「湯奴」的別稱。

【計程車之日】

一九一二年（大正元年）的今天，是日本第一間計程車公司開始營業的日子。

8月　葉月

6日

距離元旦經過…………217日

距離除夕尚有…………147日

［二十四節氣］

大暑

［七十二候］末候

大雨時行

東北夏日祭典

日本東北令人熱血沸騰的夏日祭典終於開始了。此時青森縣正在舉辦睡魔祭（P249），秋田縣也在舉行「秋田竿燈祭」慶祝五穀豐收。秋田竿燈祭與睡魔祭同樣起源於驅除夏季惡靈與睡魔的「眠流」，持燈手將舉起如稻穗的竿燈，以絕妙的平衡感與高超神技，讓竿燈在額頭、肩膀、腰部之間來回擺盪。

鏡頭轉到山形縣，今天「山形花笠祭」也來到第二天了。舞者們將隨著熱情洋溢的「花笠音頭」音樂，揮舞花笠展露整齊畫一的群舞，為觀眾帶來精采的表演。

●今天的樂趣

【秋田竿燈祭】

「秋天竿燈祭」於每年八月三日至六日在秋田市舉辦。「竿燈」指的是垂掛大量燈籠的長竹竿。

【山形花笠祭】

「山形花笠祭」於每年八月五日至七日這三天，在山形市內舉行。隨著花笠音頭手舞足蹈的「花笠祭」將在縣內各地陸續舉辦。

【廣島忌】

（廣島原爆紀念日）

一九四五年（昭和二十年）的今天，是廣島縣遭原子彈轟炸的日子，死傷不計其數。

8月　葉月

7日

距離元旦經過…………218日

距離除夕尚有…………146日

［二十四節氣］

大暑

［七十二候］末侯

大雨時行

月遲七夕

距離七月七日已經過了一個月，今天是「月遲七夕」的日子，因此各地都會舉行七夕祭典，最有名的就是以數千支風幡將杜都（仙台）點綴得夢幻繽紛的「仙台七夕祭」（宮城縣）了。「月遲」就是推遲一個月，這是為了彌補農曆與新曆在季節上的落差，以及解決農曆日期會變動等不便因素而誕生的傳統。

只要今晚天氣晴朗，七月受到梅雨季影響而鮮少露面的銀河，便會從南方夜空流向天頂。隔著銀河相望的天鷹座牛郎星、天琴座織女星，以及天鵝座天津四所組成的「夏季大三角」，也會在天上閃爍璀璨的光芒。

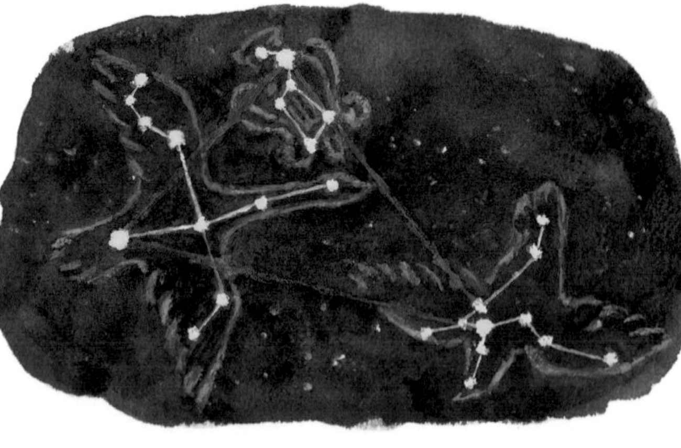

●今天的樂趣

【七夕儀式】

每年八月六日至八日所舉辦的「仙台七夕祭」，與「青森睡魔祭」、「秋田竿燈祭」合稱東北三大祭典。除此之外，「帶廣廣小路七夕祭」（北海道）、「山口七夕燈籠祭」（山口縣）也會在此時舉辦。

【花屋敷之日】

這個日子來自「花」（はな）與八（は）月七（な）日的諧音。「花屋敷」是日本最古老的遊樂園，於一八五三年（嘉永六年）在淺草開幕。

8月　葉月

8日

距離元旦經過…………219日
距離除夕尚有…………145日

［二十四節氣］
立秋

［七十二候］初侯
涼風至

立秋

終於迎來二十四節氣之一的「立秋」了。顧名思義，從今天開始直到「立冬」（P359）之前，在曆法上都屬於秋天。儘管天氣依然熱昏頭，但季節問候卻已經從「暑期問候」轉為「殘暑問候」了。趁著處暑（P271）之前，寄張殘暑問候關心親朋好友吧。

季節轉換、交錯的時刻，在日本稱為「行合」，夏轉秋之際的天空則稱為「行合之空」。透過雲朵的形狀、天空的色澤、吹拂的涼風來捕捉秋意，就好像在玩尋寶遊戲一樣。今年第一個令人感覺到「秋天來了！」的瞬間會是什麼時候呢？真令人期待呀。

●今天的樂趣

【涼風至】

「立秋初候」的主角是捎來陣陣秋意的「涼風」，傍晚吹拂的涼風的確會讓人感受到季節正在轉換。

【算盤日】

「喀啦喀啦」（ぱちぱち）撥算珠的聲音，與「八八」（ぱちぱち）諧音，因此今天是「算盤日」。算盤從室町時代末期自中國傳入，除了能提升孩童的心算能力，近年來也有研究發現，算盤對於訓練成年人動腦同樣很有幫助。

◆季節的樂趣

【岩牡蠣】

岩牡蠣擁有碩大的殼，因為產季在夏天，又稱「夏牡蠣」。牡蠣含有豐富的鐵質與牛磺酸，別名「海中牛奶」，吃了可以補充精力、改善夏季倦怠。夏牡蠣比產季在冬天的長牡蠣大顆，肉質光滑飽滿，滑溜溜的生吃是一大享受。

8月 葉月

9日

距離元旦經過…………220日

距離除夕尚有…………144日

［二十四節氣］

立秋

［七十二候］初候

涼風至

夏季甲子園

今年夏天也舉辦了甲子園棒球賽。棒球少年們紛紛登上兵庫縣西宮市的阪神甲子園舞台，展開熱血激烈的比賽。

甲子園賽季一旦開始，就會激起日本人的「愛鄉之情」。不少人在賽季時，家鄉代表隊的比賽一場也不放過，若代表隊打贏了，就會整天樂不可支，即使打輸了也會熱情鼓掌，替選手們的精采奮戰喝采。即使離鄉背井生活，只要甲子園賽季一開始，就會覺得與家鄉的距離拉近了一點……各代表校的社區在此時也會熱鬧滾滾，全日本都將沉浸在高中棒球中好一段時間。

●今天的樂趣

【棒球日】

「棒球日」（やきゅうの日）來自八（や）月九（きゅう）日的諧音。夏季甲子園的正式名稱為「日本全國高中棒球錦標賽」，自一九一五年（大正四年）舉辦以來，雖然曾因為米荒及戰爭停擺，但如今也舉辦超過一百屆了。

【長崎忌】

一九四五年（昭和二十年）八月九日，美軍在長崎市投下了原子彈。在長崎市，今天也是祈禱世界和平的「長崎和平之日」。

8月 葉月

10日

距離元旦經過…………221日

距離除夕尚有…………143日

［二十四節氣］立秋

［七十二候］初候 涼風至

與「未知」邂逅的「休息站」

在路上碰到「休息站」，總會忍不住想繞過去瞧瞧，尋找產地直銷的新鮮蔬菜或在地美食。畢竟初來乍到總會特別興奮，說不定能因此找到什麼好吃的東西。

設在公路上的休息站，是一種附屬於高速公路休息區或停車場的商業設施。旅客可以在這裡休息、閱讀觀光資訊，還能品嚐當地特產及鄉土料理。自一九九三年（平成五年）在國土交通省的主導下，如今全日本已有超過一千一百處休息站。別具特色的休息站也陸續開幕，有的可以泡溫泉和足浴，有的可以親子同樂、讓小孩在大型遊樂設施盡情玩耍，有的則和旅館、露營區合併，甚至有的已經變成觀光景點了。規畫休息站環遊之旅也挺有意思的呢。

●今天的樂趣

【道之日】

一九二〇年（大正九年）的今天，日本政府展開了道路整備計畫，因此今天便訂為「道之日」了。

【夜來祭之日】

「夜來祭」（よさこい祭り）是日本全國各地都會舉辦的慶典，發祥地為高知縣。第一屆夜來祭於一九五四年（昭和二十九）年的今天舉辦，現在則大多於八月九日至十二日之間舉行。

【烤雞肉串日】

八月十日與「烤雞肉串」（やきとり）諧音，所以今天是「烤雞肉串日」。

8月 葉月

11日

距離元旦經過…………222日
距離除夕尚有…………142日

［二十四節氣］
立秋

［七十二候］初候
涼風至

線香花火的一生

線香花火是日本特有的手持煙火，自從江戶時代寬文年間（一六六一年至一六七三年）以後，這種讓女性、小孩也能安全遊玩的商品便出現在市面上，成為日本人熟悉的煙火。

線香花火最吸引人的地方，大概就在於不斷變化的火花吧。其實從點火到燒完，每個階段都有不同的名字。引燃後從火球冒出小火花，稱為「牡丹」；火花變大、四處噴濺，稱為「松葉」；火花逐漸縮小、火球變大，稱為「楊柳」；亮光與火花像用盡最後的力氣一樣瞬間變強，稱為「凋菊」。

雖然煙火師手工搓成的線香煙火價格略顯昂貴，但要欣賞線香煙火燦爛的一生，還是選手工製的比較好，因為它能綻放出更美麗、細緻且持久的火花。

●今天的樂趣

【線香花火之夜】
這是幫助日本從三一一東日本大地震中復興，並為亡者祈禱而點亮線香花火的活動。不論地點，只要在今晚引燃線香花火，任何人都能共襄盛舉。

【山之日】
這是從二〇一六年（平成二十八年）開始實施的國定假日，是親近與感謝山林的日子。

【麵之日】
並排的一看起來彷彿麵條，因此每月十一日就是「麵之日」。素麵、中華涼麵、烏龍麵、冷拉麵……炎炎夏日還是吃麵最開胃。

8月 葉月

12日

距離元旦經過……223日

距離除夕尚有……141日

［二十四節氣］

立秋

［七十二候］初候

涼風至

阿波舞

從今天開始，德島縣德島市就會舉辦「阿波舞」祭典。正如同阿波舞的囃子歌詞「跳舞的是呆子，看的人也是呆子，都是呆子，不如一起跳舞吧」一樣，阿波舞的樂趣就在於鮮明的節奏。看舞者配合活潑的兩拍子伴奏，跳著輕快的舞步，我們的身體也會忍不住跟著動起來，變得愉快又充滿活力。

相傳阿波舞是大約四百年前，百姓為了慶祝德島城修築完畢而跳的舞蹈。時至今日，阿波舞已經成為夏日的一大慶典，每年都會有十萬名舞者與超過百萬名觀眾熱情參與。

●今天的樂趣

【阿波舞】

「阿波舞」祭典於每年八月十二日至十五日舉行。此時全國各地都會舉辦「阿波舞」活動，除了德島縣內的舞者外，也有來自全日本的舞者共襄盛舉。不論對觀眾或舞者而言，德島都是阿波舞的聖地。

【橫渡太平洋紀念日】

一九六二年（昭和三十七年），日本航海家堀江謙一靠著自己成功橫渡太平洋，抵達終點舊金山。

◆季節的樂趣

【紫薇】

現在正是紫薇（百日紅）開得最美的時候。紫薇的花穗由許多小花結成，一叢又一叢花團錦簇的模樣，繽紛又惹人憐愛。由於紫薇樹非常光滑，連猴子都爬不上去，故又有「猿滑樹」的別名。

8月　葉月

13日

距離元旦經過…………224日

距離除夕尚有…………140日

［二十四節氣］
立秋

［七十二候］次侯
寒蟬鳴

入盆

今天是迎接祖先靈魂返家的盂蘭盆節首日，稱為入盆。不止祖先，活在人世間的我們也會千里迢迢返鄉，趁假期與家人、親戚團聚。播報盂蘭盆節返鄉車潮的新聞標語「新幹線乘車率超過百分之一百八十」、「高速公路堵塞三十公里」，是這個時期耳熟能詳的句子。

盂蘭盆節是日本特有的節日，由傳自中國、祭拜父母的法會盂蘭盆會（P229），與日本自古敬畏、感謝先靈的祖靈信仰結合而成。在以前，只有貴族、武士等位高權重的人才會過盂蘭盆節，到了江戶時代則普及至民間並傳承到現代。

如今每到盂蘭盆節，人們就會在佛壇前或房間角落設置「盆棚」（精靈棚）。盆棚是迎接祖先並供奉祭品的地方，供品依地區而異，不過通常都會鋪好用茭白筍葉編成的墊子，擺上當季的蔬果、飯菜、點心、花盆等等，以及供祖先騎

●今天的樂趣

【寒蟬鳴】

隨著盂蘭盆節的到來，七十二候也進入下一候了。這個季節一到傍晚，寒蟬就會發出「唧唧唧唧」的鳴叫聲。

【盂蘭盆節】

從今天開始為期四天，全國各地都會過盂蘭盆節，不過為了與七月部分地區已舉辦過的盂蘭盆節區隔，

乘的「精靈馬」。將免洗筷或麻桿插在小黃瓜和茄子上，做成馬與牛的形狀，稱為精靈馬。有了精靈馬，祖先就能騎著小黃瓜馬快快回陽間探親，再慢慢騎茄子牛回去另一個世界。此外，盂蘭盆節時家家戶戶也會點燈籠或紙燈，好引導祖先回家。

到了傍晚，便在玄關或門口燃起「迎火」，焚燒麻桿、松木、稻草等物迎接祖先的靈魂。我家還會反覆跨過灰燼，喊著「迎祖、迎祖」，這是婆婆教我的習俗。

各地盂蘭盆節的傳統雖然不太一樣，但歸根究底，都是為了緬懷故人、感謝祖先將我們生下來。即使不想遵從繁文縟節，至少也該雙手合十，感念一下列祖列宗。

這個月的盂蘭盆節又稱為「月遲盂蘭盆」。

【函館夜景日】

「函館夜景日」是為了宣傳函館美麗的夜景而制訂的日子，來自「夜景」（やけい）與八（や）月十三（けい，撲克牌K）日的諧音。

◆季節的樂趣

【水蜜桃】

這個季節上市的水蜜桃不但香甜可口、飽滿多汁，果實也很大顆，吃起來頗有飽足感。與蒂頭遙遙相望的「尾端」是甜度最高的部位。

8月　葉月

14日

距離元旦經過…………225日
距離除夕尚有…………139日

［二十四節氣］
立秋

［七十二候］次候
寒蟬鳴

與祖先同樂

「盆舞」是慰勞並恭送盂蘭盆節返家先靈的習俗，由鎌倉時代除厄及弔唁亡魂的念佛舞，以及祭祀祖先的盂蘭盆傳統結合而成。日本全國各地都有流傳跳盆舞的習俗，一般來說舞者會伴隨著三味線、太鼓、笛子的樂聲翩翩起舞，不過有的會在公園或寺廟境內圍著築起的高台手舞足蹈，有的則是像阿波舞一樣列隊跳舞。盆舞不但能為人們消災解厄，還能將對祖先的感謝及生活的喜悅分享出去。不論男女老幼或祖先，大家都一起跳舞，一塊兒同樂吧。

●今天的樂趣

【專賣特許日】

一八八五年（明治十八年）的今天，是日本工藝家堀田瑞松提出的「堀田式防鏽塗料與塗法」獲得第一號專利許可的日子。

【郡上舞】

岐阜縣郡上市八幡町代代相傳的「郡上舞」，是日本第一長的盆舞，將從七月中旬到九月初旬連跳三十三夜的輪舞。八月十三日到十六日，還會跳「徹夜舞」，身著浴衣的人們將連夜「舞」力全開。

◆季節的樂趣

【金梭魚】

日本金梭魚別名「青魳」，產季在夏天，特徵是脂肪少、滋味清爽，適合鹽烤或曬成魚乾來享用。

【磐城旋轉高台盆舞大會】

這是福島縣磐城市的祭典，於每年八月十三日至十五日舉辦。大批群眾將圍繞著模仿國寶白水阿彌陀堂而搭建的巨大高台一同手舞足蹈。

8月　葉月

15日

距離元旦經過…………226日

距離除夕尚有…………138日

［二十四節氣］
立秋

［七十二候］次候
寒蟬鳴

送火與燈籠流

一般而言，盂蘭盆節會持續到明天，不過也有不少地區或家庭會選在今天傍晚焚燒「送火」恭送祖先的靈魂離開。送火與「迎火」一樣，都是在玄關或門口燃燒麻桿或稻草，祈禱在盂蘭盆節一同生活的祖靈能平安回去。

臨海或沿河地區舉辦的「燈籠流」，也是盂蘭盆節結束的儀式之一。人們會放水燈憑弔故人的靈魂並送祂們離去。黑暗中無數的燈籠漂過，景色如夢似幻。

目送祖先回到另一個世界的同時，我們也差不多得回歸日常生活了。

●今天的樂趣

【燈籠流與精靈流】

今天日本各地都會舉行燈籠流，例如「鴨鴨川燈籠流」（北海道）、「真岡燈籠流」（栃木縣），其中，長崎縣長崎市的「精靈流」還會打造巨大的精靈船，熱熱鬧鬧地送故人的靈魂離去。

【終戰紀念日】

一九四五年（昭和二十年）的今天，是第二次世界大戰結束的日子。因此今天也會舉辦憑弔戰歿者的燈籠流。

8月　葉月

16日

距離元旦經過…………227日
距離除夕尚有…………137日

［二十四節氣］
立秋

［七十二候］次候
寒蟬鳴

京都五山送火

今晚八點開始，京都夜空將映照出日本規模最龐大的送火「京都五山送火」。環繞京都市的五座山會點燃「大」、「妙」、「法」的文字與「船」、「鳥居」的形狀，恭送盂蘭盆節返家的祖先離開。

送火是神聖的淨火，相傳用杯子盛滿水或酒，在送火的映照下一飲而盡，就能健康平安。此外，送火燒完後留下的松木炭，還能當成消災解厄、驅除疾病的護身符。因此從深夜到早晨，許多民眾都會前往五山求取木炭。

●今天的樂趣

【五山送火】

「五山送火」起源眾說紛紜，有人說是平安時代弘法大師開始舉辦的，也有人說是室町時代足利義政為了憑弔孩子而舉行的。光是東山如意嶽焚燒的「大」字形，第一筆就長達八十公尺，第二筆長達一百六十公尺，第三筆則長達一百二十公尺。

【箱根大文字燒】

箱根（神奈川縣）的夜空也將在今晚映照出「大」字的送火。這是模仿京都五山送火所舉辦的儀式，始於一九二一年（大正十年）。

8月 葉月

17日

距離元旦經過…………228日

距離除夕尚有…………136日

［二十四節氣］
立秋

［七十二候］次候
寒蟬鳴

向日葵

向日葵的原產地為北美，在江戶時代經由中國傳入日本。看著向日葵直挺挺的莖開出太陽般燦爛的花朵，就會覺得活力百倍。

「向日葵」字面上的意思是「朝向太陽的葵花」，因此我一直誤以為向日葵會隨時對準太陽，其實並不然。向日葵之所以追著太陽跑，是受到生長激素的影響，只有花苞和花苗階段才會繞著太陽轉，等到完全綻放，就會一直朝向東邊孕育種籽。

●今天的樂趣

【向日葵花海】

在北海道網走郡大空町、山梨縣北杜市明野町、大分縣豐後高田市，目前正是向日葵花海最美的時候。也有許多地方會運用向日葵高大的莖規畫巨型迷宮。

【夜間棒球紀念日】

一九四八年（昭和二十三年），日本舉辦了職業棒球史上第一場夜間比賽。「夜間棒球」是昭和二十年代誕生的和製英語，英語則稱為「夜間比賽」（night game）。

【鳳梨日】

「鳳梨日」（パイナップルの日）來自八（パ）月十七（イナップル）日的諧音。

◆季節的樂趣

【德拉瓦葡萄】

日本的葡萄季即將開始，第一棒「德拉瓦葡萄」最吸引人的地方，就在於可以直接吃，不必費心剝皮也無須吐籽。而且果實雖小，甜度卻很高。

8月　葉月

18日

距離元旦經過…………229 日
距離除夕尚有…………135 日

［二十四節氣］
立秋

［七十二候］末候
蒙霧升降

農田藝術

在插秧時仍很脆弱的秧苗，如今已經成長茁壯，變成綠油油的稻田了，莖桿也差不多開花、結穗，各地的「農田藝術」即將迎來最美麗的季節。

農田藝術發祥於青森縣南津輕郡田舍館村，是一九九三年（平成五年）為了振興村莊而舉辦的藝術活動。農民會透過不同顏色的水稻，在田裡種出圖案或文字。將稻田當作畫布既獨特又壯觀，因此立刻引發熱潮，如今已成為每年吸引二十萬名觀光客的知名景點。全國各地米鄉也紛紛效法農田藝術，令遊客大飽眼福。

●今天的樂趣

【蒙霧升降】
今天就是立秋的末候了。高原及北方地區的秋天來得早，清晨與晚上特別寒冷、容易起霧。

【米食日】
將「米」字拆開，可以分成「八」、「十」、「八」，因此每月十八日就是「米食日」。不過，距離壯觀的農田藝術結穗、變成米粒為止，還要再等一段時間。

【米粉日】
這天也是因為「米」可以拆成「八」、「十」、「八」而制訂的紀念日。「米粉」是用米磨成的粉末製作的小吃。

8月 葉月

19日

距離元旦經過…………230 日
距離除夕尚有…………134 日

［二十四節氣］
立秋

［七十二候］末候
蒙霧升降

世上最短的詩

俳句以五、七、五的十七個音節組成，是世界上最短的詩。透過吟詠「季語」表現季節感，大概也是俳句的特色之一吧。季語是對季節預兆觀察敏銳的前人流傳下來的寶物，不論是寫入信箋或打進電子郵件，都會為文章增色不少。若想更親近、熟悉四季的輪廓，不妨翻閱蒐集季語的《歲時記》，每次都會有新的發現喔。

今天因為八（は）月十九（いく）日與俳句（はいく）諧音，因此是「俳句之日」。其實不必把俳句想得太困難，先吟個一兩句就對了。和家人、朋友互相分享俳句可是很有趣的。

●今天的樂趣

【俳句之日】

在正岡子規、高濱虛子等偉大俳人的故鄉「俳都」愛媛縣松山市，每年俳句之日將近，都會舉行「俳句甲子園」（日本全國高中俳句錦標賽）。從地區預賽突破重圍的高中生們，將會在俳句甲子園中互相切磋俳句的創作力與賞析力。

【機車日】

這也是從諧音制訂的日子，因為八（ハ）月十九（イク）日與機車（バイク）諧音。在這天，各地都會舉辦推廣機車騎乘樂趣及宣導交通安全的講習會。

◆季節的樂趣

【毛豆】

毛豆（枝豆）是用尚未完全成熟的黃豆連同豆莢汆燙而成的，帶「枝」的比較新鮮，甜度也更高，但放一會兒滋味就會下滑，所以買來就要趕緊用鹽水煮過。毛豆富含能解酒、保護肝臟的皂素和蛋氨酸，從這個層面來看，夏季經典的「啤酒配毛豆」吃法還真是有幾分道理。從曆法來看，現在已經是秋天，屬於毛豆的產季，因此「枝豆」是秋天的季語。

8月 葉月

20日

距離元旦經過…………231日
距離除夕尚有…………133日

［二十四節氣］
立秋

［七十二候］末候
蒙霧升降

颱風的名字

八月到九月是颱風季，此時北太平洋上空會形成許多颱風雛形（熱帶性低氣壓），一邊成長一邊接近日本。日本的颱風就像「颱風十七號」一樣，會依照每年一月一日以後形成的順序編號命名，但在國際上則是幫颱風另起名字。颱風的名字由十四個國家聯合主持的「颱風委員會」決定，每個國家各提出十個名字，再按照這一百四十個名字的列表依序命名。命名表的第一個名字「達維」由柬埔寨提供，意思是「大象」。

日本提供的是「天秤」、「魔羯」、「天兔」、「北冕」等星座名。古時候出海最容易受到颱風影響，為了辨別方位，船夫都很熟悉星座，因此日本便以星座為颱風命名。此外，颱風的名稱還必須滿足以下條件：除了轉換成其他國家的語言後不能帶有不雅含意，發音也要朗朗上口才行。

●今天的樂趣

【歐瓦拉風盆前夜祭】
跳舞祈求颱風平息的「歐瓦拉風盆祭」的前夜祭，將從今天開始舉辦到八月三十日。曲調帶有一縷惆悵的〈瓦拉節〉，將在富山縣富山市八尾町迴響不絕。

【世界蚊子日】
一八九七年（明治三十年）的今天，英國醫師羅納德・羅斯發現瘧疾由蚊子傳染。今天世界各地都會舉辦活動，宣導蚊子會散播哪些傳染病。

【交通號誌設置紀念日】
一九三一年（昭和六年）的今天，是日本裝設第一支紅綠燈交通號誌的日子。

8月 葉月

21日

距離元旦經過…………232日

距離除夕尚有…………132日

［二十四節氣］
立秋

［七十二候］末侯
蒙霧升降

漬物與香物

「漬物」是日本傳統的小菜，作法是用鹽、醬油、糠將蔬菜或水果醃漬起來。在各個地方、各個季節，日本人的生活都離不開漬物，例如春天的山藥、夏天的梅子、秋天的根菜、冬天的葉菜等等。

漬物有一個正式的別名叫做「香物」。這個名字誕生自室町時代，由來是當時的貴族在「聞香」（品評香木的氣味）導致嗅覺疲勞時，會聞一下鹽漬白蘿蔔恢復嗅覺。也就是在鼻子聞過伽羅、白檀等高級香木而變得過度敏感時，靠漬物將氣味掃乾淨。漬物樸實的香味令人覺得安心，難怪會有「香物」這樣的別名。

●今天的樂趣

【香物祭】

「香物祭」將在今天於萱津神社（愛知縣海部市）舉行，這裡所供奉的漬物之神，是全日本唯一的漬物業守護神。在一般參拜者也能參加的「漬神事」結束之後，神職人員就會將傳說中治百病的萬靈丹香物發放給信徒。

【捐血日】

一九六四年（昭和三十九年）的今天，內閣會議決定推行愛心捐血活動以儲備輸血用的血液，這就是「捐血日」的由來。在當時，血漿原本都是透過民間血液銀行來買賣的。

8月　葉月

22日

距離元旦經過…………233日

距離除夕尚有…………131日

［二十四節氣］
立秋

［七十二候］末候
蒙霧升降

夏草莓

草莓一般只在十二月到五月之間上市，除此之外的季節很難看到草莓的蹤影，可是蛋糕店的櫃子裡卻一年四季都有草莓蛋糕。

其實那些蛋糕使用的是一種夏天採收的草莓，名叫「夏草莓」。夏草莓是很名貴的品種，種植在北海道、東北地區、長野縣等海拔較高的涼爽地帶，一般來說並不會在超市或蔬果店販賣。夏草莓果肉紮實、滋味酸甜清爽，非常適合做成甜點。用夏草莓點綴的草莓蛋糕，可是這個季節才吃得到的點心唷。

●今天的樂趣

【草莓蛋糕】

月曆通常是以星期一（或星期日）為每週的第一天，然後每七天排成一列，因此每月的二十二日正上方都是十五日。十五（イチゴ）與草莓（イチゴ）諧音，所以就變成了「草莓在二十二日上面」，這就是每月二十二日是「草莓蛋糕日」的由來。

【鏘鏘電車日】

一九〇三年（明治三十六）的今天，是東京第一輛鏘鏘電車（路面電車）開始行駛的日子。不過日本最早的鏘鏘電車其實出現在京都，通車日為一八九五年（明治二十八年）的二月一日。「鏘鏘電車」這個可愛的綽號，來自出發時「鏘——鏘——」的警報聲。

【藤村忌】

今天是活躍於明治到昭和年間的詩人暨小說家——島崎藤村的忌日，代表作有《破戒》、《若菜集》、《新生》等等。藤村所長眠的地福寺（神奈川縣中郡大磯町）將在今天舉辦法會。

8月 葉月

23日

距離元旦經過…………234 日

距離除夕尚有…………130 日

［二十四節氣］

處暑

［七十二候］初侯

綿柎開

處暑

二十四節氣之一的「處暑」，具有「暑氣消退」的含意。儘管白天依舊炎熱，但早晚都會吹起涼風，預告夏天即將邁入尾聲。與夏至（P202）相比，此時日落時間提早了四十分鐘左右，因此會有種「白天縮短了」的感覺。

各地在此時會舉辦煙火大會，熱鬧非凡。水族館、游泳池、啤酒園也盛況空前，彷彿大家都很捨不得夏天離開。要去哪裡創造夏日最後的回憶呢？光是計畫就令人覺得好興奮啊。

●今天的樂趣

【綿柎開】

此時七月下旬盛開的棉花已經凋零，花萼裂開，從裡頭冒出毛茸茸的棉絮。

【江迎千燈籠祭】

長崎縣佐世保市將在今明兩天舉辦「江迎千燈籠祭」。除了有超過三千顆燈籠裝飾而成的二十五公尺燈籠塔、傍晚時分點亮大街小巷的近萬顆燈籠，還會有華麗壯觀的煙火秀，聲光交織的美景滿溢奇幻氛圍。

8月 葉月

24日

距離元旦經過…………235 日

距離除夕尚有…………129 日

［二十四節氣］

處暑

［七十二候］初候

綿柎開

地藏盆

每月二十四日是地藏菩薩的緣日，今天則是和盂蘭盆節合而為一的「地藏盆」。在這個特別的日子，人們會為地藏菩薩打扮一番，並且獻上供品。

在京都，各個町內會都會舉辦地藏盆，由地藏菩薩與小孩擔任主角。大家會膜拜戴上新圍兜的地藏菩薩，圍坐成一圈透過「數珠回」儀式轉動巨大念珠，或者玩遊戲、抽彩券等等。大人也會加入，與地藏菩薩度同樂，祈求當地繁榮、孩子健康平安長大。地藏菩薩是非常慈悲的佛，立誓救渡一切有情眾生。今天若看到地藏菩薩，就雙手合十膜拜一下吧。

●今天的樂趣

【地藏盆】

「地藏盆」儀式主要於近畿一帶舉辦，有些地區也會選擇在鄰近八月二十四日的週末舉行。

【牙刷日】

八（は）月二十四（ヴラシ）日與「牙刷」（歯ブラシ）諧音，因此今天是「牙刷日」。

【淋醬日】

吃沙拉不可或缺的淋醬，是一種加在蔬菜上的調味料。由於「八、三、一相乘」（やさいにかける，音同「淋在蔬菜上」）等於「二十四」，再加上一週後的八月三十一日是「蔬菜日」，因此「淋醬日」便訂定在這個月了。

8月 葉月

25日

距離元旦經過	236日
距離除夕尚有	128日

［二十四節氣］
處暑

［七十二候］初侯
綿柎開

這是什麼蟲子的叫聲？

此時白天依然蟬聲大噪，但日落後仔細聆聽，就會發現秋天的蟲子已經開起音樂會了。夏天的蟬叫已逐漸轉為秋天的蟋蟀與鈴蟲聲，充滿氣氛的蟲鳴，主角也隨著季節遞嬗而交棒了。

在日本童謠〈蟲鳴〉（虫の声）中，一共出現了五種蟲子的叫聲，還記得是哪五種嗎？答案是「唧鈴唧鈴」的雲班金蟋、「鈴鈴鈴鈴」的鈴蟲、「吱唧吱唧」的蟋蟀、「軋織軋織」的紡織娘，最後是「吱吱吱吱」的棘腳蜇。不曉得今晚會聽到哪種蟲子的叫聲呢？

【泡麵紀念日】

一九五八年（昭和三十三年）的今天，是全世界第一包泡麵上市的日子。如今，泡麵已經成為全球性的食品了。

◆季節的樂趣

【女郎花】

在日照充足的山裡，經常可以看見秋天七草之一的女郎花，細長挺立的莖頂開著一簇簇小花，比美女更惹人憐愛（おみなへし），據說這就是「女郎花」（オミナエシ）名稱的由來。

●今天的樂趣

【向島百花園「聆蟲」會】

「聆蟲」（虫きき）是平安時代開始舉行的一種風雅習俗，人們會在山野或庭院裡聆聽秋蟲鳴唱，感受秋意。東京都的向島百花園每年八月底都會舉辦「聆蟲會」。遊客可以在此一邊欣賞被紙燈、燈籠點亮的庭院，一邊沉醉在蟲鳴聲裡。

8月　葉月

26日

距離元旦經過…………237日

距離除夕尚有…………127日

［二十四節氣］

處暑

［七十二候］初候

綿柎開

封山

富士山是一座反覆爆發、噴火的靈峰，因此封山儀式也是透過火祭劃下句點，這個儀式就是堪稱日本三大奇景之一的「吉田火祭」。八十根高達三公尺、粗九十公分的巨大火炬將陸續引燃，把夜晚的山梨縣富士吉田市照得火光衝天。在以前，只要過完這個祭典，富士山便會封山，禁止進入。

祭典中的火炬起源於富士山之神——木花咲耶姫在火焰中分娩的神話。人們會對著熊熊燃燒的火炬祈禱富士山不要噴發，並且感謝富士山賜予恩惠以及保佑登山客平安。

【富士山封山】

以前富士山會透過吉田火祭來封山，不過現在已經改成九月十日才封山了。今年的富士登山季還有幾天才結束。

【彩虹橋開通紀念日】

一九九三年的今天，連接東京都港區芝浦區與台場區的吊橋「彩虹橋」正式開通。彩虹橋距離海面高約五十二公尺，吊橋部分則長達七百九十八公尺，名稱是透過公開徵稿決定的。橋上其實設有步道，可以走路過橋。

● 今天的樂趣

【吉田火祭】

這是每年八月二十六日至二十七日，在北口本宮富士淺間神社（山梨縣）與境內諏訪神社所舉行的祭神儀式，目的在於祈求富士山不要噴發，故別名「鎮火祭」。巨大火炬燒完後留下的木炭，是避免祝融之災的吉祥物。

8月 葉月

27日

距離元旦經過…………238日
距離除夕尚有…………126日

［二十四節氣］
處暑

［七十二候］初侯
綿柎開

男人真命苦

由渥美清主演的電影【男人真命苦】（男はつらいよ），是金氏世界記錄中「同一演員飾演同一主角的史上最長系列片」。自一九六九年（昭和四十四年）推出第一集後，直到一九九七年（平成九年）包含特別篇在內，一共上映了四十九集。

這部超人氣的國民電影系列，直到今天仍在不斷吸收新粉絲。其中最多的是二十到三十多歲的觀眾，他們大多是透過網路上的影片或BS放送而認識這部作品的。主人翁阿寅自由奔放、重情重義的性格，放到現代的確很新鮮有趣。影迷心目中的聖地——東京都葛飾區柴又的「阿寅紀念館」，今天依舊人山人海、盛況空前。

●今天的樂趣

【男人真命苦之日】

一九六九年（昭和四十四年）的今天，是【男人真命苦】第一集上映的日子。在第一集中，小名阿寅的車寅次郎以葛飾柴又、奈良、京都等地為舞台，上演了一齣充滿人情味的喜劇。

【義式冰淇淋日】

這個日子同樣源自電影紀念日。讓義大利冰品「義式冰淇淋」（gelato）風靡全球的經典電影【羅馬假期】，於一九五三年（昭和二十八年）的今天首度播映，因此今天便是「義式冰淇淋日」了。

8月　葉月

28日

距離元旦經過…………	239 日
距離除夕尚有…………	125 日

［二十四節氣］
處暑

［七十二候］次侯
天地始肅

仰望天空

從今天開始，七十二候就會轉為「天地始肅」。此時夏天的暑氣已逐漸散去，秋意愈來愈濃，天空的能見度也變高，能看見像掃帚痕的卷雲。天氣預報也開始能聽到「秋高氣爽」、「秋雨前線」等詞彙。

而今天正好也是每天為我們播報氣象的預報員的紀念日「氣象預報員日」，因為一九九四年（平成六年）的今天，是日本首度舉辦氣象預報員考試的日子。不妨就趁今天學學解讀天氣的專家，仰一下望天空吧。或許天空的色澤、雲朵的形狀會有令人意想不到的新發現喔。

● 今天的樂趣

【天地始肅】
「肅」有「蕭瑟」的意思。蕭瑟的秋風帶有「肅殺之氣」，會令草木枯萎。從字面來看，還真是教人不寒而慄。

【氣象預報員日】
自第一屆以來，氣象預報員考試每年都會舉辦兩次，不過合格率只有百分之五，門檻非常高。

【民營電視台開播紀念日】
一九五三年（昭和二十八年）的今天，是日本第一間民營電視台「日本電視放送網」開幕並播放節目的日子。

8月 葉月

29日

距離元旦經過⋯⋯⋯⋯240日

距離除夕尚有⋯⋯⋯⋯124日

［二十四節氣］

處暑

［七十二候］次候

天地始肅

吃肉好幸福

把肉大口塞進嘴裡時，心底會湧現出一股「好幸福！」的感覺，尤其是烤得恰到好處的燒肉，配上撲鼻的香味，更是令人置身天堂。這種「好幸福！」的感覺除了來自肉本身的美味，也跟牛肉、豬肉脂肪所含的花生四烯酸有關。花生四烯酸會轉變成別名「幸福物質」的花生四烯乙醇胺，為人們帶來幸福、喜悅的感受。除此之外，肉類也富含構成身體的動物性蛋白質、促進細胞新陳代謝的胺基酸等等。夏天的尾聲容易體虛、疲倦，應此更該吃肉來養足力氣。

●今天的樂趣

【燒肉日】

「燒肉日」（やきにくの日）來自八（やき）月二十九（にく）日的諧音。備受男女老幼喜愛的精力美食「燒肉」，是源自朝鮮半島的一種烤肉料理，於一九五五年（昭和三十年）左右紅遍日本。

【秋田縣紀念日】

一八七一年（明治四年）日本政府推行廢藩置縣，首度使用「秋田縣」這個名稱。將當天的日期換算成新曆，正好是八月二十九日，因此今天就成為「秋田縣紀念日」了。

【凡爾賽玫瑰日】

池田理代子女士創作的經典少女漫畫《凡爾賽玫瑰》，於一九七四年（昭和四十九年）的今天由寶塚歌劇團首度改編成了舞台劇。

◆季節的樂趣

【日本水梨】（幸水梨）

日本市面上流通的水梨，約百分之四十都是幸水梨。幸水梨多汁香甜、口感清脆，表面有點滑滑的就代表可以吃了。幸水梨怕乾，因此最好用報紙或保鮮膜包起來再冷藏。

8月　葉月

30日

距離元旦經過…………241日
距離除夕尚有…………123日

［二十四節氣］
處暑

［七十二候］次候
天地始肅

小小的冒險

今天是「冒險家之日」。因為許多日本冒險家的偉大事蹟，都是在不同年份的今天達成的。一般人的生活與冒險似乎扯不上關係，可是換個角度看，並非只有攸關性命才叫冒險。挑戰跟以往不同的穿搭風格、走平常不會通過的路，這些小小的變化也是生活中的冒險。

不是「前無古人」，而是「前無古我」。第一次踏進的店、第一次點的菜、第一次來的地方……用「第一次」當主題度過一天，也挺有意思的呢。

●今天的樂趣

【冒險家之日】

一九六五年（昭和四十年），同志社大學登山社組成了南美遠征隊，搭乘橡皮艇成功從亞馬遜河源頭往下泛舟約一千三百公里；一九七一年（昭和四十六年），植村直巳成功徒步縱貫日本群島三千公里；一九八九年（平成元年），堀江謙一搭乘小型遊艇，成功單獨往返太平洋。

【富士山氣象站紀念日】

一八九五年（明治二十八年）的今天，是氣象學者野中到在富士山頂設置氣象觀測站的日子。為了發展日本的氣象學，他不惜投入私人財產，還曾經獨自攀上嚴冬的富士山頂記錄天候。

【快樂陽光日】

把「八」唸成「Happy」，「三十」唸成「Sunshine」，就成了「Happy Sunshine Day」了。用太陽般燦爛的笑容，快樂地度過一天吧。

8月 葉月

31日

距離元旦經過…………242日

距離除夕尚有…………122日

［二十四節氣］

處暑

［七十二候］次候

天地始肅

八月盡

八月也迎來最後一天了，人稱「八月盡」。大概是因為八月有許多夏日慶典，還有盂蘭盆節返鄉等大活動，因此八月的最後一天比其他月份更讓人感慨「要結束了」。

許多地區的暑假將在今天邁入尾聲。海水浴場也在今天封海，不少地方的游泳期間只到今天。不過，以前學生時代可能很多人根本沒空沉浸在夏天結束的感傷裡，因為光趕著做暑假作業就忙昏頭了。如今少了惱人的作業，記得要好好跟夏天道別喔。

今天的樂趣

【八月盡】

古人將每月的最後一天稱為「盡日」。「八月盡」也是從這裡衍生的詞，代表八月即將結束。

【蔬菜日】

「蔬菜日」（やさいの日）來自八（や）月三十一（さい）日的諧音。商家所賣的蔬菜也會逐漸轉為以根莖類為主的秋季時蔬。好好把握所剩不長的夏季時蔬產季吧。

9月

長月

ながつき

旺盛的生命力暫告一段落，
農作紛紛開始收成。
秋高氣爽的藍天與和煦的陽光，
也教人心曠神怡。

9月　長月

1日

距離元旦經過…………243日

距離除夕尚有…………121日

［二十四節氣］
處暑

［七十二候］次候
天地始肅

二百十日與防災日

從立春（P48）開始經過兩百一十天的今天，稱為「二百十日」，這是季節轉變的雜節（P420）之一，也是稻穀結穗的關鍵時期。此時稻作容易因颱風或豪雨而歉收，因此自古以來，農民便視這天為凶日，總是嚴陣以待。得知此事的江戶時代曆法學家——澀川春海，便在貞享曆上記下了「二百十日」，提醒民眾嚴加戒備。

如今，日本各地仍會舉行儀式和慶典，祈求二百十日風調雨順、農作豐收。這些祭典有各式各樣的名稱，例如「風鎮祭」、「風祭」、「風日待」、「不通坊」等等。除了新潟縣的彌彥神社將在今天舉辦風神祭，富山縣富山市八尾町也會舉行「歐瓦拉風盆祭」（おわら風の盆），透過優美的舞蹈祭拜風神，祈求農作能順利收成。

二百十日的強風在一九二三年（大正

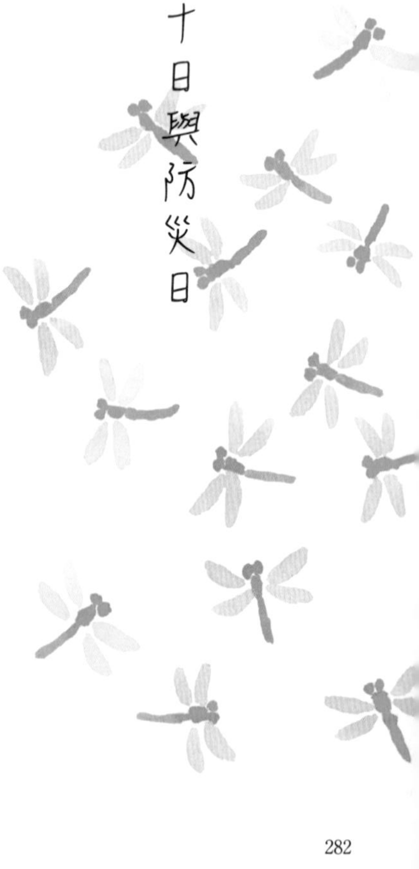

●今天的樂趣

【九月的別名】

九月別名「長月」，語源為夜晚逐漸變長的「夜長月」。其他還有「紅葉月」、「菊月」、「稻刈月」等別稱。

【防災日】

在這天，日本各地都會舉行避難演練，提高國民的防災意識，並檢查防災措施是否完善。

十二年）的今天也肆虐過日本。當時接近中午，相模灣海底地牛翻身，全關東天搖地動。火災因地震而起，並在風勢助長下迅速延燒成火海。這就是史上傷亡最慘重的關東大地震，超過十萬人罹難、失蹤，因火災而過世的人數推測超過九成。

為了不令前人白白犧牲，政府便制訂了「防災日」，讓活在現代的我們能謹記教訓。

各位家裡都有做好防災措施嗎？糧食和飲用水是否都沒過期？也別忘了查看避難場所及災害預測圖喔。畢竟「不怕一萬，只怕萬一」，趁著今天防患於未然吧。

【野分】

「颱風」這個字誕生於明治時代，在那以前，二百十日前後所吹的暴風，稱為「野分」，意思是「將山野草木吹到分開的強風」。「颱風」這個字是由明治時代末期的氣象學者——岡田武松命名的。

【歐瓦拉風盆祭】

「歐瓦拉風盆祭」於每年九月一日至三日舉辦。舞者們將隨著曲調哀淒的「越中歐瓦拉節」優雅地翩翩起舞，祭拜風神。

9月　長月

2日

距離元旦經過	244日
距離除夕尚有	120日

［二十四節氣］
處暑

［七十二候］次候
天地始肅

秋天的牛奶

平常我們喝的牛奶，味道其實會隨著季節改變。因為乳牛怕熱，除了食慾會降低，還會喝很多水，因此夏天的牛奶脂肪含量少，口感比較清爽。

如今暑氣散去，牛隻的食慾也跟著恢復了。牠們會大口大口地吃飼料，囤積脂肪抵禦即將到來的寒冬，因此牛奶的脂肪也跟著增加了，味道變得濃郁香醇。從秋天到冬天，牛奶將會愈來愈香濃可口，但只有標示「成分無調整」的鮮奶才喝得到這種滋味的變化。

●今天的樂趣

【那須鹽原市牛奶日】

這是酪農業興盛的栃木縣那須鹽原市，基於牛奶（ぎゅうにゅう）與九（ぎゅう）月二（にゅう）日的諧音而制訂的日子，目的是透過牛奶提振當地經濟。由聯合國糧食及農業組織設立的「世界牛奶日」則訂在六月一日。

【彩券日】

「彩券日」（宝くじの日）一樣來自九（く）月二（じ）日的諧音。每年這天都會舉行「彩券日抽抽樂」活動，針對過去一年內（去年九月一日至該年八月三十一日）沒抽中的彩券抽獎。

9月 長月

3日

距離元旦經過…………245日
距離除夕尚有…………119日

［二十四節氣］
處暑

［七十二候］末侯
禾乃登

初收

處暑末候「禾乃登」的「禾」，指的是稻子等穀物。「禾」是象形文字，象徵稻穗飽滿、低垂的模樣，但距離悉心種植的稻子收割還要再一陣子，農民還得繃緊神經好些時日。不過，掛上「新米」招牌的米也已經悄悄上市了，那就是主要產於西日本的「早期米」。為了避免遭受風災，早期米從插秧、收割到出貨都比一般米提早了約兩個月。收割時正值炎炎夏日，光是想像那畫面就覺得大汗淋漓了。多虧有農民「汗滴禾下土」，我們才能早一步吃到新鮮的米粒。

●今天的樂趣

【禾乃登】
「禾」除了米以外，也象徵所有的穀類。不止稻米，黍、粟、稗等五穀雜糧也即將迎來收成期。

【軟糖日】
「軟糖日」（グミの日）來自九（グ）月三（ミ）日的諧音。在今天，各大零食商都會推出豐富的促銷活動，向大眾推廣QQ的軟糖。順帶一提，日文的軟糖「グミ」其實是德文「Gummi」的外來語。

【哆啦A夢的生日】
陪伴你我長大的國民卡通人物「哆啦A夢」的生日是二一一二年九月三日。自一九七〇年（昭和四十五年）連載以來，哆啦A夢就一直是孩子們的偶像。

◆季節的樂趣

【醋橘】
醋橘是柚子的近親，特徵是滋味清爽、帶有柔和的酸味。搭配烤魚就會立刻充滿季節感，切成薄片擺在冰鎮過的素麵或烏龍麵上也不錯。表皮光滑、色澤翠綠的醋橘是上等貨。

9月　長月

4日

距離元旦經過…………246日

距離除夕尚有…………118日

［二十四節氣］

處暑

［七十二候］末候

禾乃登

十五夜

自古以來，人們便認為一年之中最皎潔的明月會在農曆八月十五日升起。欣賞這一輪明月並感謝秋天收成，在日本稱為「十五夜」。「月見」、「中秋名月」也是此時耳熟能詳的詞彙。

對於生活在沒有街燈也沒有霓虹燈時代的古人而言，夜晚必需倚靠月光照明，因此月亮的陰晴圓缺是人們極為關心的一件事。這就是為什麼農曆將月的盈虧當成制訂標準，以新月為農曆一日，以滿月為十五日。

日本農曆八月十五日賞月的習俗來自中國。平安時代，這項習俗變成了宮中儀式，許多流傳至今的詩歌、日記、故事，都有描述風雅的賞月宴情景。後來，賞月習俗逐漸傳入武士與百姓之間，與自古以來感謝收成的豐年祭合而為一(註)。說到十五夜不可或缺的供品，那就是芒草、糰子、芋頭與地瓜了。日本人會拿當季盛產的薯類祭拜滿月，因此十五夜

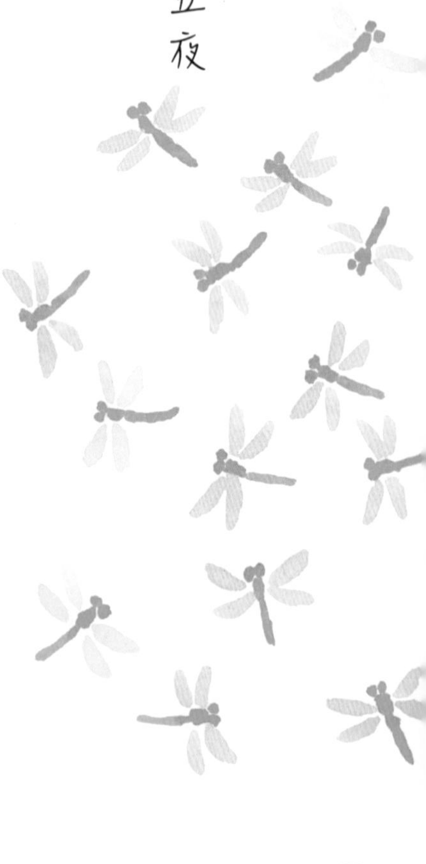

●今天的樂趣

【中秋名月】

「中秋」指的是農曆八月十五日。八月正好在農曆秋天（七月、八月、九月）的正中間，故稱為「中秋」。「仲秋」則是農曆八月的別名。

【片月見】

「十五夜」賞月，與一個月後在農曆九月十三日的「十三夜」賞月，是合

也別稱「芋名月」。

芒草是讓神明降臨的憑依，也是避邪的吉祥物。人們認為將祭拜月亮的芒草掛在屋簷下，就能驅除疾病。如果找不到野生的芒草，也可以到花店或超市的園藝區選購。

糰子象徵對月亮的感謝，造型模仿自圓滾滾的滿月。祭拜的數量說法不一，有人認為「今晚是十五夜，要拜十五顆」，也有人認為「一年有十二個月，要拜十二顆」。其實，只要將數目抓在當晚拜完後，能趁新鮮吃完的量就可以了。

農曆十五夜的日期每年都會改變，一不小心就會忘記。現代人平日很難靜下心賞月，既然如此，不妨就把十五夜當成節慶儀式，好好度過風雅的一晚吧。

㊟日本至今仍有各種賞月活動，例如京都下鴨神社舉辦的「名月管弦祭」就是源自平安時代，讓人邊賞月，邊欣賞舞樂及管絃表演的風雅盛事。

而為一的習俗。若只看了其中一晚的月亮，稱為「片月見」，是不吉利的。

【串燒日與梳子日】

「串燒」（くし）與「梳子」（くし）都與九（く）月四（し）日諧音，因此今天是「串燒日」，也是「梳子日」。

9月 長月

5日

距離元旦經過…………247日
距離除夕尚有…………117日

［二十四節氣］
處暑

［七十二候］末候
禾乃登

國民榮譽獎

國民榮譽獎是授予「廣受國民敬愛，擁有顯著功績，為社會帶來光明希望者」（摘自國民榮譽獎規章）的榮譽，第一位得獎者為刷新全壘打世界記錄的王貞治。自一九七七年（昭和五十二年）九月五日舉行頒獎典禮以來，國民榮譽獎一共頒出了二十六道個人獎項，一道團體獎項（大和撫子）。

獲獎人遍及各行各業，有歌手（美空雲雀、藤山一郎）、演員（渥美清、森光子、森重久彌），也有漫畫家（長谷川町子），不過最多的還是運動員，像是柔道家山下泰裕、田徑選手高橋尚子、摔角手吉田沙保里、滑冰選手羽生結弦。光是看到他們名字，就會想起當時的熱血沸騰呢。

下一位獲獎人又會以什麼樣的成就為我們帶來勇氣呢？真教人拭目期待。

●今天的樂趣

【國民榮譽獎日】

為了紀念王貞治獲獎，「國民榮譽獎日」便制訂於九月五日了。刷新世界記錄的九月三日，則是「全壘打紀念日」。

【煤炭日】

這天是為了提高國民對煤炭的瞭解、認知，讓大家多認識煤炭能源而制訂的日子，日期來自「潔淨煤」（クリーン・コール）與九（ク）月五（コ）日的諧音。

9月 長月

6日

距離元旦經過…………248日

距離除夕尚有…………116日

［二十四節氣］
處暑

［七十二候］末候
禾乃登

摘四葉幸運草

四葉草能帶來幸運的傳說源自歐洲，這種草原本是三片葉子一組，四葉相當罕見，而四片葉子的形狀又類似馬爾他十字，因此歐洲人將四葉草視為幸運與幸福的象徵。後來這個說法流傳到日本，四片葉子便衍生出了「希望、信仰、愛情、幸福」等含意。

我曾經多次挑戰摘幸運草，可惜都沒有找到。查資料後，說是葉子的生長點受傷或營養過剩，較容易變成四葉草，因此據說在常有人出入的地方找，比較容易找到。

●今天的樂趣

【幸運草日】

從今天開始到九月八日的三天都是幸運草日，因為九（ク）月六（ロ）日到八（バ）日與「幸運草」（クローバー）諧音。幸運草是「白車軸草」的別名，於江戶時代傳入日本。在當時，白車軸草是從荷蘭進口玻璃產品時的填充物，日本人收集種籽後將其廣泛種植，「填充草」一名就是由此而來。

【與「黑」有關的日子】

九（く）月六（ろ）日與「黑」（くろ）諧音，因此今天也是各種與黑有關的日子，例如「黑豆日」、「黑醋日」、「黑糖日」、「黑蒜日」等等。

9月　長月

7日

距離元旦經過…………249 日
距離除夕尚有…………115 日

［二十四節氣］
處暑

［七十二候］末候
禾乃登

秋天七草

一如春天七草（P15），秋天也有七草。由來是奈良時代歌人——山上憶良所寫的兩首和歌。

秋の野に　咲きたる花を　指折りかき数ふれば　七種の花

（屈指一數　秋天原野上盛開的花草有七種）

萩の花　尾花葛花　なでしこが花
女郎花　また藤袴　朝貌が花

（萩花、尾花、葛花、撫子花、女郎花、藤袴、朝顏）

歌裡的尾花指的是芒草，朝顏則是桔梗。春天七草靠味蕾品嚐，秋天七草則是透過雙眼欣賞。萩花、芒草、葛花、撫子花、女郎花、藤袴、桔梗……不曉得今年秋天會遇到哪些七草呢？

●今天的樂趣

【秋天七草的記法】
將七草的第一個字連在一起，就成了「你喜歡什麼衣服？」（おすきなふくは？）這樣就記得住了。

【鏡花忌】
今天是明治到昭和年代活躍的小說家——泉鏡花的忌日，其代表作有《高野聖》、《歌行燈》、《婦系圖》等等。

【英治忌】
歷史小說巨匠——吉川英治的忌日也在今天，他的許多作品如《宮本武藏》、《新書太閤記》、《三國志》等等，至今依舊膾炙人口。

9月　長月

8日

距離元旦經過…………250日

距離除夕尚有…………114日

［二十四節氣］

白露

［七十二候］初候

草露白

白露

從今天開始就要進入新的二十四節氣「白露」了。此時露珠會凝結在草木上，於晨曦照耀下閃閃發亮。露珠是由空氣中的水蒸氣遇到冰冷草木凝結而成的，在人們眼中，露珠一直是捎來深秋訊息的大自然使者，許多和歌也有吟詠陽光下晶瑩剔透的露珠，將它比做「玉」（寶石）。露珠在氣溫升高後就會消失，因此人們常用其比喻無常、飄渺，例如「人生如朝露」、「浮雲朝露」等等。

無風無雲的夜晚到清晨最容易出現露珠。趁著早起一面觀察露珠，一面感受秋天的造訪，也很詩情畫意呢。

● 今天的樂趣

【草露白】

掛在草木上的露珠於晨曦下閃爍，遠遠望去一片「白茫茫」，這就是「草露白」的由來。

【牛肉燴飯日】

秋意一濃，就會想吃熱騰騰的燉菜。今天是把牛肉切成薄片，與洋蔥、多蜜醬（Demi-glace sauce）一同燉煮的「牛肉燴飯」發明人——早矢仕有的生日。

◆ 季節的樂趣

【巨峰葡萄　晴王麝香葡萄】

巨峰葡萄人稱「葡萄之王」，果實碩大飽滿，香甜多汁。可以連皮吃下的晴王麝香葡萄在咬下的瞬間會迸出酸味，接著甜味慢慢滲透開來，這種酸甜得恰到好處的滋味，令人欲罷不能。葡萄所含的糖分容易被人體吸收，能迅速補充能量，疲勞的時候吃這個就能恢復精力。

9月 長月

9日

距離元旦經過…………251日

距離除夕尚有…………113日

［二十四節氣］白露

［七十二候］初候 草露白

重陽節

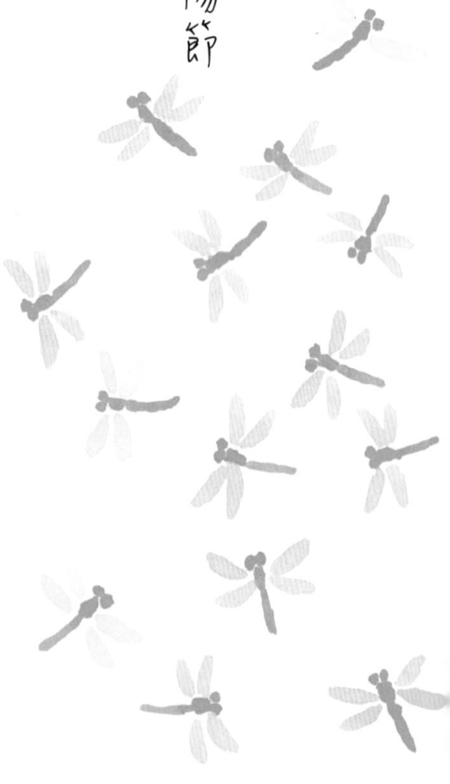

今天是五節（P420）中的「重陽節」。「重陽」有兩個「九」，而「九」在中國古代是相當吉利的數字，又是陽數（奇數）裡最大的數字，因此「重陽」是很吉祥的日子。古代的中國人會把能去除邪氣的茱萸果實放進袋子裡攜帶到山野中，一邊飲用漂有菊花的酒，一邊祝彼此身體健康、長命百歲。因為他們相信菊花是能延年益壽的靈草，便把長壽的願望寄託到菊花上。

這個習俗和菊花是在奈良時代傳入日本的，到了平安時代，「重陽節」變成了宮中固定的儀式，人們也開始飲用漂著菊花的「菊酒」。此外，擦拭淨身用的「被綿」也是在這個時期出現的。「被綿」的作法是在重陽節的前一天晚上，把棉花覆蓋在菊花上，讓棉花沾染菊花的露水與香氣，這麼一來，身心就能吸收到菊花長壽的能量。從這種種習俗來看，菊花在重陽節中扮演了重要的

● 今天的樂趣

【五節】

「五節」是江戶幕府制訂的五個正式節日。

- 人日節（一月七日）
- 上巳節（三月三日）
- 端午節（五月五日）
- 七夕節（七月七日）
- 重陽節（九月九日）

【急救日】

這天是為了讓民眾瞭解急診的重要性所制訂的

角色，因此重陽節又別名「菊花節」。

江戶時代時，幕府把這天訂為國定假日，因此喝菊酒的習俗也傳入了民間。相傳當時不僅會煮栗子飯慶祝，還會舉辦菊花評鑑賽。

若家裡有小孩子或不喝酒的人，也可以把菊花撒入浴缸，泡菊花浴。品嚐食用性的菊花也很有過節氣氛，做成簡單的涼拌料理，就能品味菊花的清香。煮菊花時，只要先在熱水中滴一些醋，便能讓花瓣色澤保持鮮豔。

在農村，重陽節則結合了秋天的豐年祭，農民將這天稱為「おくにち」或「おくんち」，兩者都是從「御九日」（おくにち）衍生而來的。另外，也有一些地區特別重視「三九日」，也就是九月九日、九月十九日、九月二十九日這三個「九日」。例如茨城縣跟埼玉縣就有「在三九日吃茄子，不會生病或感冒」的傳說呢。

日子，源自九九（きゅうきゅう）與「急救」（きゅうきゅう）的諧音。地方政府跟醫院都將在這天舉辦急救措施的講習會。

◆季節的樂趣

【菊花和菓子】

每到這個季節，和菓子店就會擺出菊花造型的和菓子，有些師傅還會重現「被綿」，做出在菊花上蓋棉花的模樣。模仿滿月的最中，以及在餅皮上點綴菊花圖案的「菊最中」，也是此時非常應景的點心喔。

9月　長月

10日

距離元旦經過…………252日

距離除夕尚有…………112日

［二十四節氣］

白露

［七十二候］初候

草露白

終於盼到冷卸酒！

一進到九月，愛喝日本酒的酒癡們便開始蠢蠢欲動，因為這個季節才喝得到的「冷卸酒」（ひやおろし）就要上市了。

新酒在冬天時釀製，初春時釀成，為了不讓新酒的味道變差，一般都會經過加熱處理再儲藏起來。新酒在涼爽的倉庫裡度過一個夏季後會逐漸陳化，到了秋天，味道就會甘醇順口，令人齒頰留香。

利用這種工法釀出的酒，都會再次加熱才製成商品，但冷卸酒的魅力就在於略過加熱，直接裝瓶出貨，讓客人能享用剛出酒窖時的原汁原味。

●今天的樂趣

【冷卸酒】

近年來，「冷卸酒」大多在重陽節當天開封。根據酒窖不同，有些「冷卸酒」也會以「秋上」的名字上市。若想品嚐「冷卸酒」清爽的口感，最好冰鎮過再飲用。若想享受它甘醇的滋味，就稍微加熱後再品嚐吧。

【彩色電視開播紀念日】

一九六〇年（昭和三十五年）的今天，是NHK等電視台正式播送彩色電視訊號的日子。

9月 長月

11日

距離元旦經過…………253日

距離除夕尚有…………111日

［二十四節氣］白露

［七十二候］初侯 草露白

二百二十日與秋雨

今天是立春（P48）之後的第兩百二十天，稱為「二百二十日」。跟二百十日（P282）一樣，日本人自古就對這天充滿戒備，認為這是容易受颱風侵襲的凶日。接下來就會進入帶來連綿長雨的秋雨前線了，記得嚴防大雨。一般人聽到長雨都會想到六七月的梅雨季，其實也有不少地區的降雨量集中在九月。

秋天的連綿長雨又叫「秋霖」、「秋入梅」跟「蕭雨」，「霖」指的是「下個不停的雨」，「蕭」則有「寂寥」之意。淅瀝淅瀝的秋雨，確實會讓人感到有些寂寞呢。

●今天的樂趣

【二百二十日】

「二百二十日」跟二百十日一樣，是從江戶時代就有的雜節。近年來有很多強颱都在二百二十日的一至兩週後登陸。

【警察諮詢日】

在日本，當民眾對生活安全產生疑慮、煩惱時，可透過「#9110」警察諮詢專線尋求協助。「警察諮詢日」就是為了宣傳這個專線及警察諮詢所制定的，日期源於「#9110」。

◆季節的樂趣

【秋刀魚】

八月底到九月時，秋刀魚的體脂肪率會超過百分之二十。尤其是北海道東沖及三陸沖捕撈到的秋刀魚，因為攝取了充足的養分，油花相當飽滿。現在上市的秋刀魚皮脆肉嫩，非常適合鹽烤。挑選時，記得要找下顎頂端黃黃的才新鮮喔。

9月　長月

12日

距離元旦經過…………254日

距離除夕尚有…………110日

［二十四節氣］

白露

［七十二候］初候

草露白

放生會

福岡縣福岡市的筥崎宮將從今天開始舉辦「筥崎放生會」。放生會是依據佛教「不可殺生」的戒律所舉行的活動，會把鳥、魚跟蟲放生到山野及池塘，藉此愛惜萬物生靈。

放生會起源於中國，日本第一次舉辦是在奈良時代的宇佐八幡宮（大分縣），之後便從全國的八幡宮推廣出去。放生會以前是在農曆八月十五日舉辦的，不過現在很多都在九月十五日左右舉行。

●今天的樂趣

【筥崎放生會】

筥崎放生會的舉辦時間是九月十二日至九月十八日，這七天七夜將舉行各種祭神儀式，參道上也會有超過五百間小販前來擺攤。

【放生池】

過去很多寺院都會舉行放生會。若神社、寺廟裡有養了鯽魚、鯉魚及烏龜的「放生池」，大多就是當時遺留下來的。

【太空日】

一九九二年（平成四年）的今天，日本第一位太空人——毛利衛飛向了外太空。為了紀念，今天便制訂為「太空日」了。

9月　長月

13日

距離元旦經過	255日
距離除夕尚有	109日

［二十四節氣］
白露

［七十二候］次候
鶺鴒鳴

黑白爭奪戰

今天開始是七十二候的「鶺鴒鳴」。

可是一年四季明明都聽得到鶺鴒的叫聲，為什麼還會取這個名字呢？

其實我們常見的鶺鴒有兩種，分別是日本鶺鴒（背黑鶺鴒）跟白鶺鴒。日本鶺鴒是四季都棲息在相同地區的留鳥，另一種白鶺鴒則是候鳥，春夏會在北海道跟東北生活，秋天開始就會移往關東以南的地區。因此，鶺鴒才會被當成通知季節更迭的使者而出現在七十二候。

不過，自從一九七〇年代以後，白鶺鴒的生活範圍便擴大，變成整年都在關東以南生活了，另一方面，日本鶺鴒的數量則是逐年遞減。看來，一場不為人知的「黑白爭奪戰」正在悄悄展開呢。

● 今天的樂趣

【鶺鴒鳴】

鶺鴒常見於河川或湖泊旁，牠走路時尾巴會一直上下擺動，因此日本人也叫牠「敲石鳥」（石叩き）。

【上總十二社祭】

每年的九月八日至九月十三日，千葉縣的玉前神社都會舉辦「上總十二社祭」。在今天的「神幸祭」上，男子們將抬著神轎，在傳說中眾神登陸日本的九十九里濱奔馳。上千名男子在沙灘上快跑的景象非常壯觀。

9月　長月

14日

距離元旦經過…………256日

距離除夕尚有…………108日

［二十四節氣］
白露

［七十二候］次侯
鶺鴒鳴

大波斯菊牽起的戀情

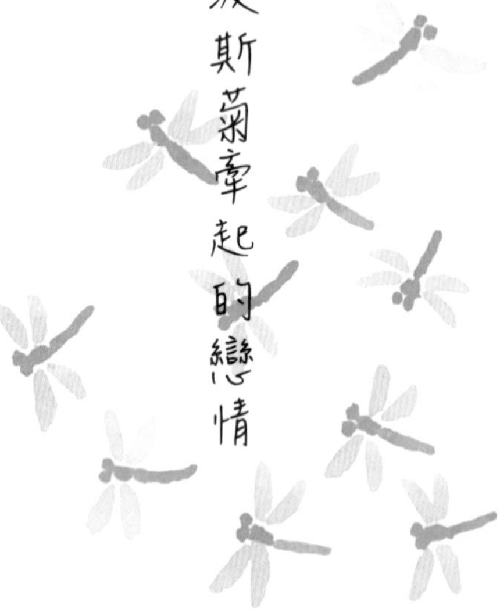

大波斯菊在秋季的天空下隨風飄揚，充滿詩情畫意。由於大波斯菊別名「秋櫻」，因此我一直以為日本自古便有這種花，實際上它原產於墨西哥。大波斯菊會傳入日本，跟一個戀愛故事有關。

一八七六年（明治九年），日本成立了第一間國立美術學校——工部美術學校，還請了義大利雕塑家拉古薩來擔任教授。有一天，拉古薩邂逅了一名正在畫畫的女子，他看出了她的才華，悉心教導她西洋畫。這名女子的家鄉種植了許多花草，拉古薩便時常帶些西洋植物去探望她，據說當中就有大波斯菊的種籽。不久後，兩人結為連理，女子與拉古薩一同遠渡義大利，以日本第一位女西洋畫家——拉古薩玉的身分活躍於藝術界。

●今天的樂趣

【大波斯菊之日】

今天是放一朵大波斯菊在禮物上，表達情意的日子。效仿拉古薩夫婦，送一朵大波斯菊給深愛的人吧。

◆季節的樂趣

【栗子】

栗子是秋天代表性的食材，主要成分為碳水化合物，因此具有鬆軟綿密的口感。栗子的薄皮（指內側澀皮）含有豐富多酚，有很強的抗氧化作用，若做成澀皮煮連薄皮一起吃，就能攝取到更高的營養價值。

9月 長月

15日

距離元旦經過⋯⋯⋯⋯257 日

距離除夕尚有⋯⋯⋯⋯107 日

［二十四節氣］
白露

［七十二候］次候
鶺鴒鳴

人生的老前輩

「家有一老，如有一寶」，因此日本人自古就會在特定年齡，尤其是高齡時大家一起「賀壽」。兵庫縣有一個村莊因為敬老尊賢，希望老人能傳授自己的知識與經驗，於是制訂了「年長者日」，並在這天舉辦敬老會。「敬老日」便是由此衍生而來的。

從虛歲六十一歲的「還曆」開始，到七十歲的「古稀」、七十七歲的「喜壽」、八十歲的「傘壽」、八十八歲的「米壽」、九十歲的「卒壽」、九十九歲的「白壽」、一百歲的「百壽」，都是日本人會特別慶祝的年齡。

●今天的樂趣

【老人日】

兵庫縣多可郡野間谷村（現為多可町）所發起的「長者日」訂在九月十五日，因此一九六六年（昭和四十一年）制訂的國定假日「敬老日」也訂在這天。雖然「敬老日」現在改到了九月的第三個禮拜一，不過今天依然是「老人日」。從今天開始到九月二十一日為止則是「老人週」。

【羊栖菜之日】

羊栖菜是一種讓人健康又長壽的食物，為了鼓勵民眾多多攝取，便制訂了「羊栖菜之日」。

9月 長月

16日

距離元旦經過…………258日

距離除夕尚有…………106日

［二十四節氣］

白露

［七十二候］次侯

鶺鴒鳴

流鏑馬

流鏑馬是平安時代開始的競技，參賽者必需馳馬接連射三個箭靶。鎌倉時代為了鍛鍊武士的馬術及弓術，經常舉辦這項競技。到了江戶時代以後，流鏑馬結合了祈禱武運昌隆及天下太平的祭神儀式，至今仍會在各地舉辦。

親眼見識過流鏑馬，就會知道馬兒飛奔而過的速度、馬蹄聲、呼吸，以及箭矢射中箭靶的碎裂聲有多麼震撼。人們認為射箭及射中箭靶的聲音可以驅魔，因此也有神社把箭靶的碎片當成護身符或吉祥物，發給民眾。

● 今天的樂趣

【鶴岡八幡宮流鏑馬祭神儀式】

鶴岡八幡宮每年都會在九月十四日至十六日舉行這場例大祭以供奉神明。射手將身穿鎌倉武士的狩獵裝，在儀式上表演古代的流鏑馬。

【賽馬日】

一九五四年（昭和二十九年）的今天，是日本中央賽馬會（ＪＲＡ）成立的日子。

【國際臭氧層保護日】

一九九五年（平成七年）聯合國大會制定了這個日子。保護臭氧層的國際措施已出現成果，目前臭氧層的空洞正在逐漸恢復。

9月 長月

17日

距離元旦經過…………259日

距離除夕尚有…………105日

［二十四節氣］

白露

［七十二候］次侯

鶺鴒鳴

「別給媳婦吃」

每年七月至九月上市的露天栽培茄子，總會化為各種醬菜及炒菜，在餐桌上大為活躍。茄子原產於印度，相當耐旱，但產量會隨著結果而遞減，因此盛夏時必需剪枝，讓茄子不要結果，等之後天氣轉涼時，茄子就會再次開花結果，這就是大家所熟知的「別給媳婦吃」的秋茄。秋茄的果肉跟皮都很軟嫩，非常美味，因此剛才的諺語有人認為是出於吝嗇、捨不得給媳婦好吃的東西；但也有人認為是為了保護媳婦，因為茄子會讓身體變寒。到底真相是什麼呢？

● 今天的樂趣

【多吃國產茄子日】

為了刺激國產茄子的銷量，每個月的十七日都是「多吃國產茄子日」。由來是與「好茄子」（よいなす）諧音的四（よ）月十七（いな）日「茄子紀念日」。

【單軌電車開通紀念日】

日本第一輛連接東京都濱松町及羽田機場的旅客用單軌電車，就是在一九六四年（昭和三十九年）的今天開通的。

【颱風來襲特異日】

「特異日」是指某種氣候特別容易發生的日子。今天是許多強颱登陸日本的特異日，例如枕崎颱風（艾達颱風）、第二室戶颱風（超級強烈颱風南施）等等。

◆ 季節的樂趣

【狗尾草】

全日本的路旁跟空地都能看到狗尾草。從現在開始，狗尾草如小狗尾巴的花穗就會垂得低低的，這種蓬鬆的花穗總是令小貓忍不住撲上去玩耍，所以別名「逗貓棒」。

9月 長月

18日

距離元旦經過…………260日
距離除夕尚有…………104日

［二十四節氣］
白露

［七十二候］末侯
玄鳥去

燕子與紅蜻蜓的交錯

進入這個季節後，春天來到日本的燕子就會踏上嚴峻的旅途，橫越天空飛往距離日本約四千公里遠的東南亞島嶼。

燕子是秋茜蜻蜓──紅蜻蜓的天敵。這些蜻蜓就像在等待燕子離開一樣，燕子才剛飛走便接著現身。其實秋茜蜻蜓也剛結束旅途，牠們非常怕熱，因此六月羽化後便會前往高山跟高原，天氣轉涼再回到都市及村落。看著牠們的身影，就會忍不住哼起童謠「夕陽晚霞中的……」晚霞與紅蜻蜓的經典景色，果真充滿了濃濃的秋意呢。

●今天的樂趣

【玄鳥去】

「玄鳥去」是白露的末候。燕子沒辦法浮在水面，因此牠們會在旅途中一邊飛行一邊利用零碎的時間睡覺。

【童謠．紅蜻蜓】

這首童謠由三木露風作詞、山田耕筰作曲。三木露風的故鄉兵庫縣龍野市，還立有刻著童謠〈紅蜻蜓〉的石碑。

【蘿蔔苗日】

九月是蘿蔔苗在日本首度亮相、公開販售的月份。把18日的8橫著擺，再將1挪到下方，就會變成蘿蔔苗（∞1）的形狀，因此今天便制訂為「蘿蔔苗日」了。

9月　長月

19日

距離元旦經過…………261日

距離除夕尚有…………103日

［二十四節氣］
白露

［七十二候］末候
玄鳥去

正岡子規與棒球

職棒錦標賽終於也要迎來尾聲了，接下來還會有讓棒球迷心驚膽跳的高潮系列賽跟日本大賽。提到棒球迷，明治時代的俳句詩人——正岡子規也非常喜歡棒球。子規在學生時代邂逅棒球後便深深為此著迷，為了傳達棒球的魅力，除了俳句跟短歌外，他還自己撰寫講解棒球規則的隨筆。「跑者」、「打者」、「死球」這些詞就是他當時想出來的。現在常用的棒球術語，原來出自明治時期的偉人之手，真是別有一番妙趣呢。

●今天的樂趣

【絲瓜忌】

今天是正岡子規的忌日，「絲瓜忌」源於他創作的絲瓜絕筆三句。他臥病在床後，還以棒球為題，創作了短歌跟俳句。

「夏草や　ベースボールの　人遠し」（夏天的草長得特別茂密　遠遠望去有人在打棒球）

【姓氏日】

依據太政官布告，從一八七〇年的今天開始，平民也能擁有自己的姓氏。但當時大多數人都沒有取姓氏的習慣，因此這項政策直到五年後才義務化。二月十三日的「姓氏制訂紀念日」就是由此誕生的。

◆季節的樂趣

【無花果】

無花果的特色是富含膳食纖維之一的果膠，可以預防便秘、動脈硬化及血糖上升。表皮紅通通的代表很好吃，但要是屁股開花就太熟了，挑選時千萬要注意喔。

9月　長月

20日

距離元旦經過…………262日
距離除夕尚有…………102日

［二十四節氣］
白露

［七十二候］末候
玄鳥去

秋季入彼岸

「彼岸」是日本人追思先人、掃墓祭祖的傳統節日，一年會有兩次，分別在春季跟秋季。以「春分」跟「秋分」為中間日，加上前後各三天，這七天就是彼岸。

今天是「秋季入彼岸」，也就是彼岸的第一天，秋季的彼岸又稱為「秋彼岸」跟「後彼岸」。

「彼岸」是古印度梵語「波羅蜜多」的翻譯，意思是「開悟的境界」，也就是佛陀所在、無憂無慮的「那個世界」。祖先與故人會前往沒有煩惱的那個世界，而彼岸就是讓我們緬懷他們的日子。在掃墓及清理佛壇的同時，也向祖先報告自己的近況吧。

●今天的樂趣

【秋季的入彼岸】
從今天開始是為期七天的秋彼岸。正如「寒暑不過彼岸」這句俗諺，舒適宜人的天氣將會持續好一陣子。

【公車日】
一九〇三年（明治三十六年）的今天，是日本第一間客運公司開幕營業的日子。

【愛護動物週】
這是「提高民眾對於愛護動物及正確飼養的關心、認知」的一週。從今天開始直到九月二十六日，各地都會舉辦豐富的活動及研討會，探討人類與動物如何和平共處。

9月　長月

21日

距離元旦經過…………263 日

距離除夕尚有…………101 日

［二十四節氣］
白露

［七十二候］末侯
玄鳥去

彼岸花

彼岸花的花期在秋天的彼岸，這就是花名的由來。彼岸花沒有葉子，梗直直地朝天際生長，綻放的花朵飄散出一股妖異的氛圍，因此彼岸花又有「死人花」、「捨子花」、「幽靈花」等可怕的別名。另一方面，佛教認為彼岸花會在天界開花，因此又叫它「曼珠沙華」。據說看見曼珠沙華能消除人的罪孽，好運會從天降臨。

● 今天的樂趣

【賢治忌】

這天是日本著名的詩人兼童話作家——宮澤賢治的忌日，其代表作有《銀河鐵道之夜》、《風又三郎》、《不畏風雨》等等。他的故鄉岩手縣花巻市將在今天舉行「賢治祭」，表演朗讀詩歌、露天劇場等節目。

【時裝秀之日】

日本第一場時裝秀是在一九二七年（昭和二年）的今天舉辦的，這就是「時裝秀之日」的由來。聽說當時並沒有時裝模特兒這個職業，因此都是由女演員擔任模特兒。此外，這場時裝秀穿著的不是洋裝，而是和服。

【秋季全國交通安全運動】

為了讓民眾遵守交通規則，掌握正確的交通禮儀，自今天起到九月三十日為止，各地都將在街頭教導交通安全並舉行啟蒙活動。太陽愈來愈早下山了，不管是汽車、腳踏車，還是機車都要盡早開車燈喔。

9月 長月

22日

距離元旦經過⋯⋯⋯⋯264日
距離除夕尚有⋯⋯⋯⋯100日

［二十四節氣］
白露

［七十二候］末候
玄鳥去

萩餅與鄰不知

秋季彼岸的習俗是在佛壇跟墓前放上「萩餅」（おはぎ）當作供品。萩餅是一種把糯米跟粳米混在一起煮，搓成粗粗圓圓的形狀，再塗滿紅豆餡或黃豆粉的和菓子。原本叫做「牡丹餅」，但宮裡的女官在秋天時會稱之為「萩花」或「萩餅」，後來這個名稱便固定下來了。

此外，由於萩餅是用磨缽與小杵搗成的，聲音非常小，不會被鄰居察覺（搗き知らず），因此又有「鄰不知」、「夜船」（悄悄抵達→着き知らず）跟「北窗」（不見月光→月知らず）等別名㊟，這些都是江戶時代出現的俏皮文字遊戲。

㊟通常於春天稱牡丹餅、夏天稱夜船、秋天稱萩餅、冬天稱北窗，也會依照各地的習慣而有不同稱呼。

●今天的樂趣

【國際淨灘日】

這是美國在一九八六年（昭和六十一年）發起的自然保育活動，日本則是在一九九〇年代才開始的。參與者會以九月第三個禮拜六為主，在海邊撿拾垃圾並蒐集數據。

【川內拔河大賽】

這是鹿兒島縣薩摩川內市的傳統活動，最早是為了提振關原之戰士兵的士氣才舉辦的。三千名壯丁將在比賽中相互拉扯長達三百五十公尺以上的巨大繩索。

9月 長月

23日

距離元旦經過…………265日
距離除夕尚有…………99日

［二十四節氣］
秋分

［七十二候］初侯
雷乃收聲

秋分

二十四節氣從今天起進入「秋分」，代表真正的秋天已經來臨了。「秋分」跟「春分」（P98）一樣，都是太陽從正東邊升起、正西邊落下的一天，晝夜幾乎等長，之後夜晚便逐漸增長。在運動之秋、藝術之秋、讀書之秋等眾多「秋天」裡，平日最容易感受到的當然是食欲之秋了。現在暑氣消退，食慾逐漸恢復，蘑菇、水果、海鮮跟新米等美味的食材也相繼上市，光是採買就讓人大呼過癮。當季食材是大自然的恩惠，既便宜又營養滿分，享用時可別忘了抱著感恩的心喔。

●今天的樂趣

【雷乃收聲】

從春分末候開始「發聲」（P109）並於夏季轟隆作響的雷公，總算要暫時收工了。帶來驟雨的積雨雲也即將從空中消失蹤影。

【秋分之日】

今天是「尊敬祖先、緬懷先人」節日，是依據日本國定假法所定的。

◆季節的樂趣

【秋味（秋鮭）】

「秋味」是北海道的方言，不過全日本都通用，指的是沿岸地區捕捉到的、即將為產卵逆流而上的鮭魚。北海道的原住民「愛奴人」稱鮭魚為「神魚」，非常珍惜牠們。這些「秋味」富含別名「重返青春維他命」的維他命E，與能夠抗氧化的蝦青素。北海道的鄉土料理「鏘鏘燒」就是把蔬菜跟鮭魚一同拌炒，再加入味噌跟奶油調味的秋味名菜。

9月　長月

24日

距離元旦經過…………266日

距離除夕尚有…………98日

［二十四節氣］

秋分

［七十二候］初候

雷乃收聲

秋季大掃除

一如「寒暑不過彼岸」這句俗諺，接下來的氣候都會非常舒適，長時間運轉的冷氣也能暫時卸下重擔。不妨就趁著「清潔日」的今天，把冷氣打掃乾淨吧。

除了冷氣之外，再加把勁，將窗戶、浴室、廚房清理一下也是個好選擇。與慣例的年末大掃除相比，現在氣溫較高，污漬容易清除，也不必擔心洗東西洗到手凍僵。即使是清洗窗簾跟沙發套這類大型家飾，也能迅速晾乾。

從好幾年前開始，我便習慣在秋天大掃除。這樣不僅能讓年底的正式大掃除輕鬆許多，心情也會比較從容，推薦大家也試試看喔。

●今天的樂趣

【清潔日】

一九七一年（昭和四十六年）的今天，是日本實施「廢棄物處理暨清潔法」的日子。從今天開始到十月一日為止，是「環境衛生週」。

【榻榻米之日】

由於政府希望民眾趁清潔日將榻榻米翻起來打掃，因此今天便制訂為「榻榻米之日」了。

【拔刺地藏例大祭】

以「拔刺地藏菩薩」聞名的東京巢鴨高岩寺，將在這天舉行今年最後一場例大祭。

9月 長月

25日

距離元旦經過⋯⋯⋯⋯267日
距離除夕尚有⋯⋯⋯⋯97日

［二十四節氣］
秋分

［七十二候］初候
雷乃收聲

秋日祭典

當太鼓的咚咚聲響起，便會聽見輕快的囃子樂隨著風一同傳來。接下來就是各地舉辦秋日祭典的季節了，這個時期的祭典大多都是感謝神明保佑秋收、跟大家分享喜悅的豐收祭。

人們一直以來都堅信守護稻穀生長的「田神」，會在採收結束後離開村莊變成「山神」。因此秋日祭典也有送走田神的含意。為了讓踏上旅程的神明開心，當然少不了歌、舞、相撲這些祭神儀式。

在祈求明年豐收的同時，神明與眾人也一同度過了快樂美好的時光。

●今天的樂趣

【田實祭】
這是熊本縣的阿蘇神社為了感謝稻穀豐收所舉辦的例大祭，人們將會在祭典上表演流鏑馬跟相撲以祭祀神明。

【筑子祭】
這個祭典會配合日本最古老的民謠〈筑子節〉（こきりこ節），在白山宮（富山縣）獻上優雅的舞蹈酬神。舞者們將一面演奏木製樂器「簓」一面翩翩起舞。

【栗山秋祭】
這是北海道最晚的秋日祭典之一，會跟栗山天滿宮的例大祭一起舉行。祭典上除了有遊行，還會販售特產。

9月　長月

26日

距離元旦經過…………268日
距離除夕尚有…………96日

［二十四節氣］
秋分

［七十二候］初候
雷乃收聲

彼岸蕎麥麵

秋季彼岸必吃的料理當然就是萩餅了，不過最近「彼岸蕎麥麵」也愈來愈普及。彼岸處在季節更替的時節，這時可以透過食療吃些易於消化且對腸胃有益的麵食來調理身體。蕎麥麵不僅美味又營養均衡，還能預防動脈硬化跟高血壓等疾病，是備受矚目的超級食物。

蕎麥產量日本第一的北海道，此時正要採收六月所種下的蕎麥，動作快的店家甚至已在店裡寫上「新蕎麥麵」跟「秋新」等字樣了。新蕎麥麵味道濃郁、香氣十足，喜愛蕎麥麵的老饕盼望已久的新蕎麥麵季節，已經近在眼前了。

●今天的樂趣

【彼岸明】
今天是秋季彼岸的最後一天，因此又稱為「彼岸明」（彼岸明け，「明け」有某個時期結束之意）。

【文書處理器紀念日】
一九七八年（昭和五十三年）的今天，東芝發表了日本第一台文書處理器。

【八雲忌】
拉夫卡迪奧・赫恩是一名出生於希臘的英國人，他在明治時期來日本當英語及英國文學老師，不久和日本女性結婚，自稱「小泉八雲」。他發表了多篇關於日本的隨筆跟故事，如《怪談》、《心》等作品。今天是他的忌日，因此島根縣小泉八雲紀念館的遺髮塔會在這天設置祭壇，獻上供品祭祀小泉八雲。

◆季節的樂趣

【桂花】
桂花會在葉子根部長出許多小小的花朵。它最大的特徵在於香氣，有時聞到隨秋風飄來的甜美香氣，才會注意到桂花開了。但日本的桂花只有雄株，因此無法看到它的果實。

9月　長月

27日

距離元旦經過…………269日
距離除夕尚有…………95日
［二十四節氣］
秋分
［七十二候］初候
雷乃收聲

我家的芋頭湯最好吃！

此時正是芋頭的產季，從山裡採收的稱為「日本薯蕷」（山芋），村子裡栽培的稱為「芋頭」（里芋）。由於芋頭比稻米更早傳入日本，因此日本人從很久以前就開始食用，繼而衍生出各種烹調方式，像是連皮蒸或是做成燉菜等等。

來自東北的我最愛的還是「芋頭湯」了。芋頭湯是芋頭跟肉燉煮而成的湯品總稱，我家的芋頭湯是以醬油口味為基底，用芋頭、牛肉、蒟蒻、各種香菇及蔥料理而成的。芋頭湯有趣的地方就在於調味跟食材會依據家庭跟地區有所變化。這種充滿家鄉味的料理會讓人有「我家的芋頭湯最讚！」的感覺，跟過年時吃的年糕湯有異曲同工之妙呢。

●今天的樂趣

【芋頭湯大會】

這時正是山形縣跟宮城縣舉行「芋頭湯大會」的季節，民眾會在野外煮芋頭湯一同享用。宮城縣的芋頭湯基本上是以味噌口味為基底，加入豬肉等食材熬煮而成的。

【世界旅遊日】

這是世界旅遊組織制訂的日子，日本也是加盟國之一，各國都將在今天舉辦活動促進觀光。

【女駕駛之日】

一九一七年（大正六年）的今天，是日本第一位女駕駛——渡邊濱小姐取得汽車駕照的日子，因此今天便制訂為「女駕駛之日」了。

9月　長月

28日

距離元旦經過…………270日

距離除夕尚有…………94日

［二十四節氣］
秋分

［七十二候］次候
蟄蟲坯戶

搶先準備過冬

秋意漸濃，北方大地與各地高山已稍稍染上冬日氣息。北海道的旭岳跟富士山，也差不多該傳來降下初雪的消息了。冬天不會來得太早嗎……？其實只有我們人類有這個感覺，昆蟲都已窩在巢穴或是產卵，準備在下個春天延續生命了。

七十二候的「蟄蟲坯戶」就是在形容昆蟲準備過冬的情景。螳螂跟蚱蜢經過求偶季節進入產卵季，鳳蝶從幼蟲變成蛹直接過冬，鍬形蟲跟瓢蟲雖然動作稍慢，但一樣很認真地找尋過冬的地方。

●今天的樂趣

【蟄蟲坯戶】

「蟄蟲」指的是冬天躲在土裡等待春天到來的蟲子。而「蟄蟲坯戶」則代表此時蟄蟲都已經關閉巢穴、準備過冬了。

【初冠雪】

往年在日本最早創下初冠雪紀錄的是旭川的旭岳（平均初冠雪日九月二十五日），再來是富士山（平均初冠雪日九月三十日），以及稚內的利尻山（平均初雪日十月三日）。

◆季節的樂趣

【酸橙】

購買大分縣特產的酸橙時，記得挑選表面呈深綠色且充滿光澤的果實。酸橙的果汁帶有清爽的酸味及清新的香氣，用來代替醋的話，餐桌就會頓時充滿秋天氛圍喔。

9月 長月

29日

距離元旦經過⋯⋯⋯⋯271日

距離除夕尚有⋯⋯⋯⋯93日

［二十四節氣］
秋分

［七十二候］次侯
蟄蟲坯戶

招來人緣與福氣的「招財貓」

招財貓有著一雙不放過任何事物的大眼睛和不錯過任何資訊的大耳朵，加上會用前腳招來好運與金錢，因此牠可是吉祥物界的超級寵兒。招財貓不僅是保佑生意興隆的護身符，做成文具及餐具等日用品也備受青睞。

一般來說「舉左手是招人緣，舉右手是招好運與金錢」，不過最近也出現了兩手都招的貪心貓咪。

招財貓雖然是國民吉祥物，但牠的起源仍是個謎團，光是在東京都內就有三座寺廟是牠的發祥地。明明跟我們的生活這麼親近，卻有種神秘感，就跟現實中的貓一樣呢。

●今天的樂趣

【招財貓之日】

九月二十九日可以唸成「招福」（来る福），因此今天是招財貓之日。東京有三個「招財貓發祥地」，分別是豪德寺（世田谷區）、自性院（新宿區），以及今戶神社（台東區）。

【洗衣日】

「九二九」可念成「洗衣」（クリーニング），因此今天便制訂為「洗衣日」了。

【鈴屋忌】

這天是江戶中期的日本國學家——本居宣長的忌日。「鈴屋忌」源自於他的書房總是掛著鈴噹。

9月　長月

30日

距離元旦經過…………272日

距離除夕尚有…………92日

［二十四節氣］

秋分

［七十二候］次候

蟄蟲坯戶

核桃

秋天是許多樹木結果的時期，大家熟悉的和洋菓子食材「核桃」，也會在這個時期結果。日本數一數二的核桃產地長野縣東御市，每到這個季節，還能見到農民將收成的核果拿去曬乾。

核桃是日本人最早食用的堅果，因此各地都有流傳用核桃做成的菜餚，像是核桃麻糬、核桃柚子餅、核桃拌時蔬山菜以及塗上核桃味噌的五平餅……每一樣都是滋味醇厚的鄉土珍寶。

據說岩手縣沿岸地區的人會用「有核桃的味道」來形容難以言喻的美味。這句方言真是太貼切了，前人稱讚東西「好好吃」的情景簡直歷歷在目。

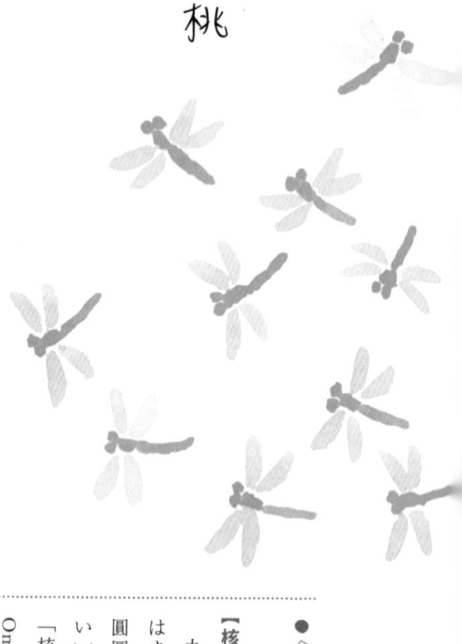

●今天的樂趣

【核桃日】

九（くる）月三十（みはまるい）日與「核桃圓圓的」（クルミは丸い）諧音，因此今天是「核桃日」。核桃所含的Omega-3脂肪酸具有降低壞膽固醇與三酸甘油酯的功效，還能減輕罹患動脈硬化等慢性病的風險。

【交通事故邁向零死亡之日】

今天是秋季全國交通安全運動的最後一天，但願全民都能遵守交通法規及禮儀，不要發生任何事故。

10月

神無月

かんなづき

秋天是享受閱讀、運動、美食的一個月。
在微寒的氣溫下抬頭仰望夜空，
還能欣賞到皎潔的明月。

10月 神無月

1日

距離元旦經過…………273日

距離除夕尚有…………91日

［二十四節氣］
秋分

［七十二候］次候
蟄蟲坏戶

諸神的會議

農曆十月別稱「神無月」。之所以寫成「神無」，是因為全日本的神在這個月都會離開平常駐守的地方，齊聚在島根縣的出雲地區。相對的，在迎接眾神的出雲地區，農曆十月則稱為「神在月」。

日本人們認為神明會乘著風前往出雲，因此神無月吹的西風有許多奇幻的名字，像是「神渡」、「神送」、「神立風」、「神之旅」等等。

在這個季節，出雲地區許多神社都會舉行迎接八百萬神的儀式，最有名的就是出雲大社了。

出雲大社祭祀的大國主神，是一名容貌俊美、風流倜儻、多子多孫的神明，因此許多人都會前來祈求姻緣，希望像男神一樣桃花朵朵開。此外，根據神話記載，大國主神鎮守在出雲大社時，也曾立誓替人們牽起看不見的紅線。

因此，每年農曆十月十日到十七日，

● 今天的樂趣

【換季】

從今天開始，學校及職場的制服，就會從夏服換到冬服了。也有人將這天稱為「後換季」，以便與六月一日的換季區隔。

【日本酒之日】

十月是用新米釀酒的季節，再加上「酒」字的「酉」在十二支中排第十，因此今天是「日本酒

出雲大社都會舉辦「神在祭」，全國諸神將齊聚一堂，開會決定接下來一年要牽哪些緣分。神明們討論的緣分不僅限於戀愛，還包含了工作、興趣、人際關係、學業、健康等所有範疇。據說出雲地區的人們於神在祭期間，行事都會格外謹慎，以免妨礙到神明開會。

當晴朗的藍天下拂過涼爽的風，或許就是神明出發前往出雲了。此時就悄悄許願，祈求神明賜予良緣吧。

之日」。也有人認為這個字源於在神無月釀酒的「釀成月」。

【日本茶之日】

這是依據一五八七年（天正十五年）十月一日，豐臣秀吉召開「北野大茶會」所制訂的紀念日。每到十月，各地就會舉辦許多「茶祭」，讓民眾熟悉日本茶。

【國際咖啡日】

十月一日是咖啡新年度的第一天，所以是「國際咖啡日」。接下來天氣轉涼，熱騰騰的咖啡就能大顯身手了。

10月　神無月

2日

距離元旦經過…………274日
距離除夕尚有…………90日

［二十四節氣］
秋分

［七十二候］次候
蟄蟲坯戶

豆腐日

十月二日可以讀成「豆腐」（とうふ），因此今天是「豆腐日」。豆腐是大約兩千年前於中國發明的，後來豆腐傳遍了亞洲各國，在奈良時代傳入日本。為什麼「將泡水的黃豆磨碎、擠出汁液（豆漿），加入鹼水使之凝固」這種如此費工、複雜的食譜會誕生，真是令人想不透。奇妙的是，明明就沒腐敗，為什麼要叫「豆腐」呢？我查閱資料後，發現原來中文的「腐」有「柔軟滑嫩」的意思。而日本人為了討個吉利，也有人將豆腐寫成「豆富」。

●今天的樂趣

【豆腐日】
秋天採收、曬乾的「新大豆」，將在十二月到二月上市，屆時才是豆腐最美味的時候。距離口感滑順、豆香濃郁的「新豆腐」出現在店面，還得再等一陣子。

【豚骨拉麵日】
「豚骨拉麵日」源自十（とん）月二（こつ）日與「豚骨」（とんこつ）的諧音。這是為了讓更多人認識「豚骨拉麵」的發祥地——福岡縣九留米市，讓民眾多品嚐當地豚骨拉麵而制訂的日子。

【橘町門山車祭】
「門山車祭」（ケンカだんじり）是德島縣阿南市橘町海正八幡神社的秋日祭典，於每年十月一日至三日舉辦。四台裝飾成船的山車將繞街遊行，激烈互撞。

◆季節的樂趣

【鱗雲】
數不清的小雲（卷積雲）在秋高氣爽的藍天連綿無盡的模樣，像極了魚鱗，故稱為「鱗雲」。也有人將這種雲看成魚群，稱之為「鰯雲」或「鯖雲」。當鱗雲出現，就代表低氣壓逼近，天氣要開始走下坡了。

10月 神無月

3日

距離元旦經過	275日
距離除夕尚有	89日

［二十四節氣］
秋分

［七十二候］末侯
水始涸

收割

距離春天播種已經過了五個月，農民悉心種植的秧苗也變成了金黃色的稻田。隨著稻穗結實纍纍，麻雀也喜悅地四處飛舞，收割的季節終於到了。

那麼，問題來了。一株稻穗能結出多少顆米粒呢？

答案依品種而不同，不過大約都落在一百到兩百顆。想到小小一顆稻種發芽成苗後，可以種出這麼多米粒，就更令人感謝大自然的恩惠了。

●今天的樂趣

【水始涸】

秋天末候的「水始涸」代表此時必須讓水田排水、將田地曬乾，以利收割。

【麵包超人日】

一九八八年（昭和六十三年）的今天，是漫畫家柳瀨嵩創造的國民卡通英雄——麵包超人，開始在電視上播映動畫的日子。

【德國麵包日】

這是為了推廣德國麵包，讓民眾多多品嚐愈嚼愈香的黑麥麵包而制訂的日子。日期由來是一九九〇年（平成二年）的今天，東西德統一。

10月　神無月

4日

距離元旦經過…………276日

距離除夕尚有…………88日

［二十四節氣］
秋分

［七十二候］末侯
水始涸

十三夜

十三夜是農曆九月十三日的夜晚，也是繼十五夜月後，一輪明月再度高掛夜空的時候。若在一個月前左右欣賞了十五夜的滿月（P286），那就千萬別忘了抬頭望望十三夜的月亮。因為自古以來，日本人就認為「片月見」（只看十五夜或十三夜其中一天的月亮）是不吉利的。

十五夜別名「芋名月」，相對的，十三夜稱為「栗名月」或「豆名月」。不論栗子或豆子，都是這個季節盛產的秋季美食，將它們連同芒草、糰子一同祭拜月亮吧。

十五夜的傳統雖然來自中國，但十三夜就是日本獨特的習俗了。望著十三夜的月亮，會發現左邊缺了一點點，與輝煌的滿月相比，也別有一番風情。

●今天的樂趣

【十三夜】

相對於十五夜，十三夜別稱「後月」。對照一下農曆，看看今年十三夜的日期落在哪一天吧。

【徒步之日】

這個日子來自「徒步」（とほ）與十（と）月四（ふぉ）日的諧音。具有保健效果的走路標準為「一天走八千步或快走二十分鐘」。

◆季節的樂趣

【栗金團】

這是一道能品味栗子甘甜的簡單和菓子，別名「栗茶巾」。

10月 神無月

5日

距離元旦經過…………277日

距離除夕尚有…………87日

［二十四節氣］
秋分

［七十二候］末候
水始涸

不要塑膠袋

隨著塑膠袋收費政策上路，愈來愈多人成了環保袋的愛用者。像我有好幾個環保袋，會視心情輪流使用。日本每年會用掉四百五十億個塑膠袋，平均每人約用三百七十五個，相當於一天一個。塑膠袋雖然方便，但也會造成垃圾過多及破壞環境等問題。不妨就從「零塑膠袋日」的今天起，養成使用環保袋的習慣吧。

●今天的樂趣

【零塑膠袋日】
為了讓塑膠垃圾減量，二〇〇二年（平成十四年）的今天制訂了「零塑膠袋日」，呼籲民眾多使用購物袋。

【時刻表紀念日】
一八九四年（明治二十七年）的今天，日本首度出版了正式的交通時刻表。

【世界教師日】
這是一九九四年（平成六年），由聯合國教科文組織制訂的紀念日。全球超過一百個國家都將在今天舉辦活動，表達對老師的謝意。而日本人也將今天制訂為「教師節」，提高這個日子在日本的知名度。

◆季節的樂趣

【植物的種籽】
經過山野或草叢時，牛膝、刺蒼耳、大狼把草等小果實常會沾在衣服和鞋襪上，隨人們的腳步散播到遠方。我小時候都叫這些果實「黏黏蟲」，還會把它們黏在一起當成玩具。

10月　神無月

6日

距離元旦經過…………278日

距離除夕尚有…………86日

［二十四節氣］
秋分

［七十二候］末候
水始涸

啤酒節

愛喝啤酒，尤其是德國啤酒的老饕們翹首以盼的「啤酒節」終於來了。啤酒節是十九世紀初開始在德國慕尼黑舉辦的啤酒慶典，時間是每年的九月下旬至十月上旬。日本大約是十五年前開始過啤酒節的，在啤酒節的慶典上，大家會一面暢飲德國啤酒，一面享受美食與音樂，每年都有大批人潮共襄盛舉。

即使不能親臨啤酒節，在家喝德國啤酒也不錯。用德語高喊乾杯「Prost！」敲響啤酒杯，享受麥芽的香氣與滋味吧。

●今天的樂趣

【慕尼黑啤酒節】

在日本，不止九月到十月，春秋之際各地也會舉辦啤酒節。日本最早的啤酒節是「橫濱啤酒節」，於每年九月底至十月中旬舉行。

【國際協力日】

就在一九五四年（昭和二十九年）的今天，日本政府對開發中國家展開了政府開發援助計畫，而「國際協力日」就是為了紀念此事所制訂的日子。

【美夢成真日】

「一〇〇六」與「夢想」（ドリーム）諧音，因此今天是「美夢成真日」。

◆季節的樂趣

【諾貝爾獎公布】

諾貝爾獎差不多也該公布了。獎項將頒發給物理學、化學、生理學、醫學、文學、經濟學、和平這六大領域貢獻卓越的人物或團體。每次只要有日本人得獎，民眾都會笑容滿面、與有榮焉地熱烈討論呢。

10月 神無月

7日

距離元旦經過…………279日

距離除夕尚有…………85日

［二十四節氣］
秋分

［七十二候］末候
水始涸

小偷與晚上吹哨

十（とう）月七（なん）日與「竊盜」（とうなん）諧音，因此今天是「防盜日」。為了保護重要的財物不遭竊，今天一定要好好檢查防盜措施是否完善。

提到小偷，不曉得大家小時候有沒有天黑後吹口哨，結果被斥責說「這樣會引來小偷！」的經驗呢？有人認為「這單純是長輩怕晚上的口哨聲會惹來鄰居抗議，所以在教導小孩」，不過也有人認為「口哨在以前是盜賊、人口販子聯絡的暗號」。日本流傳著不少「吹口哨會引來蛇」的說法，也是因為人們相信「口哨聲會引來邪氣」，而「邪」與「蛇」諧音的緣故。

●今天的樂趣

【防盜日】
根據日本警察廳統計，每到十月，闖空門的機率就會提高。除了此時有不少連假、民眾會出遠門以外，因氣溫舒適而經常敞開窗戶，也是遭宵小光顧的主因之一。

【自來水日】
一八八七年（明治二十年）的今天，神奈川縣橫濱市架設了近代自來水管，這天就是為了紀念此事而制訂的。

【襯衫日】
一八七七年（明治十年）十月，橫濱開始製造國產襯衫，便制訂了這個紀念日。

10月　神無月

8日

距離元旦經過	280日
距離除夕尚有	84日

［二十四節氣］
寒露

［七十二候］初候
鴻雁來

寒露

從今天開始，二十四節氣就進入「寒露」了。秋意更濃，早晚的涼意從涼爽轉為寒冷，草木上的露珠也不知不覺沾染上寒氣，這就是寒露的由來。

秋高氣爽的天空中，陸續可見從北方飛來日本過冬的冬鳥。北海道美唄市的宮島沼、宮城縣栗原市的伊豆沼，是白額雁、寒林豆雁的駐足地，在這裡，鳥兒們的叫聲也一天比一天熱鬧。在各地公園池塘優雅游泳的綠頭鴨、小水鴨與赤頸鴨，其實也是歷經漫長旅程前來日本過冬的冬鳥。

●今天的樂趣

【鴻雁來】
今年第一批飛來的白額雁稱為「初雁」，是秋天的季語。此外，冬鳥遷徙時吹拂的北風稱為「雁渡」，同樣也是秋天的季語。

【頭髮日】
「頭髮日」源自十（とう）月八（はつ）日與頭（とう）髮（はつ）的諧音。這是提醒民眾注重頭皮、頭髮，換個髮型改變心情而制訂的日子。

【綠球藻祭】
「綠球藻祭」是為了保育國家天然紀念物「綠球藻」，於每年十月八日到十日，在北海道釧路市阿寒湖一帶舉辦的祭典。

◆季節的樂趣

【南瓜】
日本市面上常見的南瓜，都是滋味甘甜、口感綿密的西洋南瓜。南瓜富含β-胡蘿蔔素與維生素C，能夠預防感冒。以南瓜為主題的萬聖節也將在這個月底來臨。

10月 神無月

9日

距離元旦經過…………281日
距離除夕尚有…………83日
［二十四節氣］
寒露
［七十二候］初候
鴻雁來

長崎宮日

自古以來，九州北部的人都將秋日祭典稱為「宮日」（くんち）。有人認為宮日的語源是「九日」，因為古人會在九月九日重陽節舉辦秋季祭典；也有人認為是「供日」，代表這是用採收的農作物祭神謝天的日子。

而今天是日本眾多「宮日」中最盛大的「長崎宮日」的最後一天。長崎宮日始於江戶時代初期遊女在神明前獻舞的儀式，後來隨著港都長崎開通，各城鎮便發展出了充滿異國風情的獻神舞。在這天，除了有劈哩啪啦不絕於耳的鞭炮聲、中國祈雨儀式的源頭舞龍，還會有舞者表演風情萬種的日本舞，將氣氛炒熱到最高點。

●今天的樂趣

【長崎宮日】
這是每年十月七日至九月，由諏訪神社（長崎縣）舉辦的秋季例大祭。人們將藉由這個祭典，感謝五穀豐收並祈禱平安健康。

【秋日高山祭】
秋日高山祭（八幡祭）是與春日高山祭（山王祭P127）相對應的祭典，於今明兩天舉行。在今晚的宵祭上，掛著燈籠、豪華燦爛的屋台，將會在鎮上繞街遊行。

【工具日】
「工具日」（どうぐの日）來自十（どう）月九（ぐ）日的諧音，人們會在這天保養廚具和工作器材表達謝意。

10月　神無月

10日

距離元旦經過	282日
距離除夕尚有	82日

［二十四節氣］
寒露

［七十二候］初候
鴻雁來

再見，體育日　歡迎，運動日

一九六四年（昭和三十九年）十月十日，東京奧林匹克運動會（第十八屆夏季奧運）舉辦了開幕典禮。原本奧運幾乎都是在八月舉辦，但考量到盛夏東京的氣溫與濕度，便改於十月舉行。而為了避開連綿的秋雨前線，開幕典禮便選在放晴機率極高的十日。當年的開幕典禮，也確實在萬里無雲的藍天下順利舉行。

為了紀念這天，一九六六年（昭和四十一年）便制訂了「體育日」。國定假日相關法將這天訂為「促進體育發展，培養身心健康」的日子。

二〇〇〇年（平成十二年）起，由於國定假日法修訂，體育日便改到十月的第二個星期一了。在這天，全日本都會忙著舉辦運動會、體育祭等運動相關的活動，熱鬧非凡。

然而這個歷經五十年的「體育日」，卻必須與大家告別了。自二〇二〇年起，

●今天的樂趣

【體育日】

今天也會舉辦一連串運動大賽，例如「出雲全日本大學驛站接力賽」等等，讓民眾接觸一流的運動選手。

【運動會】

日本的第一場運動會，是一八七四年（明治七年），海軍兵校舉辦的「競鬥遊戲會」。「運

這天便改名為「運動日」，日期雖然維持在十月的第二個星期一，不過只有二〇二〇年訂在七月二十四日，以配合時隔五十六年，再次舉辦的東京奧運。
其實「運動日」這個名稱並不是新取的。一九六一年（昭和三十六年）到一九六五年（昭和四十年）間十月的第一個星期六就是運動日，但隨著「體育日」設立，這個名字便消失了。「運動日」變成了「體育日」，如今再度變回「運動日」。儘管曆法會隨著時代改變，但經歷的瞬間卻是獨一無二的，好好珍惜這一天吧。

動會」這個字，最早是一八八三年（明治十六年）由東京大學開始使用的。

【錢湯日】

十月十日（一〇一〇）與「錢湯」（せんとう）諧音，因此今天是「錢湯日」。運動完到錢湯的大澡堂沖掉一身汗，也很不錯。

10月 神無月

11日

距離元旦經過…………283日

距離除夕尚有…………81日

［二十四節氣］
寒露

［七十二候］初候
鴻雁來

戰後第一首流行曲

「流行曲」是一種反映時下社會，唱出大眾心聲的歌。日本人的生活一直有不少流行曲點綴，而提到最為大家帶來勇氣的，大概就是戰後的第一首流行歌〈蘋果之歌〉了吧。並木路子輕快的歌聲與曲調，將戰敗後黑暗、頹廢的氣氛一掃而空。

我在五歲時第一次聽到〈蘋果之歌〉，這是我幼稚園的園長最拿手的曲子。園長那一輩經歷過戰爭與戰後，他之所以教我唱，大概是希望下一輩也能將滿載夢想與希望的〈蘋果之歌〉流傳下去吧。

●今天的樂趣

【蘋果之歌日】

〈蘋果之歌〉由佐藤八郎作詞、萬城目正作曲，為一九四五年（昭和二十年）十月十一日上映的電影【徐風】（そよかぜ）的插曲。今天是電影上映的日子，便制訂為「蘋果之歌日」了。

【護手日】

這個季節空氣變乾燥，再加上十月十一日可以唸成「護手」（てにいい），因此今天是「護手日」。趁著做家事的空檔塗點護手霜，寶貝一下手指吧。

【拋媚眼日】

10可以看成眉毛與睜開的眼睛，11則可看成眉毛與眨起來的眼睛。據說心上人的名字有幾個字，早起時拋幾下媚眼，戀情便會實現，這就是「拋媚眼日」的起源。

◆季節的樂趣

【紅玉蘋果】

紅玉蘋果酸味強勁、口感紮實，適合做成果醬、蘋果派或烤蘋果。購買時記得挑選色澤均勻的。

10月　神無月

12日

距離元旦經過…………284 日
距離除夕尚有…………80 日

［二十四節氣］
寒露

［七十二候］初侯
鴻雁來

「色」「味」俱全

差不多該收到北方山區的紅葉消息了。在平地，地膚會比其他樹木先一步轉紅。地膚是莧科的一年生草本植物，特徵是一叢一叢毛茸茸的，到了秋天會變得紅通通，模樣可愛又逗趣。

地膚在日本又稱「掃帚草」，因為以前的人會將地膚乾枯的莖捆起來製成掃帚。它的果實「地膚子」加熱後去皮，口感顆粒分明，人稱「陸上魚子醬」，是秋季的美食。

●今天的樂趣

【賞地膚】

國營常陸海濱公園（茨城縣）、蛭野高原掃帚草公園（岐阜縣）在地膚轉紅期間，將會舉辦各式各樣的活動。

【北門寺萬燈練供養】

日連宗開宗始祖日連，在東京都池上本門寺圓寂。每到忌日前夜，人們就會在本門寺舉起模仿櫻花的萬燈，緩步遊行。

【豆漿日】

「豆漿日」來自豆漿（とうにゅう）與十（とう）月十二（にゅう）日的諧音。

10月　神無月

13日

距離元旦經過…………285日

距離除夕尚有…………79日

［二十四節氣］寒露

［七十二候］初候　鴻雁來

比栗子更好吃的十三里

大部分的蔬菜都是愈新鮮愈好吃，但地瓜卻相反。地瓜採收後，果肉裡的澱粉會隨著時間轉化成葡萄糖和果糖。因此地瓜會在夏天到初秋採收、儲藏，等甜度變高了再上市。

提到地瓜，當然要聊一下烤地瓜了。熱騰騰的烤地瓜自古就抓住了江戶人的胃。據說關東是在江戶時代後期開始栽種地瓜的，自那以來，全江戶市便到處都是烤地瓜攤。

日本有句話叫做「八里半」，形容烤地瓜跟同為秋季美食的炒栗子賣得不分上下，因為八里「接近九里」（九里與栗子發音同為「くり」）。若不止不分上下，還賣得更好，則稱為「比九里多出四里共十三里」（くりよりうまい十三里，音同「比栗子更好吃」）。因此「十三里」現在也是地瓜的別稱。

●今天的樂趣

【地瓜日】

這是由地瓜上市的「十月」與別稱「十三里」組合而成的日子。

【豆子日】

日本人習慣在農曆九月十三日的「十三夜」（P320）拿豆子祭拜月亮，便制訂了這個日子。但在農曆上，每年十三夜的日期都會改變，因此「豆子日」統一訂於晚一個月的新曆十月十三日。

【御會式】

今天是日蓮宗開宗始祖日蓮的忌日。以今天為主所舉辦的日蓮追思法會，稱為「御會式」。

10月 神無月

14日

距離元旦經過…………286 日
距離除夕尚有…………78 日

［二十四節氣］
寒露

［七十二候］次候
菊花開

菊祭

黃、白、紫等各色菊花盛開的季節到了，各地都會舉辦爭奇鬥豔的菊花展及菊花祭。一踏入會場，菊花的清香便籠罩全身，令人神清氣爽。

江戶時代風行園藝，栽培出了各式各樣的菊花品種。根據江戶時代中期出版的園藝書記載，菊花的品種高達兩百三十種，如今已經成為代表秋天的花卉了。栽培並欣賞菊花，在以前是任何身分地位的人都喜愛的嗜好。菊花展與用菊花裝飾衣服的菊花人偶祭，也是始於江戶時代的秋季樂趣。燦爛綻放的菊花，為秋天妝點了繽紛的色彩。

●今天的樂趣

【菊花開】

雖然都是菊花，但不同品種的菊花開花時節各不相同。從晚夏到深秋，都能欣賞到菊花的身影。

【菊祭】

每年十月中旬至十一月下旬，都會舉辦二本松菊花人偶祭（福島縣）與笠間菊花祭（茨城縣）。

【灘之喧嘩祭】

這是兵庫縣松原八幡神社的秋季例大祭。數百名男丁將抬著三台神輿互相撞擊，是讓人熱血沸騰的祭典。

10月　神無月

15日

距離元旦經過⋯⋯⋯⋯287日
距離除夕尚有⋯⋯⋯⋯77日

［二十四節氣］
寒露

［七十二候］次候
菊花開

蕈菇

我非常喜歡吃菇，冰箱裡從來沒有少過菇類。多虧人工栽培，現在一年四季都買得到鴻喜菇、鮮香菇、金針菇、杏鮑菇，因此恐怕很少有機會從隨處可得的菇類感受到季節的轉變。不過，秋天還是可以在百貨公司或超市看到一些稀有菇類，像是一整株的舞菇、圓圓胖胖的本占地菇、如荷葉蕾絲的繡球菇等等，而最醒目的位置總會擺著蕈菇之王——松茸。

到底要不要買松茸呢？每年我都會站在蕈菇賣場猶豫不決。

●今天的樂趣

【蕈菇日】
十月是市面上菇類最豐富的季節，為了宣傳菇菇的魅力、促進消費，十月中旬便訂為「蕈菇日」了。

【化石日】
一九〇四年（明治三十七年）的今天，考古學家發現了日本代表性的化石——日本菊石，這個日子就是由此制訂的。

【報紙週】
每年十月十五日開始的一週，各報社都會舉辦活動，加強報紙與讀者之間的連結。

10月 神無月

16日

距離元旦經過……288日

距離除夕尚有……76日

［二十四節氣］寒露

［七十二候］次候 菊花開

Boss日

今天是「Boss日」。「Boss」這個字對日本人來說可能不太熟悉，其實這指的就是職場的「老闆」或「主管」，經常受對方照顧的「前輩」也稱為「Boss」。

感謝主管平日的辛勞並慰勞他們的「Boss日」，發祥於一九五八年（昭和三十三年）的美國。當時有一名女性希望自己公司的老闆能和員工相處得更融洽，便提倡了這個日子。為什麼訂在十月十六日呢？因為這天是公司老闆的生日。後來這個日子傳到世界各國，便衍生出贈送小禮、卡片傳達尊敬與感謝的習俗。趁這天約主管或前輩吃頓午餐也不錯唷。

●今天的樂趣

【Boss日】

如果Boss日剛好遇到假日，就會挪到離當天最近的平日。這天有一個例行活動，那就是「催促Boss準時下班」。

【世界糧食日】

這是呼籲世人重視開發中國家營養失調及糧食危機的日子，於一九八一年（昭和五十六年）由聯合國世界糧農組織制訂。

【人與色之日、自我顏色紀念日】

「人與色之日」（ヒトとイロの日）來自十（ヒト）月十六（イロ）日的諧音。趁著今天瞭解自己最適合什麼顏色並穿搭在身上吧！相信在色彩的烘托下，一定能展現出屬於自己的魅力。

◆季節的樂趣

【柳葉魚】

一般市面上的柳葉魚大多為喜相逢（毛鱗魚）。真正的柳葉魚是棲息於北海道太平洋沿岸的原生種，漁穫期只有十至十一月短短兩個月。柳葉魚脂肪飽滿、滋味濃郁，魚卵帶有高雅的鮮甜，與喜相逢是截然不同的魚，吃過一定對那種感動念念不忘。

10月 神無月

17日

距離元旦經過…………289日

距離除夕尚有…………75日

［二十四節氣］
寒露

［七十二候］次候
菊花開

神嘗祭

祭拜日本眾神之首——天照大御神的伊勢神宮（三重縣），每年都會舉辦一千五百場祭典，其中最受重視、傳承不息的，是從十月十五日舉辦到今天的「神嘗祭」。

在神嘗祭，人們會將今年初次收割的稻穗「初穗」供奉給天照大御神。在日本神話中，稻穀是天照大御神的孫神帶到地上的。而賜予孫神天界稻穀的，自然是天照大御神。神嘗祭就是稟報眾神之首所賜的米順利結穗，感謝上蒼庇佑的一種習俗慶典。

●今天的樂趣

【神嘗祭】

神嘗祭是非常重要的祭神儀式，相當於「神宮的新年」。神嘗祭舉辦期間，不但天皇陛下會送上皇居裡栽種的稻米，全國各地農家也會獻上做為「縣稅」的初穗給伊勢神宮。

【儲蓄日】

在神嘗祭，農民們會將辛苦耕種的成果——初穗獻給神明。這天就是為了提醒大家珍惜辛勤工作的成果，培養儲蓄觀念而制訂的。

10月 神無月

18日

距離元旦經過…………290 日
距離除夕尚有…………74 日

［二十四節氣］
寒露

［七十二候］次候
菊花開

濁酒祭

日本的祭神儀式一定少不了酒。因為自古以來，日本人便認為用米、麴、水釀製而成的酒，是透過神明力量才完成的神聖飲品。過去許多神社都會釀酒，每到祭典就拿來祭拜神明，拜完大家再一起分著飲用。這個習俗傳到現代，就成了各地在秋天舉辦的「濁酒祭」。濁酒是冬天於神社酒窖釀造的酒，在世界遺產——岐阜縣白川村，將會有五間神社舉辦濁酒祭招待民眾濁酒，慶祝秋天收成。在舞台上，還會有民謠和鄉土技藝等表演，讓村人與觀光客一同享受秋季饗宴。

● 今天的樂趣

【濁酒祭】

酒在釀造過程中會產生酒糟，而「濁酒」就是沒有過濾酒糟的酒，是最原始的日本酒。白川村的濁酒祭（どぶろく祭り）從九月二十五日到十月十九日，共有五間神社舉辦（各神社舉辦期間各為一至兩天）。

【冷凍食品日】

冷凍的「凍」（とう）與十諧音，再加上冷凍食品最適合的保存溫度是零下十八度，結合起來就變成「冷凍食品日」了。冷凍食品是餐桌好夥伴，國內產量也不斷在攀升。

【司機日】

這天是感謝駕駛卡車、巴士、計程車的職業司機，提高他們社會地位的日子。之所以訂在今天，是因為「一〇一八」可以唸成「司機」（ドライバー）。

【統計日】

一八七〇年（明治三年），太政官布告公布了現在的生產統計濫觴「府縣物產表」，而公布的日期換算成新曆正是今天，於是「統計日」就誕生了，目的是呼籲民眾瞭解統計的重要性。

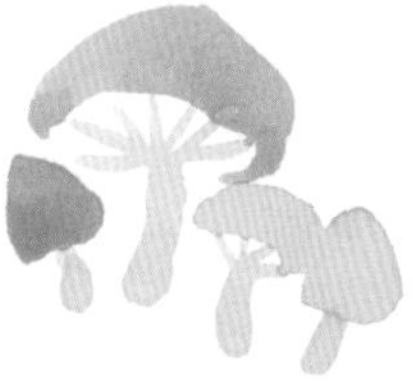

10月　神無月

19日

距離元旦經過…………291日
距離除夕尚有…………73日

［二十四節氣］
寒露

［七十二候］末候
蟋蟀在戶

引吭高歌的秋日音樂會

初秋傍晚時分才開演的螽斯、蟋蟀音樂會，到現在已經從白天就聽得到了。轉入深秋後，夜晚氣溫驟降，當氣溫下探十五度，蟋蟀、鈴蟲就不會再叫，因此這些變溫的昆蟲們也開始在白天鳴唱了。

伴隨著蟲鳴聲，不時還能聽見紅頭伯勞高唱，發出「啾——啾唧啾唧啾」的清脆鳥囀，這是紅頭伯勞在強調自己的地盤，直到春天求偶期之前，牠們都會奉行單身主義。秋冬是人類戀愛的季節，紅頭伯勞卻單宿單飛，實在太獨立了。

●今天的樂趣

【蟋蟀在戶】
「在戶」指的是「在房子門口鳴叫」，而「蟋蟀」也象徵著冬天漸漸來臨。

【清倉拍賣日】
一八九五年（明治二十八年）的今天，東京的大丸和服店舉辦了日本有史以來第一場清倉大拍賣。不過，也有人認為大拍賣起源於江戶時代的和服店或大正時代的百貨公司。

【奶爸日】
這天來自十月（トウサン，音同「父親」）與十九日的諧音（イクジ，音同「育兒」）。為了推廣男性請育嬰假、感受育兒之樂，便制定了這個日子，鼓勵父親帶小孩。

◆季節的樂趣

【四方竹】
四方竹是深受大眾喜愛的秋筍，為高知縣特產。特徵是口感清脆、略帶苦味，適合燉煮或炒來吃。

10月 神無月

20日

距離元旦經過…………292日
距離除夕尚有…………72日
［二十四節氣］
寒露
［七十二候］末侯
蟋蟀在戶

來吧，福德！惠比壽講

惠比壽是日本的商業之神，總是拿著釣竿與鯛魚，一臉笑瞇瞇的。祭祀惠比壽以祈求福德的儀式，稱為「惠比壽講」（えびす講）。江戶時代的商家非常流行舉辦惠比壽講，而農村也繼承了這項傳統以祈求豐收。

日本人認為惠比壽不會出席出雲舉辦的眾神會議（P316），而是留下來鎮守。各地祭祀惠比壽的神社在今天辦的「惠比壽講」，就是要慰勞留下來鎮守的惠比壽而開始舉辦的。人們除了會祭拜酒菜以外，還會供奉放入小木器裡的零錢及錢包，向惠比壽祈求福氣。

● 今天的樂趣

【惠比壽講】
「惠比壽講」有各式各樣的寫法，有些地方也會寫成「戎講」或「惠美須講」，舉辦日期也各不相同，有的在十月二十日，有的在十一月二十日、一月十日或一月二十日。而今天的惠比壽講又稱為「二十日惠比壽」。寶田惠比壽神社（東京都）周遭，還會舉辦販賣醃菜的「淺漬市」。

【回收日】
十月二十日可以唸成「一回、兩回」（ひよまわり、ふたまわり）所以今天是「回收日」。十月也是3R——Reduce（垃圾減量）、Reuse（再使用）、Recycle（再利用）的推廣月。

10月　神無月

21日

距離元旦經過…………293日
距離除夕尚有…………71日
［二十四節氣］
寒露
［七十二候］末侯
蟋蟀在戶

發明王與日本竹

大家都以為「發明燈泡的人」是愛迪生，其實嚴格說來，燈泡是物理化學家——約瑟夫・斯萬（Joseph Wilson Swan）所發明的。不過，他發明的版本只能亮四十秒左右。實際將燈亮時間延長並實用化的人是愛迪生。而協助這項偉大成就發光發亮的，則是日本的某種植物。

延長燈亮時間的關鍵，在於燈泡內負責發光的零件——鎢絲的材質。愛迪生使用了六千種材料反覆實驗，發現竹子最適合製成鎢絲。他派出了二十名竹子獵人到全世界採竹，而平均可以發光一千小時的，是生長在石清水八幡宮（京都府）周遭的竹子。在次世代纖維素問世前的十幾年間，日本竹製成的鎢絲照亮了全世界。

●今天的樂趣

【點燈日】

一八七九年（明治十二年）的今天，愛迪生改良的白熱燈泡亮了足足四十小時，當時的鎢絲還是木棉線製成的。為了紀念這項偉大的成就，並期許照明文化的普及創造富足的社會，並提醒人們有效利用資源。今天就制訂為「點燈日」了。

◆季節的樂趣

【獵戶座流星群】

這是每年十月十五日至二十三日左右出現的天文秀。在無光害的環境下抬頭仰望夜空，或許會發現流星一閃而逝唷。

10月 神無月

22日

距離元旦經過…………294日

距離除夕尚有…………70日

［二十四節氣］
寒露

［七十二候］末候
蟋蟀在戶

回溯千年的「時代祭」

「時代祭」是慶祝平安京遷都一千一百年而創立的平安神宮祭典，祭祀下令遷都的桓武天皇。

這個祭典最有看頭的地方，莫過於全長兩公里，列隊者兩千名的「朝代遊行」了。光是望著遊行隊伍，就能從明治維新一路回溯到平安京遷都時的光景，體驗千餘年來的朝代變遷。坂本龍馬、織田信長、清少納言、坂上田村麻呂等象徵各時代的人物也會登場。

列隊者的服飾、用品、祭器，都是依循時代考證重現的。從一條線到一個金屬器具，都薈萃了傳統工藝技術的精髓。

●今天的樂趣

【時代祭】

「時代祭」是與「葵祭」（P162）、「祇園祭」（P225）並列的京都三大祭典之一，於每年十月二十二日舉辦。一如平安神宮之名，祭典的目的在於祈求世間平安。載著平安神宮祭神的御鳳輦，將隨著朝代遊行一同繞街巡視。

【動畫日】

一九五八年（昭和三十三年）的今天，日本最早的彩色長篇動畫電影**【白蛇傳】**上映了。

【中也忌】

今天也是大正、昭和時期的詩人——中原中也的忌日。

10月 神無月

23日

距離元旦經過	295日
距離除夕尚有	69日

［二十四節氣］
寒露

［七十二候］末候
蟋蟀在戶

長長秋夜正好眠

日本人每五人就有一人有睡眠障礙。秋天氣溫舒適，正是調整混亂睡眠作息的好季節。

人類的睡意是由褪黑激素這種荷爾蒙引發的。當我們睡醒，眼睛接受到光線，褪黑激素就會停止分泌，直到十四至十六小時候再度分泌。

如果熬夜而延後起床時間，出現睏意的時間就會變得愈來愈晚，假日長時間午睡或瘋狂賴床，也會擾亂睡眠作息。

秋天的夜晚雖長，但也別太晚睡，盡量每天同一時間起床吧。

●今天的樂趣

【失眠日】

二與三可以唸成「失眠」（ふみん），因此二月三日與每月的二十三日都是「失眠日」。改善失眠的相關資訊也會在這天公布，供民眾參考。

【電信電話紀念日】

日本最早的公眾電信網路架設工程，於一八六九年（明治二年）九月十九日動工，換算成新曆就是今天，因此今天是「電信電話紀念日」。

【津輕腔之日】

今天是青森縣的方言詩人——高木恭造的祭日，當地會在今天舉辦以津輕腔為主題的活動。

10月 神無月

24日

距離元旦經過…………296日

距離除夕尚有…………68日

［二十四節氣］
霜降

［七十二候］初候
霜始降

霜降

秋天最後的節氣是「霜降」，也就是「開始降霜」的意思。此時北海道及東北北部會傳來初霜的消息，山林也染上一片楓紅。古人將這種紅、黃、褐色葉子繽紛燦爛的模樣，稱為「山妝」。

看看我們的生活，差不多也到了為冬天添購新衣，檢查暖器是否正常，準備過冬的季節了。

●今天的樂趣

【霜始降】

霜是在晴朗無風的夜晚，空氣中的水蒸氣碰到溫度達到冰點以下的地面或地表上的東西時所結成的冰。在北海道的旭川及帶廣地區，十月上旬就降初霜也不稀奇。

【聯合國日】

一九四五年（昭和二十年）的今天，是聯合國正式成立的日子，因此今天是「聯合國日」。日本是在一九五六年（昭和三十一年）十二月十八日加盟的。

【天女日】

「天女日」（てんにょの日）來自十（てん）二十四（にょ）日的諧音。京都府京丹後市、大阪府高石市、鳥取縣湯梨濱町等不少地區，都有流傳天女的傳說。

【文鳥日】

現在正是文鳥的幼雛在寵物店開始露面的季節，再加上十與二十四可以唸成「掌心的幸福」（手に幸せ），因此今天就是「文鳥日」了。

10月　神無月

25日

距離元旦經過…………297日
距離除夕尚有…………67日

［二十四節氣］
霜降

［七十二候］初候
霜始降

在地烏龍麵

烏龍麵源於古中國，後來在日本各地發揚光大。調查「日本三大烏龍麵」，會發現有各式各樣的答案，例如稻庭烏龍麵（秋田縣）、水澤烏龍麵（群馬縣）、冰見烏龍麵（富山縣）、讚岐烏龍麵（香川縣）、五島烏龍麵（長崎縣）等等。若把配料及調味在算在內，搞不好日本四十七個都道府縣全部都有在地烏龍麵。旅行時在當地品嚐固然最好，不過郵購或網購回家重現美味也很不錯。要吃涼麵或熱騰騰的麵，要買生麵或乾麵，要多加些料還是簡單吃……光想想就覺得肚子咕咕叫了呢。

●今天的樂趣

【世界義大利麵日】

一九九五年（平成七年）的今天，義大利召開了世界義大利麵會議，因此今天是「世界義大利麵日」。明治時代義大利麵的「管麵」傳入日本時，人們對它的介紹是「像竹管一樣有洞的烏龍麵」。也有人認為義大利麵跟烏龍麵系出同源。

【民航紀念日】

一九五一年（昭和二十六年）的今天，是戰後第一個國內民間航空公司「日本航空」開航的日子。當時開通的航線為東京至大阪至福岡。

【久世山車祭】

每年十月二十五日至二十六日都會舉辦「久世山車祭」。最有看頭的就是岡山縣真庭市久世地區五間神社的神輿、十間神社的山車繞街遊行的「五社御祭禮」以及山車互撞的「鬥山車」（だんじり喧嘩）了。

◆季節的樂趣

【木瓜】

木瓜（花梨）富含扁桃苷，具有止咳化痰的功效，但並不適合生食，因此大多會做成果醬、蜂蜜漬、糖煮木瓜等等。

10月 神無月

26日

距離元旦經過…………298 日

距離除夕尚有…………66 日

［二十四節氣］
霜降

［七十二候］初候
霜始降

柿子的健康功效

日本有一句諺語「柿子紅了，醫生的臉就綠了」，意思是「柿子轉紅時氣候穩定，鮮少有人生病，因此醫生也沒生意了」，不過，這句話也是因為柿子有益健康才誕生的吧。

柿子是一種富含維生素的果實，尤其含有大量維生素C，能提高免疫力、預防老化，只要吃一顆，就能滿足一天所需的攝取量。

此外，柿子也含有豐富的β-胡蘿蔔素，能強化鼻喉黏膜，預防感冒。

● 今天的樂趣

【柿子日】

「柿くへば鐘が鳴るなり法隆寺」

（紅柿掛枝頭 垂涎大塊朵頤時 鐘鳴法隆寺）

正岡子規非常熱愛柿子。他曾於一八九五年（明治二十八年）的今日出發旅行，這首俳句就是他在此趟旅途中創作的。

【碁子麵之日】

這是為了推廣愛知縣名產「碁子麵」而制訂的紀念日。十月是食慾之秋，再加上碁子麵「滑溜」的口感與「二六」（つる）的諧音，因此就訂在十月二十六日了。

10月　神無月

27日

距離元旦經過…………299日
距離除夕尚有…………65日

［二十四節氣］
霜降

［七十二候］初候
霜始降

閱讀週

今天是「閱讀日」，也是從今天起至十一月九日「閱讀週」的第一天。這兩週恰好應驗了「讀書之秋」這個字。可是「為什麼只有秋天要強調讀書呢？」還真是令人有些好奇。

其實這源於唐代文學家韓愈寫給兒子的一句詩。他為了教導兒子用功做學問，寫下了「燈火稍可親」，提醒兒子秋夜涼快，燈火沒這麼熱，正是讀書的好時節。

後來「燈火稍可親」變成了日本讀書人時常引經據典的一句話。例如明治時代，夏目漱石在報紙連載《三四郎》時，就有引用這句詩，加深了大眾對於秋天開卷有益的印象。

●今天的樂趣

【閱讀週】

日本在戰前曾經實施「圖書館週」以促進圖書館發展，「閱讀週」就是延續「圖書館週」，於一九四七年（昭和二十二年）設立的，目的是「透過讀書的力量打造和平的文明國家」。因為閱讀週，「讀書之秋」的印象就更深入人心了。

【世界新紀錄日】

一九三一年（昭和六年）的今天，日本首度創下了兩個新世界新紀錄。「明治神宮體育大會」上，南部忠平刷新了世界跳遠紀錄，織田幹雄則刷新了三級跳遠紀錄。

10月 神無月

28日

距離元旦經過…………300 日

距離除夕尚有…………64 日

［二十四節氣］
霜降

［七十二候］初侯
霜始降

高湯

用柴魚、昆布、小魚乾、飛魚乾、乾香菇熬煮高湯，是和食的基礎。從這些乾貨提煉出的濃縮鮮味與營養，孕育出了豐富的料理。

我有個長期待在國外的朋友，他說總要吃到高湯煮成的料理，才會深刻感受到「我回日本了」。或許是高湯的香氣與滋味，療癒了他疲勞的身心吧。成田機場等日本國際機場，都有餐廳或土產店能品嚐美味的高湯，有些甚至還會賣罐裝高湯呢。

●今天的樂趣

【高湯日】
柴魚是高湯的代表性材料，而今天正好是發明柴魚「燻乾黴菌發效法」的江戶時代漁民角屋甚太郎的生日。柴魚的原型在奈良時代的文獻中也曾經出現過。

【群馬縣民日】
一八七一年（明治四年）的今天，是「群馬縣」啟用的日子，因此今天是「群馬縣民日」。

【貓熊日】
一九七二年（昭和四十七年）的今天，是大貓熊「蘭蘭」和「康康」來到東京都上野動物園的日子，於是今天便訂為「貓熊日」了。

10月　神無月

29日

距離元旦經過…………301日

距離除夕尚有…………63日

［二十四節氣］

霜降

［七十二候］次侯

霎時施

時雨風景

時節已經來到霜降的次候「霎時施」了。在七十二候中，秋天即將接近尾聲。

「霎」是「時雨」，也就是從秋末下到冬初，反反覆覆時降時停的雨。這是由大陸吹來的季風以及由日本海水蒸氣形成的波浪狀雨雲所下的。淅淅瀝瀝的冰涼雨絲戛然而止，頓時晴空萬里。被雨水濡濕的草木及路面，彷彿大自然賜予的寶箱，在陽光照耀下閃爍著亮晶晶的光芒。

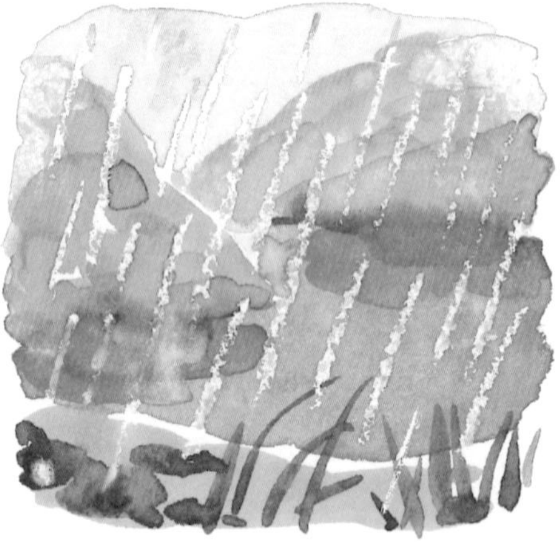

●今天的樂趣

【霎時施】

時雨是北海道及本州日本海沿岸常見的氣候，人們自古就會透過和歌吟詠時雨，藉這種景象暗示孤寂與悲傷。「時雨心」則代表想要流淚的心情。

【手套日】

「一〇二九」可以唸成「手套」（てぶくろ），因此今天是「手套日」。在北方，手套及圍巾也差不多該登場了。

10月 神無月

30日

距離元旦經過…………302日
距離除夕尚有…………62日

［二十四節氣］
霜降

［七十二候］次侯
霎時施

TKG

熱騰騰的飯打上雞蛋，淋一點醬油——便宜又簡單的生雞蛋拌飯，是日本人的靈魂食物。最近也很流行取「雞蛋」（たまご）、「拌」（かけ）、「飯」（ごはん）的字首發音，稱之為「TKG」。生雞蛋拌飯深受日本人青睞，不但專用醬油熱銷，專賣店也大排長龍，或許簡單而易於變化就是它長青的祕密吧。

在生雞蛋拌飯上加點當季食材，品嚐秋天的美味，也是個不錯的選擇。例如脂肪肥美的秋季吻仔魚、口感粒粒分明的地膚子，最後再奢侈地撒上鮭魚卵大快朵頤。加了這麼多料，已經不是隨手來一碗的輕食了，而是令人幸福滿足的澎湃美食。

●今天的樂趣

【生雞蛋拌飯日】
這是透過「生雞蛋拌飯」這個主題，讓大家思考日本的飲食文化，以及對家人的愛的一天。由來是第一屆日本生雞蛋拌飯研討會於二〇〇五年（平成十七年）的今天舉辦。

【初戀日】
這是為了紀念一八九六年（明治二十九年）的今天，島崎藤村在文學雜誌《文學界》發表了新詩〈初戀〉而制訂的日子。大家還記得自己的初戀嗎？

【紅葉忌】
今天是明治時代小說家尾崎紅葉的祭日，代表作有《多情多恨》、《金色夜叉》、《三人妻》等等。

◆季節的樂趣

【零餘子】
「零餘子」是山藥葉子根部生長的一種珠芽，呈球狀，大小約五到十公釐，加熱後會像芋頭一樣口感綿綿稠稠的，帶有甜味。可以蒸、煮後撒點鹽簡單吃，也可以和銀杏、菇類等秋天食材一起做成炊飯。

10月　神無月

31日

距離元旦經過	303日
距離除夕尚有	61日

［二十四節氣］
霜降

［七十二候］次侯
霎時施

萬聖夜

進入十月，點心賣場及櫥窗就會充滿熱鬧又詭譎的萬聖節裝飾。這十幾年來，萬聖節在日本已經成為大家熟悉的年節慶典了。對小孩來說「這是可以拿到點心的活動」，對年輕人來說則是「一年一度的瘋狂盛事」，不過，萬聖節的起源其實非常莊嚴。

距今超過兩千年前，歐洲有一支強盛的原住民叫做凱爾特人，在他們的曆法上，十月三十一日是一年的最後一天，他們相信祖先的靈魂將在這天返鄉。這對日本人來說，就像盂蘭盆節加上除夕夜一樣。

十月底正值豐年祭，因此凱爾特人也會在這天準備供品祭拜並感謝祖先。他們認為當祖先靈魂回到陽世時，會招來惡靈、女巫，所以還會焚燒巨大的篝火，獻上供品，再將火帶回家中驅魔。

後來基督教在歐洲傳開，十月三十一日的凱爾特祭典便跟著改變形式了。

●今天的樂趣

【萬聖夜】

萬聖夜於一九七〇年代傳入日本，後來在一九八〇年代，東京舉辦了日本第一場萬聖節遊行。如今，萬聖夜已經與聖誕節、情人節齊名，成為商機無限的年度盛會了。

【傑克南瓜燈】

將南瓜挖空，裡頭點亮，就成了傑克南瓜燈。相傳

十一月一日成為崇敬所有聖人的節日「萬聖節」（All Hallows），前一晚則變成「萬聖夜」（All Hallows eve），簡稱「Halloween」。變成萬聖夜後，為了繼承凱爾特人的文化，人們便裝扮成祖先靈魂的模樣、獻上供品，以示憑弔及感激之意。

到了十九世紀，萬聖節傳入美國，又經歷了一次大改變，不但變成小孩的慶典，變裝主題也成了穿梭異界的妖魔鬼怪，供品改成了點心，還衍生出了「不給糖就搗蛋」（Trick or treat）這句諺語。

中世紀有個叫傑克的男人，他上不了天堂也下不了地獄，只能帶著惡魔給他的火種在人世流浪，而這就是傑克南瓜燈的起源。據說只要擺出南瓜燈，就能聚集善靈，趕跑惡靈。

【萬聖夜變裝】

變裝的熱門主題——巫女、魔鬼、喪屍、怪物等穿梭異界的妖魔鬼怪，其實都是從原始的萬聖夜延續而來的。

11月

霜月

しもつき

山中染上了楓紅杏黃，
枯木也捎來寒意。
秋天邁入尾聲，
初冬的情景令人感傷不已。

11月　霜月

1日

距離元旦經過…………304日

距離除夕尚有…………60日

［二十四節氣］
霜降

［七十二候］次候
霎時施

霜月開始

「霜月」是農曆十一月的別稱，但人們也用它稱呼新曆十一月。之所以叫「霜月」，是因為接下來就會邁入寒冬，平地也即將降霜。

在霜月的第一天，人與樹木都會換上冬裝，抵禦緊接而來的寒冬。從今天開始到明年三月底，是提醒大家多穿幾件衣服保暖的「溫暖辦公」期間，靠發熱衣禦寒的日子將持續好一陣子。在北方，人們則會用稻草或草席，幫庭園樹木搭建防雪籬笆以過冬。大雪地區的人也會設置雪吊，避免雪的重量將樹枝壓斷。

●今天的樂趣

【十一月的別稱】
莊稼人忙完一年的農活後，會在這個月獻上神樂給神明，因此十一月也別稱「神樂月」。

【溫暖辦公】
這是二〇〇五年（平成十七年）開始實施的節能活動。起初只是呼籲大家穿多一點，暖氣開二十度左右就好，近年來在衣食住等方面也有提供禦寒保暖的建議。

【兼六園雪吊】
在石川縣的特別名勝「兼六園」，園方為了保護樹木免遭雪害，會在每年十一月一日到隔年三月十五日搭設雪吊。從今天開始到十二月左右，都能看見園藝師在架設雪吊的身影。

【收音機體操日】
收音機體操於一九二八年（昭和三年）的今天開始播放，因此今天是「收音機體操日」。

【燈塔紀念日】
日本最早的西式燈塔「觀音崎燈塔」（神奈川縣）於一八六八年（明治元年）的今天動工，為了紀念就制訂了「燈塔紀念日」。

11月 霜月

2日

距離元旦經過…………305 日

距離除夕尚有…………59 日

［二十四節氣］

霜降

［七十二候］次侯

霎時施

向山豬許願的亥之子

「亥之子」是農曆十月的亥日，同時也是在這天舉行的慶祝儀式的名稱。

它源於古中國人在亥之子亥時（下午九點至十一點）吃年糕祈求平安健康的習俗。後來這項傳統於平安時代傳入日本，逐漸改變並傳承至今。現在和菓子店都會賣山豬造型的「亥之子餅」，除了有平安健康的寓意以外，也因山豬多產，有兒孫滿堂的好兆頭。有些地區還結合了陰陽五行說，認為亥司掌水的方位，能夠降服祝融之災，因此當地人會在亥之子這天啟用暖桌或開爐㊟，維持伏火的靈力。

㊟日本茶道在十一月到隔年四月會使用地爐，開爐如同茶人的過年，是非常重要的活動。

●今天的樂趣

【亥之子月】

「亥之子月」是感謝田神，預祝豐收的儀式，主要於瀨戶內海沿岸舉辦。孩子們會唱歌、念經，熱熱鬧鬧地巡邏社區，用稻草或小石頭敲擊地面。

【亥之子餅】

「亥之子餅」別名「玄豬」。其實除了亥之日與亥之刻以外，任何時刻都可以吃玄之子餅祈願。

【書法日】

將今天的日期並列成「一一〇二」可以讀為「好字」（いいもじ），這就是「書法日」的由來。

11月　霜月

3日

距離元旦經過…………306日

距離除夕尚有…………58日

［二十四節氣］
霜降

［七十二候］末候
楓蔦黃

賞楓

當最低氣溫下探七度，樹葉就會開始轉紅。目前東北及關東北部的平原，楓葉與紅葉都開始變色了，光是計畫要去哪裡「賞楓」，就讓人興奮不已。

藉由「賞楓」欣賞紅葉，是七世紀日本貴族的雅興。日文將賞楓稱為「紅葉狩り」（狩紅葉），應該是因為想要欣賞紅黃交錯的樹木，就跟狩獵飛禽走獸一樣，得到山裡去吧。也有人認為「狩紅葉」的語源來自當時的人不止賞楓，也會動手採下來，這在現代可是違反規矩的唷。

● 今天的樂趣

【楓蔦黃】

霜降末候的主角是楓與蔦（爬牆虎）。捎來各地楓紅狀況的紅葉前線，正在日本列島由北往南、由高地向平原迅速前進。東北以南的黑部溪谷（富山縣）、大山（鳥取縣）、菊池溪谷（熊本縣）等高海拔地區的紅葉，如今正是最美麗的時候。

【文化日】

「文化日」是日本的國定假日之一，宗旨為「愛好自由與和平，促進文化」（摘自國定假日相關法）。對藝術及科學技術發展盡心盡力的人，將在這天獲頒文化徽章。為鼓勵民眾增進文化素養，有些博物館或美術館也會在今天開放免費入場。

【漫畫日】

「漫畫日」衍生自「文化日」，是為了加深大眾對於日本聞名世界的文化——漫畫的了解所制訂的。漫畫之神手塚治虫的誕辰也在今天。

【哥吉拉日】

【哥吉拉】是享譽國際的怪獸電影，首部曲於一九五四年的今天上映。

11月 霜月

4日

距離元旦經過…………307 日

距離除夕尚有…………57 日

［二十四節氣］
霜降

［七十二候］末候
楓蔦黃

招福酉之市

每到十一月的酉日，各地大鳥（鷲、大鷲）神社都會舉辦「酉之市」祭典。酉之市俗稱「御酉樣」，起源於江戶時代的農民為了祈求開運，而將雞獻給神社的習俗。不知不覺間，雞（とり）與收入（とりこむ）結合在一起，就成了招攬福氣與人潮，祈求大吉大利、生意興旺的祭典了。

說到酉之市，當然少不了吉祥物熊手。熊手同樣具有招攬福氣與客人的好兆頭。

在神社境內，許多攤販都會兜售含各種吉祥裝飾的熊手，每當「買賣成交」，拍手賀成與響亮的口號聲就會響起，在神社境內此起彼落。

●今天的樂趣

【酉之市】

十一月最初的酉日稱為「一之酉」，下一個酉日則稱為「二之酉」。相傳若當年有「三之酉」，就會特別容易發生火災。

【熊手】

日本人相信熊手最好每年愈換愈大，這樣招來的福氣、好運、客人才會跟著變多。

【搔込】

「搔込」是一種開運護身符，語源為「招攬福氣」（福を搔き込め）。有些神社舉辦酉之市時，也會贈送熊手造型的搔込。

11月　霜月

5日

距離元旦經過	308日
距離除夕尚有	56日

［二十四節氣］
霜降

［七十二候］末候
楓蔦黃

御火焚與烤橘子

十一月的京都幾乎每天都有神社或寺廟冒煙，其實那是在舉行流傳自江戶時代的火祭「御火焚」。御火焚起源不明，但應該是宮中儀式「新嘗祭」（P375）流傳到民間所形成的。人們會將柴薪與寫有參拜者心願的火焚串（護摩木）一同焚燒，祈求五穀豐收、消災解厄、健康平安，並藉由火焰將罪惡、污穢燃燒殆盡的力量淨化身心。相傳只要吃了用這種淨火烤過的橘子，整個冬天都不會感冒。即使去不了京都，也可以自己烤烤看橘子，祈求健康平安喔。

●今天的樂趣

【藤森神社火焚祭】

「藤森神社火焚祭」於每年十一月五日舉辦，本殿前會舉行焚燒「火焚木」的祭神儀式，祈求信眾平安。

【烤橘子】

橘子烤過後口感會很鬆軟，甜度也會大福增加。作法如下：

①將橘子連皮放入烤箱。
②烤八分鐘左右並不時翻面，直到表皮出現焦痕。

【結緣日】

十一月五日與「良緣」（いいご縁）諧音，因此今天是「結緣日」。

◆季節的樂趣

【黃尾鴝】

黃尾鴝是一入深秋就會飛到全日本過冬的候鳥，別名「火焚鳥」。牠會發出「咻咻、喀喀」的叫聲，聽起來就像在敲打火石，據說這就是火焚鳥別稱的由來。

11月 霜月

6日

距離元旦經過…………309日
距離除夕尚有…………55日

［二十四節氣］
霜降

［七十二候］末候
楓蔦黃

螃蟹的產地

當十一月五日一切換到十一月六日，富山縣以西的日本海沿岸就會開放捕螃蟹。此時各地漁民都會爭相捕撈「冬味之王」松葉蟹。公蟹的腳非常鮮甜，母蟹的卵及卵巢「內子」則帶有濃郁的滋味。

松葉蟹擺在超市或出現在菜單上時，有些會附註捕撈到的港口，也就是牠們的產地。

代表性的有京都府、兵庫縣、鳥取縣。除此之外，島根縣出產的稱為「松葉蟹」（公）和「勢子蟹」（母）；福井縣出產的稱為「越前蟹」（公）和「背子蟹」（母）；石川縣出產的稱為「加能蟹」（公）和「香箱蟹」（母）。這些地方的螃蟹腳上都會掛著牌子，證明牠們是從各個漁港捕撈上來的。

●今天的樂趣

【松葉蟹】

成熟的雌松葉蟹交配後會立刻產卵，然後抱蛋將近一年。母蟹必須耗費大量的精力哺育小孩，因此體型大約只有公蟹的一半，價格比較划算。

【公寓紀念日】

一九一〇年（明治四十三年）的今天，是日本第一棟木造公寓於東京上野落成的日子。

【相親紀念日】

一九四七年（昭和二十二年）的今天，日本舉辦了一場團體相親大會，讓因戰爭而錯失緣分的男女得以覓得良緣，這就是「相親紀念日」的由來。

11月　霜月

7日

距離元旦經過…………310日
距離除夕尚有…………54日

［二十四節氣］
霜降

［七十二候］末候
楓蔦黃

開鍋

現在已經進入晚秋了，每到傍晚氣溫便會驟降，令人忍不住想吃熱騰騰的火鍋。而今天是「火鍋日」，正是開鍋的好日子。最近市面上有許多方便烹調的「火鍋高湯包」，對於熱愛火鍋的我家而言真是幫了大忙。吃遍每年推出的新口味更是一種樂趣，像是起司鍋、蕃茄鍋、咖哩鍋等等。這些特殊口味剛品嚐時可能會嚇一跳，之後就愈吃愈上癮，這就是火鍋厲害的地方，能在不知不覺間征服所有人的味蕾。現在，日本應該已經有超過一百種火鍋，這種有容乃大——材料、調味變化自如的特質，正是火鍋令人欲罷不能的魅力所在。

●今天的樂趣

【火鍋日】

此時冬天的腳步已經愈來愈近，於是日本人就制訂了「火鍋日」。日本「愛吃什麼鍋」調查排行二十歲至七十多歲男女如下：

1 什錦火鍋
2 壽喜燒
3 涮涮鍋

經典火鍋果然永垂不朽。

【保呂羽山霜月神樂】

「保呂羽山霜月神樂」是秋田縣橫手市波宇志別神社代代相傳的儀式，於每年十一月七日至八日舉行。人們將通宵表演三十三場神樂，感謝今年的收成並祈求來年五穀豐收。

◆季節的樂趣

【西洋梨】

西洋梨的特色是香氣濃郁、入口即化。如果還有點硬，不妨在家中以常溫保存、催熟，這樣就會更香甜可口。等到蒂的周圍出現皺紋，果肉摸起來像耳垂一樣軟，就可以大快朵頤了。

11月 霜月

8日

距離元旦經過…………311日

距離除夕尚有…………53日

［二十四節氣］
立冬

［七十二候］初侯
山茶始開

立冬

二十四節氣已經進入「立冬」了。在曆法上，今天開始到立春前一天「節分」（P46）都是冬天。

今天是新季節的第一天，不妨把這個冬天的計畫統統寫出來吧。像是看燈光秀、滑雪、吃當季美食、買暖呼呼的寢具等等，畢竟冬天有很多樂趣。當然，也別忘了列出年初預定及年節大事。

像這樣細細思考，不但能整理、發現自己的願望及心情，這個冬天也會變得很充實唷。

●今天的樂趣

【山茶始開】

立冬初候的「山茶」指的是「山茶花」而不是「椿花」（ツバキ）。這個季節不容易看到花，山茶花可謂冬季的一點紅呢。

【風箱祭】

自古以來，日本的金屬相關業者如鐵匠、鑄物師等等，都會用「風箱」鑄鐵，並在十一月八日休息，清理生產工具。「風箱祭」就是在這天舉辦的祭典，又稱「蹈鞴祭」。

【刀劍日】

今天是風箱祭的舉辦日，加上十一（いい）月八（は）日與「利刃」（いいは）諧音，因此也是「刀劍日」。

11月 霜月

9日

距離元旦經過…………312日

距離除夕尚有…………52日

［二十四節氣］
立冬

［七十二候］初候
山茶始開

一一九之日

發生火警時只要打一一九，可靠的消防車就會火速趕來。為了能在接獲出動指令後，於一分鐘內上場，消防隊員每天都會實行嚴格的訓練。

守護民眾生活的「自動轉接火災求救電話號碼」，是在一九二六年（大正十五年）問世的。當時的電話還是撥號盤，撥起來時間最短的是「一一二」，但因為容易撥錯，一九二七年（昭和二年）便改為「一一九」並延續至今。接下來的季節空氣乾燥，暖爐等設備也經常開著，火災危險性便頓時提高了。務必小心用火喔。

●今天的樂趣

【一一九之日】

這是為了提高民眾對於防火、避難的警覺心而制訂的日子。從今天開始到十五日，全國都會舉辦「秋季全國火災避難預演」。

【換氣日】

「換氣日」源於十一（いい）月九（く）日與「清新空氣」（いいくうき）的諧音。一天至少要讓室內通風一次，替換新鮮空氣。

【陽曆採用紀念日】

一八七二年（明治五年）十一月九日，是日本政府宣布採用新曆（陽曆）的日子。關於農曆與新曆的轉換，可以參考「日曆日」（P386）。

11月 霜月

10日

距離元旦經過…………313 日

距離除夕尚有…………51 日

［二十四節氣］
立冬

［七十二候］初候
山茶始開

十日夜

農曆十月十日的夜晚稱為「十日夜」。在東日本，許多地區都會今天舉行豐年祭酬神，因為當地人相信田神在這晚會回歸山林。不過現在不止農曆，不少地區也會在新曆十一月十日舉行豐年祭。

十日夜的主角是小孩。孩子們會拿稻草捆成的「稻草槍」巡邏社區，敲打門前或玄關前的地面以驅趕鼴鼠。有些還會哼唱囃子小調，居民則會給孩子們點心當作酬勞。

此外，也有地區把十日夜稱為「白蘿蔔辭歲」（大根の年取り）。據說十日夜是白蘿蔔生長最關鍵的一夜，所以禁止拔白蘿蔔、也不能食用。自從知道這個習俗後，在十一月十日吃白蘿蔔總會有點猶豫。

●今天的樂趣

【十日夜】
十日夜與十五夜及十三夜一樣，都有賞月的習俗。

【電梯日】
一八九〇年（明治二十三年）的今天，淺草的十二樓建築「凌雲閣」公開啟用了日本第一台電梯，故訂為「電梯日」。

【廁所日】
十一（いい）月十（ト）日與「好廁所」（いいトイレ）諧音，因此今天是廁所日。

【好友日】
十一（いい）月十（と）日與「好友」（いいとも）諧音。在這天回顧一下與好友一路走來的緣分吧。

11月　霜月

11日

距離元旦經過…………314日

距離除夕尚有…………50日

［二十四節氣］
立冬

［七十二候］初侯
山茶始開

「鮮肉包」與「豬肉包」

包子是秋冬的經典美食，在冷颼颼的天氣來一顆熱呼呼的中華包子，身體就會暖和起來。我讀高中時，每次結束社團活動肚子都會咕咕叫，所以經常買包子果腹。除了鮮肉包以外，我也常買其他口味替換著吃。

覺得應該叫「豬肉包」（豚まん）而不是「鮮肉包」（肉まん）的人，老家或現在住的地方應該都在近畿一帶吧。因為「豬肉包」主要是近畿人對肉包的稱呼。

近畿地區的人自古多養牛，用來耕田或載貨，因此明治時代肉食普及時，近畿人也產生了「肉就是指牛肉」的概念，這就是為什麼當地人都叫「豬肉包」而非「鮮肉包」的原因。就連便利商店和超市賣的包子，在近畿地區主要也都稱為「豬肉包」。

●今天的樂趣

【豬肉包之日】

豬肉包的材料包含豬鼻子，而十一月十一日的11看起來就像豬鼻子，所以今天是「豬肉包之日」。至於「豬肉包」之名，則發祥於兵庫縣神戶市的包子老鋪「老祥記」。

【足球日】

足球是十一人對十一人的比賽，所以制訂在今天。

【成雙成對日】

十一月十一日的11與11成雙成對，所以是「成雙成對」日。

【麵食日】

四個阿拉伯數字1並排就像麵條一樣。除了今天，每月十一日也是「麵食日」。

11月 霜月

12日

距離元旦經過…………315 日

距離除夕尚有…………49 日

［二十四節氣］

立冬

［七十二候］初候

山茶始開

冬天的北風

當新聞傳來「木枯一號」的消息，就代表冬天的腳步近了。「木枯」是冬季型氣壓分布下所颳的風，此時日本群島以西會籠罩著高氣壓，以東籠罩著低氣壓，形成「西高東低」的現象。每當這股冷颼颼的風颳來，人們總會不禁縮起脖子，難怪名字會叫「把木吹枯」。

木枯不止掃過平原，也從高山呼嘯而下，各地名峰都稱這股強風為「颪」（おろし）。較知名的有：赤城山（群馬縣）「赤城颪」、比叡山（滋賀縣）「比叡颪」、六甲山（兵庫縣）「六甲颪」等等。

●今天的樂趣

【木枯一號】

東京及近畿一帶都能觀測到木枯。

當北風滿足以下四個標準，就會成為木枯。

①氣壓分布西高東低。

②最大風速達秒速八公尺以上。

③風向朝西北西到北方之間（東京）、風向朝北（近畿）。

④在十月半到十一月末吹起（東京）、在霜降到冬至吹起（近畿）。

【肌膚日】

這個日子來自十一（いい）月十二（ひふ）日與「健康肌膚」（いいひふ）的諧音。做好保濕，寶貝一下因為木枯或颪而乾燥的肌膚吧。

11月　霜月

13日

距離元旦經過…………316 日

距離除夕尚有…………48 日

［二十四節氣］
立冬

［七十二候］次侯
地始凍

暖洋洋的小春日和

颳過木枯的隔日，天氣通常會一百八十度大轉變，充滿煦煦陽光。這種舒適宜人的天氣稱為「小春日和」，讓人有種春天已到的錯覺。「小春」是農曆十月的別名，而「小春日和」一般會用在新曆十一月到十二月上旬。

冷颼颼的日子突然溫暖和煦起來，想必大家都會覺得鬆一口氣吧。國外也有不少詞彙用來形容秋季的好天氣，像美國是「印地安夏天」、德國是「老婦人之夏」、俄羅斯是「女夏」。之所以用夏天來形容，是因為這幾個國家緯度較高，春天不像日本這麼溫暖。

●今天的樂趣

【地始凍】

這句話的意思是「隨著夜幕降臨、氣溫下滑，地面也跟著結冰、冒出霜柱」。這個季節清晨也很寒冷，冷冽的空氣令人神清氣爽。

【茨城縣民之日】

一八七一年（明治四年）的今天，是日本政府廢藩置縣後，實施府縣統合政策，啟用「茨城縣」這個名字的日子。今天就是為了紀念而制訂的。

【漆之日】

這是漆業相關者祈求漆業發達的日子。相傳虛空藏菩薩是在今天傳授製漆及塗漆方法給人們的，所以今天就是「漆之日」。

【膝蓋保健日】

這個日子來自十一（いい）月十三（ひざ）日與「健康膝蓋」（いいひざ）的諧音。

◆季節的樂趣

【錯季開花】

有些植物會因為連日溫暖的氣候而搞錯季節開花，又稱「二度開花」。二〇一八年（平成三十年）晚秋時各地都開了櫻花，還因此登上新聞。

11月　霜月

14日

距離元旦經過…………317 日

距離除夕尚有…………47 日

［二十四節氣］
立冬

［七十二候］次候
地始凍

新酒釀成

許多酒窯或酒窖都會將杉葉紮成球狀，做成「杉玉」垂掛在屋簷下，這種杉玉別稱「酒林」，是釀酒業者的象徵。在釀酒師的心目中，大神神社（奈良縣）是崇高的釀酒之神，因此他們會膜拜神社裡的杉樹神木，祈求神明眷顧釀酒順利，相傳這就是杉玉的由來。後來杉玉也變成了酒窖或酒鋪的招牌。

根據傳統，只要該年新酒釀成，就得換上新的杉玉。因此看到翠綠的杉玉，就代表「新酒釀成」或是「進新酒了」。接下來直到過年，新酒都會陸續上市。

●今天的樂趣

【酒祭】
每年十一月十四日，釀酒師們心目中的釀酒之神大神神社都會舉辦「酒祭」，正式名稱為「釀造安全祈願祭」。全國釀酒相關業者會在祭典中祈求新酒順利釀成，並在儀式後祈請「招牌杉玉」。

【埼玉縣民日】
為了紀念一八七一年（明治四年）的今天，日本政府廢藩置縣，「埼玉縣」誕生而訂。

【大分縣民日】
就跟埼玉縣一樣，一八七一年（明治四年）的今天，「大分縣」誕生了，故今天也是「大分縣民日」。

11月 霜月

15日

距離元旦經過…………318日

距離除夕尚有…………46日

［二十四節氣］
立冬

［七十二候］次候
地始凍

七五三

進入十一月後，神社境內及神社附近的公園不時會出現身穿七五三和服的孩童身影，有文靜乖巧的女孩，也有活潑調皮的男孩。他們穿和服的模樣真是說不出的可愛，令人不禁莞爾。

七五三是慶祝孩子順利長大，並祈求未來平安成人的儀式。每個地區的習俗不太一樣，不過都是由三歲的男孩與女孩、五歲的男孩、七歲的女孩到神社參拜祈福。古時候這不叫「七五三」，而是三個名字各異的喜慶儀式，分別是三歲「置髮式」、五歲「著袴式」、七歲「解帶式」。置髮是指幼童三歲起要留長頭髮；著袴是指男孩五歲第一次穿袴；解帶則是女孩七歲繫腰帶。之所以在三歲、五歲、七歲慶祝，是因為奇數在陰陽五行中屬於吉數。原本這是貴族和武士舉辦的儀式，到江戶時代普及至町民與農民之間，便衍生出了到氏神神社（祭祀氏族祖先的神社）參拜的習俗。

●今天的樂趣

【七五三】

最近不止十一月十五日，不少人也會選擇鄰近的六、日參拜。拜完之後，再和父母、祖父母一同吃飯。七五三傳承至今，已經變成所有人一起慶祝孩子成長的節慶了。

【和服日】

七五三適合穿華服或和服，所以今天是「和服

據說選擇在十一月十五日慶祝，是因為這天是最吉祥的日子「鬼宿日」。不過也有人認為，是因為第五代將軍德川綱吉的長男德松選擇在這天慶祝的緣故。

到了明治時代，人們才開始使用「七五三」這個名字。一開始是東京先使用，戰後便逐漸普及開來了。一般家庭的小孩在這天穿上華麗的和服，吃象徵健康長壽的千歲飴討吉利，也是從此時開始的。

我過七五三時是什麼模樣呢？翻開許久沒看的相簿，原來是個頂著妹妹頭、身穿鮮紅華麗和服，臉蛋紅通通的正宗昭和女孩，連我自己都忍不住笑出來了。

日」。全國和服店都會竭力宣傳和服之美與和服文化。

【魚板日】

根據平安時代古書記載，一一一五年（永久三年）舉辦的宴席，曾推出魚板（蒲鉾）這道菜。為了紀念這場宴會的餐點，人們便將一一一五年轉化成十一月十五日，將今天制訂為「魚板日」。魚板可是七五三宴席上的要角之一呢。

【昆布日】

七五三日吃昆布，含有祝福孩子身體健康的寓意。

11月 霜月

16日

距離元旦經過…………319日
距離除夕尚有…………45日

［二十四節氣］
立冬

［七十二候］次候
地始凍

自然薯

十一月是自然薯（野生山藥）的採收期。自然薯是薯蕷科日本原產的山菜，生長於各地山林裡。相較於平安時代從中國傳入後廣泛種植的長芋、大和芋，自然薯是自然野生的，故得此名。

大家都知道薯蕷科的薯類營養又美味，不過就藥效和滋味而言，自然薯才是上上之選。它富含能滋補強身、消除疲勞的營養素，包括幫助消化的澱粉酶、促進新陳代謝的膽鹼、令血液清澈的皂素等等。但自然薯採收不易，在市面上也不好找，令人頗為遺憾。若有機會品嚐，建議磨成泥生吃，因為加熱後澱粉酶的效果會降低。

●今天的樂趣

【自然薯之日】

十一月十六日可以唸成「好薯」（いいいも），所以今天是「自然薯之日」。自古以來，日本人就愛吃自然薯滋補強身，甚至為它取了「山鰻」的別名。

【幼稚園紀念日】

一八七六年（明治九年）的今天，日本開了第一所幼稚園，也就是現在的御茶水女子大學附設幼稚園（東京都）。

【健康飲酒日】

這個日子來自十一（いい）月十六（ビール）日與「好啤酒」（いいビール）的諧音。在這天，民眾可以學到不少健康飲酒的知識。

11月 霜月

17日

距離元旦經過…………320 日

距離除夕尚有…………44 日

[二十四節氣]
立冬

[七十二候] 次侯
地始凍

靠將棋訓練腦力

我的家鄉山形縣天童市是日本首屈一指的將棋子產地。連橋的欄杆和人孔蓋的設計都有將棋，電線桿上也貼有「詰將棋」㊟的練習題。

但我只記得大概的規則，一年也沒下多少次。不過棋藝不精如我，還是覺得全速運轉腦細胞，思考「下這裡不對、下那裡也不對」非常緊張刺激。將棋能鍛鍊看破對方下一手的想像力與創造力，以及下最佳一手的直觀思考力。

將棋早已不只是桌上遊戲，而是不論男女老幼皆適用的頭腦訓練法。

㊟在特定棋譜上練習將軍對手，類似將棋版的數獨。

●今天的樂趣

【將棋日】

一七一六年（享保元年），第八代將軍德川吉宗於十一月十七日舉辦了讓棋手在將軍面前對奕的「御城將棋」，因此今天是「將棋日」。

【職棒選拔紀念日】

一九六五年（昭和四十年）的今天，日本舉辦了第一屆職業棒球新人選拔大會，為了紀念，今天就制訂為「職棒選拔紀念日」了。

【蓮藕日】

一九九四年（平成六年）的今天，茨城縣土浦市舉辦了「蓮藕高峰會」，為了紀念此事便制訂了「蓮藕日」。

11月 18日

霜月

距離元旦經過	321日
距離除夕尚有	43日

［二十四節氣］
立冬

［七十二候］末候
金盞香

什麼是金盞銀台？

七十二候來到「金盞香」了。金盞是「金杯」的意思，指芳香撲鼻的水仙，語源為古中國對水仙的稱呼「金盞銀台」，因為水仙中央的黃色副花冠像極了金盞，而周圍的白色花瓣就如同銀台。它那清新脫俗的模樣與香氣彷彿天上神仙，據說水仙花名就是這麼來的。不過從那婷婷玉立的姿態來看，感覺用仙女來形容更為貼切。

若從現在開始水培水仙，早春就能開出美麗的花。水仙耐寒，在雪裡也能盛開，故又別名「雪中花」。將水仙種來當作裝飾新年的正月花也頗有意境。

●今天的樂趣

【金盞香】

水仙甘甜馥郁的香氣令人心曠神怡，具有放鬆的效果。這大概就是這一候的名稱用「香」而不是「開」或「華」的原因吧。

【宜家日、住宅裝修日】

這天來自十一（いい）月十八（いえ）日與「宜家」（いいいえ）的諧音。同樣源於諧音的日子還有「住宅裝修日」。

11月　霜月

19日

距離元旦經過…………322日
距離除夕尚有…………42日

［二十四節氣］
立冬

［七十二候］末候
金盞香

一茶忌

今天是「一茶忌」，也就是和松尾芭蕉、與謝蕪村齊名的江戶三大俳人之一——小林一茶的忌日。一茶的俳句樸質可親，充滿關懷弱者的慈悲，至今依然深民眾喜愛。

目前的季節很適合吟詠以下兩首：

木がらしに　口淋しいがる　雀かな
（枯木風瑟瑟 麻雀轆轆打哆嗦 張嘴直喊餓）

猫の子の　くるくる舞や　ちる木のは
（落葉蕭蕭下 小小貓兒興致高 逐葉團團轉）

悠閒可愛的景象是不是躍然紙上，令人會心一笑呢？像這種老嫗能解、親切樸實的獨特俳風，稱為「一茶調」。今天就放鬆心情，用一茶調挑戰看看創作俳句吧。

●今天的樂趣

【一茶忌】

一茶於一八二七年（文政十年）逝世，在他六十五年的生涯中，一共留下超過兩萬句作品。一茶故鄉長野縣信濃町的一茶紀念館，每年都會舉辦「一茶忌俳句大會」發表在一茶忌得獎的作品。

【農協紀念日】

一九四七年（昭和二十二年）的今天，日本政府頒佈了農業協同工會法，所以這天是「農協紀念日」。農業協同工會就是因應這條法律而設立的，簡稱「農協」。

【綠衣阿姨日】

為了保護小學生放學時的安全，日本於一九五九年（昭和三十四年）的今天啟用了「學童導護員」制度，這天就是為了紀念而制訂的。當時導護員都會穿上綠色制服，所以大家都稱她們為「綠衣阿姨」。

◆季節的樂趣

【薄酒萊新酒】

「薄酒萊新酒」是法國薄酒萊地區出產的新葡萄酒，於每年十一月第三個週四午夜十二點開封。特色是新鮮且口感清爽。

11月 霜月

20日

距離元旦經過	………… 323 日
距離除夕尚有	………… 41 日

［二十四節氣］
立冬

［七十二候］末候
金盞香

乾貨是老祖宗的智慧結晶

借助太陽、風、火的力量，揮發食材水分以提高保存性的乾貨，是老祖宗創造的智慧結晶。乾貨的風味與鮮味經過濃縮，香氣與滋味都更醇厚。舉凡海藻、海鮮、蔬菜、蕈菇、豆類、水果……這些豐富的食材全都被古日本人製成了乾貨。

乾貨一年四季都買得到，所以很難注意到產季或加工時期。其實，目前正是風乾蘿蔔絲與採收海苔最忙碌的季節。將去皮澀柿用細繩繫成一串吊起的「柿簾」，也是晚秋到初冬特有的風情詩。甘甜的柿子乾，將在寒風與陽光交織下逐漸風乾熟成。

●今天的樂趣

【美味乾貨日】
這是品嚐日本傳統美食「乾貨」的日子。「干」字可以拆成「十一」，「乾」字也能拆成「十日十乞」，加起來就是「十一月二十日乞乾貨」，於是今天就變成「美味乾貨日」了。

【山梨縣民日】
一八七一年（明治四年）的今天，「甲府縣」改稱「山梨縣」，這就是「山梨縣民日」的由來。

【世界兒童日】
這是一九五四年（昭和二十九年）聯合國制訂的國際節日。之後聯合國又於一九五九年（昭和三十一年）的今天公布「兒童權利宣言」，一九八九年（平成元年）的今天通過「兒童權利公約」，透過各種國際行動捍衛全世界兒童的人權。

【胡子大祭】
這是每年十一月十八日到二十日，由胡子神社（廣島縣）舉辦的例行祭典。許多民眾都會為了求取招福的「廣島熊手」（こまざらえ）前來參拜。神社周圍的商店街也會舉行「惠比桑」活動，表演夜神樂及太古競演，每次都會吸引大批人潮。

11月 霜月

21日

距離元旦經過…………324 日
距離除夕尚有…………40 日

［二十四節氣］
立冬

［七十二候］末候
金盞香

炸牡蠣上市

秋冬的洋食屋和定食屋菜單上，一定會出現「炸牡蠣」幾個字。日本各地都有養殖真牡蠣，產季在秋末到春天，此時的真牡蠣為了準備產卵會變得肥滋滋的，令人迫不及待牡蠣季的到來。

日本人從繩文時代就吃牡蠣，因此牡蠣的產地也發展出各式各樣的鄉土料理。從其歷史看來，明治時代洋食屋發明的炸牡蠣雖是新面孔，美味卻人盡皆知。生在這個能品嚐炸牡蠣酥脆麵衣與多汁口感的時代，真是太幸福了。

●今天的樂趣

【炸牡蠣日】

牡蠣的季節在十一月，而二（フ）十一（イ）日與「炸」（フライ）同音，所以今天是「炸牡蠣日」。這道菜是明治時代銀座的洋食屋「煉瓦亭」發明的。

【世界電視日】

一九九六年（平成八年）的今天，聯合國舉辦了世界電視論壇，為了紀念便制訂了這個日子。

【神戶港燈塔開幕紀念日】

一九六三年（昭和三十八年）的今天，是兵庫縣神戶港燈塔開幕的日子。

11月　霜月

22日

距離元旦經過…………325日

距離除夕尚有…………39日

［二十四節氣］

小雪

［七十二候］初侯

虹藏不見

小雪

從今天開始二十四節氣就是「小雪」，東北南部及信越地區也該傳來初雪的消息了。

古人大多以祖先的經驗或傳說來預測天氣。尤其對北國居民而言，下雪是一件與生活息息相關的大事，自然流傳了不少從初雪和積雪量判斷雪量變遷的諺語。例如，當「雪蟲」這種蚜蟲在天上飛，就代表初雪將近；看到蜘蛛或蜘蛛絲飄在空中「迎雪」，便代表初雪來了。

還有一個說法是「螳螂在高處產卵，代表當年會下大雪」。從科學角度來看，這些諺語和傳說的可信度還挺高的呢。

●今天的樂趣

【虹藏不見】

這句話的意思是「陽光減弱，空氣也變乾燥，導致彩虹愈來愈少出現」。

【恩愛夫妻日】

「恩愛夫妻日」（いい夫婦の日）來自十一（いい）月二十二（ふうふ）日的諧音。許多人都會選在這天登記結婚，討個吉利。

【神話中的高千穗夜神樂祭】

每年十一月二十二日至二十三日，神話之鄉宮崎縣高千穗町的高千穗神社都會在境內的神樂殿表演代代相承的傳統藝能「高千穗夜神樂」。

11月 霜月

23日

距離元旦經過…………326 日

距離除夕尚有…………38 日

［二十四節氣］

小雪

［七十二候］初候

虹藏不見

勤勞感謝日（新嘗祭）

今天是快樂工作、感謝生產的國定假日「勤勞感謝日」。在這個假日誕生前，今天稱為「新嘗祭」。

新嘗祭是飛鳥時代開始舉辦的重要宮中儀式，天皇會向諸神獻上當年的新米，自己也會品嚐新米，藉此感謝諸神賜予恩惠並祈求來年豐收。如今皇室仍會舉行這項儀式，各地神社也會舉辦新嘗祭。古人在新嘗祭結束前是不吃新米的，因為必須請神明先享用。這個意義深遠的習俗，也顯現出了日本人的生活與神明是融合在一起的。

●今天的樂趣

【勤勞感謝日】

「勤勞感謝日」於一九四八年（昭和二十三年）取代新嘗祭誕生，宗旨是「讚美勤勞、慶祝生產，國民互相感謝」（摘自國定假日相關法）。

【外食日】

這是慰勞每天辛苦做家事、上班的母親，鼓勵全家一起去外面吃頓好料的日子。

【紅豆飯日】

自古以來，紅豆飯就是日本人逢年過節時不可或缺的美食，為了傳承這項歷史與習俗，這個日子便誕生了。訂在十一月二十三日，是因為古人會在新嘗祭將紅豆飯的起源——赤米等穀類獻給諸神品嚐。

【一葉忌】

這是明治時代的小說家暨歌人——樋口一葉的忌日，她的代表作有《青梅竹馬》、《濁江》等等。

◆季節的樂趣

【鮟鱇魚】

鮟鱇魚是一種深海魚，面貌醜陋，滋味卻十分高雅，不但魚肉鮮美，內臟也是一絕，全身上下幾乎都能入菜。鮟鱇魚的處理方式非常特別，稱為「吊切」，處理完畢後，只會留下脊椎、下顎與部分魚頭。

11月 霜月

24日

距離元旦經過…………327日
距離除夕尚有…………37日

［二十四節氣］
小雪

［七十二候］初候
虹藏不見

各種胡蘿蔔

購買熟悉的蔬菜時，發現稀有品種都會特別興奮。接下來的季節，市面上會出現許多獨特的胡蘿蔔，例如色澤鮮紅的金時胡蘿蔔、牛蒡般細長的大塚胡蘿蔔與熊本長胡蘿蔔，以及南國沖繩種植的黃色島胡蘿蔔等等，都將迎來收成期。

這些胡蘿蔔是江戶時代以前普遍栽種的「東洋種」。現在聽到胡蘿蔔所想到的橘色胡蘿蔔，是江戶時代末期才引進的「西洋種」。與西洋種相比，東洋種的甜味與香氣都比較濃郁。

●今天的樂趣

【冬胡蘿蔔日】

十一月是冬胡蘿蔔的產季，而二十四日與「胡蘿蔔」（にんじん）諧音，所以今天是「冬胡蘿蔔日」。與夏胡蘿蔔相比，冬天採收的胡蘿蔔含有更豐富的β-胡蘿蔔素，甜味也會增加。

【和食日】

「和食日」來自十一（いい）月二十四（にほんしょく）日與「美味和食」（いいにほんしょく）的諧音，在這天，人們會思考該如何保護、傳承世界無形文化遺產「和食文化」。

【柴魚日】

十一（いい）月二十四（ふし）日與「好柴魚」（いいふし）諧音，所以今天是「柴魚日」。

【歌劇紀念日】

一八九四年（明治二十七）年的今天，奧地利大使館員在東京音樂學校（現在的東京藝術大學）舉辦的音樂會上，表演了日本第一齣歌劇（浮士德）。

【梵天祭】

「梵天祭」是羽黑山神社（枥木縣）的秋季例大祭，於每年十一月二十三日至二十四日舉辦。年輕人會扛著繫上鮮豔穗纓的竹子「梵天」，祈求五穀豐收、健康平安。

11月 霜月

25日

距離元旦經過…………328 日

距離除夕尚有…………36 日

［二十四節氣］

小雪

［七十二候］初候

虹藏不見

笑容的力量

日本有一句諺語叫做「笑門來福」，這是有醫學根據的。大笑不但能活絡守護身體、抵禦病毒和癌細胞等病原體的NK細胞，還能促進腦部大量分泌血清素，產生幸福感。

對許多人來說，開懷大笑或許並不簡單，可是笑容厲害的地方，就在於「假笑」也能發揮效果。只要把嘴角往上揚，腦內的神經傳導物質多巴胺就會增加，讓我們覺得幸福快樂。

●今天的樂趣

【燦爛笑容日】

這個日子來自十一（い）月二十五（にっこり）日與「燦爛笑容」（いいえがお）的雙關。今天就算有什麼煩惱也別嘆氣，揚起嘴角展露笑容吧。

【布丁日】

吃了布丁就會忍不住「笑瞇瞇」（にっこり），而笑瞇瞇又與「二十五」諧音，因此每月二十五日都是「布丁日」。

◆季節的樂趣

【花生】

秋天採收的花生上市了，新豆的特徵是香氣特別濃郁。

11月　霜月

26日

距離元旦經過…………329日

距離除夕尚有…………35日

［二十四節氣］
小雪

［七十二候］初候
虹藏不見

日本人與入浴劑

冬天氣溫一下滑，就令人想泡澡。因寒冷及疲憊而縮成一團的身體，在熱呼呼的洗澡水中舒展開來，真是再幸福不過。如果還想更放鬆，那就是入浴劑該上場的時候了。

日本最早的入浴劑於一八九七年（明治三十年）問世。原本這是將生產婦科藥物所剩的藥渣回收再利用的創意商品，不料在全日本的澡堂使用之後，竟然大受民眾青睞。

家庭用的入浴劑是在一九六〇年代，百姓自家也有浴室之後才普及到日常生活中。自那以來過了將近六十年，現在入浴劑愈來愈五花八門，不但有泡泡浴，還有果凍浴。將來入浴劑也將持續溫暖許許多多人的心。

●今天的樂趣

【舒服泡澡日】

這天來自十一（いい）月二十六（ふろ）日與「舒服泡澡」（いいふろ）的諧音。入浴劑建議挑選不含硫磺成分的產品，以免腐蝕浴缸或浴盆。泡完澡將熱水放掉後，再用蓮蓬頭稍微沖洗一下，會更保險。

【筆之日】

一九三五年（昭和十年）的今天，促進各國詩人、劇作家、編輯、小說家等文字工作者互助交流的「國際筆會」於日本設立了分部「日本筆會」，因此今天是「筆之日」。

11月 霜月

27日

距離元旦經過…………330日

距離除夕尚有…………34日

［二十四節氣］
小雪

［七十二候］次侯
朔風拂葉

風的遺失物

終於到了風兒吹過、落葉飄落的季節了。去樹木多的公園散步，耳邊就會不斷響起鞋子與落葉摩擦的沙沙聲。仔細觀察腳下，不時還能發現松果、橡果。漂亮的松果可以當作聖誕節的裝飾，只要泡水兩個小時，去除髒汙和蟲子再徹底曬乾，就能拿來使用了。

●今天的樂趣

【朔風拂葉】
小雪次候的「朔風」就是北風，是冬天的季語。因朔風而枯得光禿的樹，稱為「冬木立」，凋零的模樣引人無限哀愁。

【更生保護日】
一九五二年（昭和二十七年）的今天，是東京都日比谷召開更生保護大會的日子。在這天，社福人員將會全力協助更生人回歸社會。

【諾貝爾獎制訂紀念日】
一八九五年（明治二十八年）的今天，是諾貝爾立下遺囑，希望制訂諾貝爾獎的日子。隔年諾貝爾過世，五年後的一九〇一年（明治三十四年）便舉行了第一屆諾貝爾獎。

◆季節的樂趣

【天鵝飛來】
早春飛往西伯利亞的大天鵝與小天鵝，此時已陸續飛回日本。北海道的厚岸湖、新潟縣瓢湖和佐潟，正處於天鵝飛來的高峰期。

11月　霜月

28日

距離元旦經過…………331日

距離除夕尚有…………33日

［二十四節氣］
小雪

［七十二候］次侯
朔風拂葉

報恩講

今天是淨土真宗的開宗鼻祖——親鸞的祥月命日（忌日），各地寺院都將舉辦法會或報恩講，追思親鸞、感謝佛恩。在淨土真宗信仰根深蒂固的北陸地區，人們也將「報恩講」（ほうおんこう）稱為「ほんこさま」（富山縣）、「ほんこさん」（石川縣、福井縣）、「おこさま」（福井縣），並在自家佛壇祭拜。法會過後招待信徒的報恩講料理，大多是人們熟悉的鄉土料理。像富山縣就一定會端出「堂兄弟煮」（いとこ煮）這道湯品，將根莖類蔬菜、油豆腐、紅豆或蒟蒻一起燉煮，再以味噌提味。相傳親鸞愛吃紅豆，所以湯裡一定會加紅豆。

●今天的樂趣

【報恩講】

「報恩講」又稱為「御正忌」、「御七夜」或「御霜月」。在淨土真宗大谷派本山的東本願寺（京都府），每年十一月二十一日至二十八日都會舉行報恩講。

【親鸞忌】

有些寺院會將一二六二年（弘長二年）十一月二十八日的忌日換算成新曆，將一月十六日訂為親鸞忌。

【堂兄弟煮】

「堂兄弟煮」是流傳在福島縣、山口縣、德島縣等地的鄉土料理，各地食譜千差萬別，不過共通點是都會放入紅豆，語源也都來自「煮的材料很類似」或是「把堅硬的食材陸續放入鍋中熬煮」（「陸續」音同「甥甥」），故稱為「堂兄弟」）。

【法國麵包日】

十一（いい）月二（フ）十八（パ）日與「美味法國麵包」（いいフランスパン）諧音，因此今天是「法國麵包日」。

【稅關紀念日】

創立於江戶時代，負責與外國貿易、外交的「運上所」，於一八七二年（明治五年）的今天改稱「稅關」，為了紀念便制訂了「稅關紀念日」。

11月 霜月

29日

距離元旦經過…………332日
距離除夕尚有…………32日

［二十四節氣］
小雪

［七十二候］次侯
朔風拂葉

「壽喜燒」的語源是什麼？

據爸媽說，他們每次問我：「生日想吃什麼？」我都回答：「壽喜燒！」對小時候的我而言，壽喜燒是世界上最美味的大餐，甚至深信不疑「一定是因為所有人都愛吃才叫壽喜燒」。因此當我知道「壽喜燒」（すき焼き）的語源是「古人會用農具鋤頭（すき）代替鍋子烤肉」以及「用的肉是薄片」（すき身）時，真的非常驚訝。

「壽喜燒」這個名字其實發祥自關西。

關東人在開放吃肉的明治時代稱之為「牛鍋」，直到關東大地震重建時，關西的「壽喜燒」才傳入關東。自那以後，壽喜燒就成為全國通用的名稱了。

●今天的樂趣

【鮮肉日】

「鮮肉日」（いいにくの日）來自十一（いい）月二十九（にく）日的諧音。在這天，肉鋪及燒肉店都會推出折扣優惠。

【群馬壽喜燒之日】

這也是來自「鮮肉」的諧音。群馬縣強調當地壽喜燒「自給率百分之百」，從上州牛、下仁田蔥、蒟蒻到香菇，所有材料都是縣內農產品，藉此為縣內特產打廣告。

【華服日】

十一（いい）月二十九（ふく）與「華服」（いいふく）諧音，所以今天是「華服日」。

11月 霜月

30日

距離元旦經過⋯⋯⋯⋯333日

距離除夕尚有⋯⋯⋯⋯31日

［二十四節氣］

小雪

［七十二候］次候

朔風拂葉

兩種味醂

說到日本料理不可或缺的調味料，當然少不了味醂。味醂是一種酒精濃度很高的酒，以燒酌、米麴、蒸熟的糯米發酵、壓榨而成。

在江戶時代，味醂原本是主打女性市場的甜酒，後來才變成重要的調味料。味醂不止能引出高雅的甜味與濃郁的滋味，酒精與糖分還能避免食材變形、增加菜色光澤。

戰後出現的「味醂風調味料」，是用糖類、米、米麴製成的味醂口味調味料，並不含酒精，用來調醬汁、醃製、涼拌都很方便，可以省下正統味醂揮發酒精的步驟。

●今天的樂趣

【本味醂之日】

十一（いい）月三十（みりん）日與「好味醂」（いいみりん）諧音。相較於味醂風調味料，含酒精的味醂稱為「本味醂」。

【日本橄欖蹴球協會創立日】

一九二六年（大正十五年）的今天，是日本橄欖球協會的前身——日本橄欖蹴球協會創立的日子。

【年金日】

「年金日」來自十一（いい）月三十（みらい）日與「美好未來」（いいみらい）的諧音，目的是提醒民眾規畫老年生活、替高齡期做好準備。

12月

師走

しわす

終於到了一年的最後一個月，
除舊佈新、迎接新年的活動
也跟著接二連三。
忙碌充實的日子裡，
將湧現出嶄新的力量。

12月 1日

師走

距離元旦經過…………334日

距離除夕尚有…………30日

［二十四節氣］
小雪

［七十二候］次候
朔風拂葉

師走朔日

今天開始終於進入十二月了，為一整年收尾的忙碌月份即將展開。不但要安排大掃除、準備賀年卡，還得訂定年初年末計畫……該做的事情一口氣湧來，時間彷彿也流逝得更快了。

十二月別稱「師走」，因為連平日清閒的法師（僧侶），都得為了年末法會四處奔波。十二月的忙碌，是為了平安迎接新年所做的準備。今天就先稍安勿躁，靜心擬定一整個月的計畫吧。

●今天的樂趣

【十二月的別稱】
除了「師走」以外，十二月也有其他別稱，像是代表年尾的「臘月」、一年已到極限的「極月」等等。

【鋼鐵紀念日】
一八五七年（安政四年）的今天，是岩手縣釜石的鋼鐵業開工的日子，近代鋼鐵的生產鍊從此啟動。

【暖暖包之日】
十二月是日本發明的保暖小物「暖暖包」需求達到顛峰的月份，因此十二月的第一天就是「暖暖包之日」。

12月 師走

2日

距離元旦經過⋯⋯⋯⋯335日
距離除夕尚有⋯⋯⋯⋯29日

［二十四節氣］
小雪

［七十二候］末候
橘始黃

御歲暮

「御歲暮」是在年尾寄贈禮品。傳達「感謝您今年一整年的照顧」心意的習俗，由將祭拜祖先的供品寄給家族核心「本家」的傳統演變而來。在現代，不止親戚，人們也寄贈禮品給職場上司或授課老師，傳達對他們的「感謝」。以前都是直接帶禮品前往拜訪，現在則以托運為主流。

餽贈時期一般都是在十二上旬到二十五日，不過，若是要在年末年初請對方闔家享用的生鮮食品，那麼在三十日左右送達也符合禮數。

●今天的樂趣

【橘始黃】

小雪末候的「橘」是日本原產的柑橘類——溫州蜜柑的原種。這種橘子從現在開始顏色會變得很鮮豔，但因為酸味強勁，所以不適合食用，

【日本人太空飛行紀念日】

電視台記者秋山豐寬，是史上第一位在太空飛行的日本人。他於一九九〇（平成二年）的今天搭乘蘇聯（現在的俄羅斯）的聯盟十一號，飛向了宇宙。

◆季節的樂趣

【溫州蜜柑】

暖桌配上橘子，是日本冬天最應景的組合。「溫州蜜柑」富含維生素C，能夠有效預防感冒，白色的絲則具有維生素P，可避免動脈硬化。

【秩父夜祭】

「秩父夜祭」是秩父神社（埼玉縣）於每年十二月二日至三日舉行的例大祭。人們會拉著雕刻得華麗繽紛、掛滿燈籠的四座屋台及兩座笠鉾在鎮上遊行。攀上最困難的陡坡時，還會施放煙火。

12月 師走

3日

距離元旦經過…………336日
距離除夕尚有…………28日

［二十四節氣］
小雪

［七十二候］末候
橘始黃

從農曆邁入新曆

今天是十二月三日。如果突然有人說「今天是一月一日，也就是新年的第一天，新年快樂！」應該都會嚇一跳吧。除了搞不懂十二月三日到三十一日這將近一個月的日子跑哪去了以外，由於日期跳太快，季節感也會跟著錯亂。

一八七二年（明治五年）十二月三日，當時在日本生活的人就經歷了這罕見而不可思議的一年。因為日本政府廢除了原本使用的獨特陽曆（太陰太陽曆），正式採用各國使用的新曆太陽曆，於是當天就成為明治六年一月一日了。

這次換曆是在一個月前左右的十一月九日決定的。從決定到實施不滿一個月，速度快得詭異，其實背後隱含著明治政府嚴峻的財政問題，而關鍵就在於農曆的「閏月」。

所謂「閏」，就是為了調節季節與曆法而額外增設的日子或月份。新曆是以地球環繞太陽一週的日數（三百六十五

●今天的樂趣

【月曆日】

「月曆日」是為了紀念「明治改曆」，慶祝農曆轉換成新曆而制訂的，目標是促進標示日期的月曆普及、發展。文具店或專賣店都會擺出各種明年的月曆和行事曆，挑選即將陪伴自己一年的月曆夥伴，雖然是每年的例行公事，但總會令人心頭怦怦跳呢。

天）制訂的，對於按照新曆生活的我們而言，四年一度的「閏日」（二月二十九日）大家都不陌生。

另一方面，農曆則有「閏月」。農曆以月亮的圓缺計算，一年只有三百五十四天，所以每三年會設一次「閏月」，修正與季節的落差。

恰好一八七二年有閏月。明治政府為了縮減公務員的閏月份薪水，便急忙轉換成了新曆。於是只過兩天的「明治五年十二月」便沒有支付薪水，實質上省下了兩個月份的薪水。

這也算是建設國家的政治家們打出的悲情牌吧，不論哪個時代，財政困難的影響總會殃及百姓，令人感慨萬千。

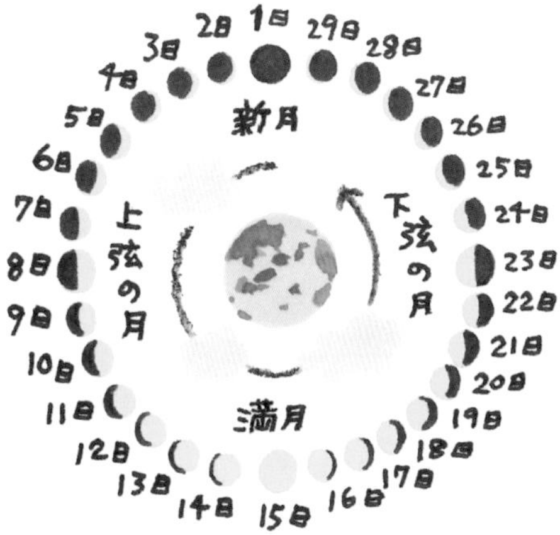

【私人計程車日】

日本最早的私人計程車誕生於一九五九年（昭和三十四年）的今天，如今已有超過三萬台私人計程車在全日本載客了。

【魔術日】

變魔術時通常會喊「One Two Three」，因此今天就是「魔術日」。這個季節有許多機會和親朋好友見面，不妨練個魔術秀一下吧？

【揪麵日】

「揪麵」（ひっつみ）是將麵粉加水搓成麵疙瘩，搭配根莖類蔬菜一起燉煮的岩手縣鄉土料理。由於十二月三日可以唸成「ひいふうみい」，發音類似「揪麵」，便制訂了這個日子。

12月 師走

4日

距離元旦經過⋯⋯⋯⋯337日
距離除夕尚有⋯⋯⋯⋯27日

[二十四節氣]
小雪

[七十二候] 末候
橘始黃

忘年會

進入十二月，就會開始聽到「忘年會」這個詞。顧名思義，這是一種喝酒吃飯、互相慰勞，將當年的辛酸統統拋諸腦後的宴會。忘年會是年末不可或缺的盛事，形式不拘，不過基本上都會設計一些節目炒熱氣氛，像是綜藝表演或是賓果遊戲等等。

「忘年」的本意是「忘記自己已老」以及「忘記彼此年齡的差距」。既是為一整年畫下句點的宴會，就把煩惱都忘光——或許這便是先人對忘年會的期許吧。

● 今天的樂趣

【忘年會】

相傳忘年會起源於室町時代的儀式「年忘」。人們會在年末聚在一起，一唱一和地吟詠和歌並舉辦酒宴同樂。

【人權週】

今天開始到十二月十日是「人權週」。一九四八年（昭和二十三年）的今天，聯合國通過了「世界人權宣言」，世界各國便以此宣言為基礎，在這週舉辦活動，啟蒙人權思想。

12月 師走

5日

距離元旦經過…………338 日

距離除夕尚有…………26 日

［二十四節氣］
小雪

［七十二候］末侯
橘始黃

整理照片

拜智慧型手機及數位相機所賜，現在不分男女老幼，所有人都能輕鬆享受拍照的樂趣。準備印製賀年卡的人，不妨趁現在將過去拍攝的照片整理一番，尋找賀年卡的題材。

看著並排的照片回憶一年來發生的種種，就會發現自己的興趣所在。像我除了家人的照片以外，幾乎在拍季節花草或餐廳美食，風景照比想像中少，所以我決定明年要多踏青和旅行。

整理一年來的照片，就會發現新年目標呢。

●今天的樂趣

【相簿日】

「相簿日」是鼓勵民眾在十二月將整年回憶整理成相簿的日子。之所以訂在今天，是因為「五日」（いつか）與「改天再做」（いつかやる）諧音，這樣可以提醒大家擇日不如撞日，不要改天再整理。現在都是以數位照片為主，可別忘了備份喔。

【末水天宮】

每月五日是東京都日本橋水天宮的緣日，而今天將舉行今年最後的緣日「末水天宮」（納めの水天宮）。每年都會有許多信眾前來歸還舊護身符並感謝一年來的健康平安。

【國際志工日】

「國際志工日」是聯合國於一九八五年（昭和六十年）制訂的國際節日之一，目的是宣導志工活動的意義與重要性，提高民眾擔任志工的意願。

◆季節的樂趣

【白菜】

白菜是火鍋的固定班底，購買白菜時，要挑選葉片結實並具有彈性的。若白菜已經切開，記得選切口白淨且無隆起的才新鮮。顏色較深的外葉含有豐富的維生素C。

12月　師走

6日

距離元旦經過…………339日

距離除夕尚有…………25日

[二十四節氣]

小雪

[七十二候] 末候

橘始黃

年末風情詩〈第九號交響曲〉

一九一四年（大正三年）十二月六日，山田耕筰以日本作曲家的身分，發表了第一首交響曲，因此今天是「交響曲紀念日」。

這個季節說起交響曲，當然少不了〈第九號〉了。〈第九號〉是指貝多芬的〈d小調第九號交響曲「合唱」〉，其中，吟唱席勒之詩〈歡樂頌〉的第四樂章最為耳熟能詳。這首〈歡樂頌〉唱出了人類的自由與愛，以及對新時代的期許，是一首家喻戶曉的名曲。

第九號交響曲成為年末風情詩，是在戰後不久的昭和二〇年代，起源於日本交響樂團（現在的NHK交響樂團）每年十二月在日比谷公會堂舉行的演奏會。聆聽〈第九號〉的旋律，就會不斷湧現活力，正適合忙碌多事的年尾。今天這首曲子想必也為各地聽眾帶來了勇氣吧。

●今天的樂趣

【交響曲紀念日】

山田耕筰從柏林留學歸國後，發表了〈凱旋與和平〉交響曲。順帶一提，「交響曲」一詞由大正時期的小說家森鷗外翻譯。

【聲音日】

一八七七年（明治十年）的今天，愛迪生成功透過留聲機錄音並播放聲音，為了紀念便制訂了這個日子。

【黃門忌】

今天是江戶時代前期的水戶藩主──德川光圀的忌日。他的藩名加上中納言唐名（官名），就是歷史劇中赫赫有名的「水戶黃門」。

12月　師走

7日

距離元旦經過…………340 日

距離除夕尚有…………24 日

［二十四節氣］
大雪

［七十二候］初侯
閉塞成冬

大雪

在曆法上，距離邁入冬天的「立冬」（P359）已經過了約一個月，二十四節氣也來到「大雪」了。之前還覺得冬天徒有虛名，不知不覺也進入真正的寒冬了。

關東以西開始傳來初霜的消息，北海道平原則下起了會殘留到初春的「根雪」。

將北方染成一片銀白世界的雪，自古就是為日本人捎來占卜豐收或歉收消息的大自然使者。古人認為雪量愈多愈容易豐收，因此還留下了「雪為五穀精」、「瑞雪兆豐年」等俗諺。

●今天的樂趣

【閉塞成冬】

大雪初候的「閉塞」是指鈍色（銀灰色）的雲籠罩住雪國的天空。往年每到這個季節，在鳥取縣及島根縣就會看見初雪。

【聖誕樹之日】

一八八六年（明治十九年）的今天，是日本第一棵聖誕樹亮相的日子，地點在許多外國人居住的港都橫濱。

【神戶開港紀念日】

一八六七年（慶應三年）的今天，是國際港口神戶港正式開通的日子。

12月 師走

8日

距離元旦經過…………341日

距離除夕尚有…………23日

［二十四節氣］大雪

［七十二候］初候 閉塞成冬

「納日」與「始日」

自古以來，日本人就將十二月八日視為「御事納」，也就是一年農作的尾聲。直到二月八日的「御事始」才會再度務農。這兩天合稱「事八日」，是從先人代代相傳下來，要人們謹言慎行、潔淨身心的日子。而今天也與二月八日相同，都有停做女紅，將斷裂、彎曲的針供奉起來的習俗。有些地區認為「事」是指新年活動，所以也將今天稱為「御事始」，二月八日稱為「御事納」。

相傳在古人心目中，今天也是妖魔鬼怪、瘟神肆虐的一天，因此對這天總是充滿戒備。或許這隱含了祖先想提醒大家打起精神，別因為年末就鬆懈怠惰的含意吧。

●今天的樂趣

【針供養】

法輪寺（京都府）、雲龍寺（東京都）、長濱八幡宮（滋賀縣）等各地的神社、寺廟，都會在今天舉辦「針供養」，讓信眾將針插在蒟蒻、豆腐或白蘿蔔上祭拜。

【成道會、臘八會】

相傳釋迦牟尼佛在菩提樹下開悟的日子是十二月八日，為了紀念，各地寺院都會在今天舉行「成道會」或「臘八會」等法會。有的法會甚至會從十二月一日不眠不休持續舉行到八日。

【田代風流】

「田代風流」是傳承自兩百四十年以前的民俗歌舞，為八龍神社（福岡縣）例大祭的表演之一。當地居民還會跳太鼓舞並舉辦大名遊行，令觀光客大飽眼福。

◆季節的樂趣

【南天】

南天開花並不明顯，只有冬天結果才引人注目，因為紅通通的果實在白雪中特別耀眼。南天的漢名為「南天竹」或「南天燭」，簡稱「南天」（なんてん），由於與「逢凶化吉」（難を転じる）諧音，所以也是一種很受歡迎的庭園植栽。

12月 9日

師走

距離元旦經過	342日
距離除夕尚有	22日

［二十四節氣］
大雪

［七十二候］初侯
閉塞成冬

滷蘿蔔

冬天白蘿蔔甜味大增，而此時有個傳統儀式的主角正是白蘿蔔，那就是了德寺（京都府）所舉辦的「滷蘿蔔」（大根焚き）。相傳鎌倉時代，村人因為感謝淨土真宗的鼻祖——親鸞的教誨，獻上用鹽熬煮的白蘿蔔以示感謝，這個傳統就是滷蘿蔔的起源。

今明兩天，了德寺將會燉煮三千根青頭蘿蔔祭祀親鸞，並分發給信眾享用。不過信眾所吃的白蘿蔔不是鹽煮，而是用醬油滷過的。據說只要吃了這種滷蘿蔔就能避免腦中風。若無法親臨現場，今天也可以吃點滷蘿蔔，感受一下氣氛。

●今天的樂趣

【滷蘿蔔】
滷蘿蔔是京都冬天的風情詩。每年十二月到隔年二月，許多寺院都會滷蘿蔔並分給信眾享用。

【日本首度世界遺產登錄日】
日本首度登錄的世界遺產共有四處，分別是法隆寺（奈良縣）、姬路城（兵庫縣）、白神山地（青森、秋田縣）、屋久島（鹿兒島縣），而當天正好是一九九三年（平成五年）的今天。

【漱石祭】
今天也是近代日本的大文豪——夏目漱石的忌日。

12月　師走

10日

距離元旦經過…………343日

距離除夕尚有…………21日

［二十四節氣］
大雪

［七十二候］初候
閉塞成冬

諾貝爾技術獎!?

諾貝爾獎是由發明黃色炸藥的諾貝爾創立的，頒獎儀式於他的忌日十二月十日舉行。每當日本人獲獎，新聞媒體都會大幅報導頒獎典禮及後續的晚宴。

諾貝爾獎的晚宴總是布置得非常隆重氣派，列席來賓高達一千三百名。當晚除了將款待豪華美饌，也會搭配精挑細選的餐具妝點餐桌。其中，湯匙、刀叉用的是總公司設於新潟縣燕市的山崎金屬工業的產品。該公司員工的技術想必非常精湛，若有諾貝爾技術獎，山崎金屬工業肯定當之無愧。

●今天的樂趣

【諾貝爾獎頒獎典禮】

諾貝爾獎共有物理學、化學、生理學、醫學、文學、和平、經濟學這六大獎項，每年都會頒發給在該領域貢獻卓越的人。頒獎儀式在瑞典舉行，因為時差影響，日本必須在十二月十一日凌晨才看得到典禮。

【末金毘羅】

金刀比羅宮（香川縣）人稱「金毘羅桑」（こんぴらさん），每月十日都會舉行「月次祭」。今天是今年最後一場月次祭，故別名「末金毘羅」。

12月 師走

11日

距離元旦經過…………344 日

距離除夕尚有…………20 日

［二十四節氣］
大雪

［七十二候］初候
閉塞成冬

澤庵和尚與醃蘿蔔

今天是江戶時代初期的高僧——澤庵和尚的忌日。聽到澤庵（たくあん），可能很多人會聯想到醃蘿蔔（たくあん），其實，發明廣為人知的米糠漬蘿蔔的人，正是澤庵和尚，命名者則是第三代將軍德川家光。當年家光還留下了一則逸聞，相傳他品嘗了澤庵獻上的米糠漬蘿蔔，因為太可口而大受感動，便傳令「把醃蘿蔔命名為『澤庵漬』」。

用曬乾的白蘿蔔與米糠、鹽醃漬而成的醃蘿蔔，目前正是加工手續最繁忙的時候。經過冬天漫長的發酵、熟成，就能醞釀出獨特的酸味與鮮味。

●今天的樂趣

【澤庵忌】

位於東京都品川區的澤庵之墓，是日本的國家指定史跡。有人認為，他的墓碑就像壓醃菜的石頭一樣，才會衍生出「澤庵漬」一詞。

【腸胃日】

十二（いに）月十一（いい）日與「腸胃保健日」（胃にいい日）諧音，所以今天是「腸胃日」。

【百元硬幣日】

一九五七年（昭和三十二年）的今天，百元硬幣正式發行，取代過去通行的百元紙幣。當時的百元硬幣與現在的版本在大小、重量上並無差異，但正面印有鳳凰的圖案。

【塚原甜酒祭】

「塚原甜酒祭」是霧島神社（大分縣）的例行祭典，這個感謝五穀豐收、祈求健康平安的儀式，已有超過四百五十年的傳統。神官會將今年採收的新米釀成的新酒，分給前來參拜的信眾及附近村落的居民飲用。

◆季節的樂趣

【兔耳花】

兔耳花是繁花冷清的冬日裡非常討喜的代表性盆栽。紅、粉紅、白、紫等繽紛色彩，令它備受大眾青睞。

12月　師走

12日

距離元旦經過…………345日

距離除夕尚有…………19日

［二十四節氣］

大雪

［七十二候］次候

熊蟄穴

趕跑宵小與火災的符咒

在十二月十二日把寫有「十二月十二日」的和紙反過來貼在窗戶附近或柱子上，是關西地區流傳的趕小偷符咒。相傳十二月十二日是安土桃山時代的大盜——石川五右衛門受到烹刑的日子，將今天的日期倒過來貼，小偷從天花板鑽進來時看到就會嚇得逃之夭夭，久而久之便產生了這個習俗。

福島縣會津地區也有將「十二月十二日」倒過來寫的符咒，但在當地是避火符，因為「日二十月二十」跟「遠離祝融、消弭火苗」（ヒニトオク、ツキニクイ）諧音。

●今天的樂趣

【熊蟄穴】

「熊蟄穴」是大雪的次候，代表「熊要進入洞穴冬眠了」。

【漢字日】

「漢字日」來自十二（いちじ）月十二（いいじ）日與「好字」（いいじ）、「一字」（いちじ）的諧音。每年這天，京都清水寺的住持都會揮毫寫下從全國民眾投稿的「今年的漢字」中挑選出的漢字，吸引媒體爭相報導。

【明太子日】

今天是日本報紙上首度刊登「明太子」一詞的日子，因此是「明太子日」。

12月 師走

13日

距離元旦經過…………346日

距離除夕尚有…………18日

［二十四節氣］
大雪

［七十二候］次侯
熊蟄穴

正月事始

今天是「正月事始」，也就是開始除舊佈新，迎接帶來新年的神明——年神的日子。古人會在此時砍伐松樹，製作代表年神降臨的標誌「門松」，並透過「拂煤」（煤払い）將家中打掃得一塵不染。現在各地神社寺廟仍會舉行拂煤，在我們的生活中，這個儀式則變成了「大掃除」。

很多人都會等到工作告一段落，趁著年末休假再大掃除，其實不妨從今天就打起精神認真打掃。用半個月以上的時間仔細清潔家裡，年神也會喜上眉梢唷。

●今天的樂趣

【拂煤】

「拂煤」是古人將煤灰等髒汙、垃圾、灰塵仔細打掃乾淨的一種儀式。從這個詞可以看出古代住家客廳幾乎都設有圍爐，容易產生煤灰。

【大掃除之日】

「大掃除之日」是呼籲民眾大掃除，清理一整年累積的髒汙以迎接新年的日子。之所以訂在這天，是因為今天是正月的事始。

【雙子日】

一八七四年（明治七年）的今天，日本公布了「生下雙胞胎或三胞胎時，先出世的孩子為兄姊」的法律。在這條法律誕生之前，有些地區習慣視後出世的孩子為兄姊。

◆季節的樂趣

【金柑】

金柑是原產於中國的柑橘類，皮裡富含維生素C，可以連皮一起食用。自古以來，金柑就是治療黏膜發炎的民俗藥方，除了可以生吃，用砂糖或蜂蜜醃漬，也能拿來潤喉。

12月 14日

師走

距離元旦經過…………347 日
距離除夕尚有…………17 日

［二十四節氣］
大雪

［七十二候］次候
熊蟄穴

夜襲日

熟悉日本史或歷史劇的人聽到今天是「夜襲日」，應該都會恍然大悟吧。因為一七〇二年（元祿十五年）的今天，正是歌舞伎劇目〈忠臣藏〉的原形——赤穗事件㊟發生的日子。

在當時的江戶，赤穗事件是一件震驚社會的頭條新聞。事件發生後僅僅兩週就被改編成戲劇，足見大眾對此事之關心。後來赤穗事件也衍生出各式各樣的作品，〈忠臣藏〉更成為跨越時代、家喻戶曉的經典故事。不過，這都是過去的事了，現在沒聽過〈忠臣藏〉的人愈來愈多，或許是受到史實研究日益發展，以及日本人價值觀改變的影響吧。

看著口耳相傳的故事與傳說逐漸消失，總覺得有些惆悵呢。

㊟赤穗四十七義士夜襲仇人府邸，為主君雪恨的事件。

● 今天的樂趣

【夜襲日】

今天是赤穗浪人們成功夜襲、報仇雪恨的日子。他們的家鄉兵庫縣赤穗市等與赤穗事件相關的地區，也會在今天舉行「義士祭」。

◆ 季節的樂趣

【雙子座流星群】

十二月十二日到十四日，是每年十二月中旬劃過夜空的雙子座流星群最耀眼的時候，不過能見度會隨著月亮的陰晴圓缺產生變化。若天氣晴朗，記得抬頭看夜空喔。

12月 師走

15日

距離元旦經過…………348 日
距離除夕尚有…………16 日

［二十四節氣］
大雪

［七十二候］次候
熊蟄穴

賀年卡

現在郵局已經開始收賀年卡了。儘管現代只需靠電子郵件和社群軟體就能迅速聯絡，但滿載新年喜氣與祝福的賀年卡，仍然別具意義。對寄賀年卡的人來說，準備起來固然麻煩，但換做自己收到賀年卡，心裡又會暖暖的。

因此，即使收件人或內文是用電腦印刷，還是會想手寫留下一些句子。其實不用想得太嚴肅，寫下一年來的感謝、新年祝賀，或者交待一下近況就可以了。

●今天的樂趣

【賀年卡】

以前日本人會在過年時登門拜年，感謝親朋好友平日的照顧，稱為「年始回」（年始回り），但從明治時代開始，大家便改寄賀年卡取而代之了。

【觀光巴士日】

一九二五年（大正十四年）的今天，是觀光巴士的起源——遊覽公共汽車（遊覽乘合自動車）開始營業的日子，為了紀念便制訂了「觀光巴士日」。

◆季節的樂趣

【過個好年】

與年內不再見面的人道別時，都會以「過個好年」來祝福對方。

12月　師走

16日

距離元旦經過…………349日

距離除夕尚有…………15日

［二十四節氣］
大雪

［七十二候］次侯
熊蟄穴

關緊門窗、小心火燭

火災不僅會讓財產付之一炬，有時還會奪走人命，令人聞之色變。在木造住宅密集的江戶町，就發生過好幾起大火災，許多人因此葬身火海。為了防範祝融，幕府便鼓勵町民夜晚巡邏，大家熟悉的「小心火燭」就是江戶時代中期起夜巡時常喊的警語。

最近，「小心火燭！」與隨之而來的敲木板聲已成為絕響，不過每到這個季節，我家附近就會出現消防車響著警報一面巡邏。在忙碌的年尾更要關緊門窗，小心火燭啊。

●今天的樂趣

【秋葉火祭】

「秋葉火祭」是秋葉神社的總本宮——秋葉山本宮秋葉神社（靜岡縣）所舉辦的例大祭。這個如夢似幻的祭典除了祈禱火災、水難不要發生，也會祈求瘟疫平息。

【小心火燭】

德川家康的家臣——本多重次從戰地寫信給妻子時，曾在信中叮嚀她務必小心火燭，相傳這就是這句話的起源。

【禁止誦經】

年神不喜歡誦經聲，因此從今天開始到明年一月十五日為止，日本人都會避免誦經。

12月 師走

17日

距離元旦經過…………350日

距離除夕尚有…………14日

［二十四節氣］

大雪

［七十二候］末候

鱖魚群

神之魚

鮭魚苗在河川上游孵化成長後，會游入海裡生活好幾年，直到成熟再度回故鄉產卵。看到鮭魚群逆流而上的奇景，總會令人讚嘆生命力的旺盛與奧妙。

古人將返鄉的鮭魚視為神的恩賜，愛奴語甚至稱鮭魚為「神之魚」（カムイチェップ）。此外，在北海道及東北地區，人們因為感謝鮭魚逆流而上，也會舉行祈求漁獲豐收的鮭魚祭，各地也有流傳與鮭魚結為連理或被鮭魚妖奪走人命的民間傳說。人們享用神之魚的同時，也對牠充滿了感謝與敬畏呢。

●今天的樂趣

【鱖魚群】

大雪末候的「鱖魚群」是「鮭魚成群逆流而上」的意思。鱖魚是棲息在制訂出七十二候的中國的淡水魚，日本沒有這種魚，所以用「鮭魚」代之。

【鮭魚的民間傳說】

關於各地流傳的鮭魚傳說，與鮭魚結為連理的故事是《鮭夫人》（鮭女房），鮭魚妖奪走人命的故事則是《鮭魚大助》（鮭のオオスケ）。

【春日若宮祭】

「春日若宮祭」是每年十二月十五日至十八日，由春日大社（奈良縣）的攝社——若宮神社所舉辦的儀式。人們將在這場奈良縣最盛大的活動上祈求五穀豐收、國泰民安，並以朝代遊行、神樂、田樂來祭神。

◆季節的樂趣

【新卷鮭】

「新卷鮭」是去除內臟、以鹽醃漬的鮭魚，由於保存期限長，經常是歲末送禮的首選。古人會用粗糙（荒い）的草席將新卷鮭捲起來，所以稱為「荒卷」，現在則改稱同音的「新卷」。

12月　師走

18日

距離元旦經過…………351日

距離除夕尚有…………13日

［二十四節氣］

大雪

［七十二候］末侯

鱖魚群

年市與羽子板市

在沒有超市及百貨公司的時代，想購買日用品就得到「市集」去。而每到年尾，各地都會擺出年貨大街「年市」，讓大家辦年貨以迎接新年。

每年十二月十七日到十九日舉辦的淺草羽子板市，原本也是年市。自從江戶時代末期，驅除邪氣的吉祥物「羽子板」（木球拍）和「羽球」成為民眾青睞的正月裝飾以來，羽子板市就成了熱鬧市集的代名詞。歌舞伎的大英雄「助六」、花精靈「藤娘」等散發大和魅力的圖案，是羽子板的經典設計。除此之外，今年的大紅人或運動選手等肖像，也會出現在「世相羽子板」上。

●今天的樂趣

【年市】

年市通常會設在各地神社、寺廟境內，或是社區廣場與車站前。有些百貨公司和超市舉行的年末拍賣會也叫「年市」。

【末觀音】

每月十八日是觀音菩薩的緣日，而今天是一年之中最後的緣日，稱為「末觀音」，許多民眾都會趁今天參拜各地的觀音。

【東京車站日】

一九一四年（大正三年）的今天，是東京車站落成的日子。以紅磚為特色的建築雖然因戰火摧殘而部分毀損，但後來透過重建，終於在二〇一二年（平成二十四）恢復了落成時完整的模樣。

【聯合國加盟紀念日】

一九五六年（昭和三十一年）的今天，聯合國會員國在大會上一致同意日本加盟，就制訂了這個日子作為紀念。

【源內忌】

今天是江戶時代中期知名的學者暨發明家——平賀源內的忌日。

12月　師走

19日

距離元旦經過…………352 日

距離除夕尚有…………12 日

［二十四節氣］
大雪

［七十二候］末候
鱖魚群

燈飾季

冬天空氣清新，不但星光燦爛，地上的燈飾也很耀眼迷人。尤其現在已經接近聖誕節，各地都會舉行大規模的燈飾秀供民眾參觀。冷颼颼的天氣雖然教人縮起脖子，但望著照亮夜晚的璀璨燈光，就會有種溫暖的感覺，真是不可思議。

以前的燈飾是用小型白色燈泡製作的，現在大多採用LED燈，不但有益環保，還能節省電費，因此現在愈來愈多人會用燈飾將自家外觀妝點得熱鬧繽紛。

●今天的樂趣

【佛名會】

「佛名會」是唱頌諸佛名號，為今年一整年罪惡懺悔的法會，過去都是從十二月十九日開始一連舉行三天。除了房子要大掃除，心靈的大掃除也是不可或缺的。

【燈飾秀】

豪斯登堡（長崎縣）、足立花卉公園（枥木縣）、札幌白色燈樹節（北海道）是日本的三大燈飾秀。

【日本首度飛行日】

一九一〇年（明治四十三年）的今天，是日本國內飛機首度翱翔天際的日子。

12月 師走

20日

距離元旦經過…………353日

距離除夕尚有…………11日

［二十四節氣］
大雪

［七十二候］末侯
鱖魚群

辭歲魚

迎接新年稱為「除夕」，也叫「辭歲」（年取り）。以前的日本人一出生就算一歲，之後每迎接新的一年便增加一歲，稱為「虛歲」，「辭歲」一詞就是從這種習俗衍生而來的。

相傳新年之神——年神會在夜晚來訪，所以除夕夜要準備年夜飯，大家一塊圍爐。有些地區至今依然保留傳統，將年夜飯稱為「除夕膳」或「辭歲膳」。

日本四面環海，因此提到年夜飯，當然少不了魚。東日本主要吃鮭魚，西日本則吃鰤魚，這些魚也通稱「辭歲魚」、「除夕魚」、「正月魚」。鮭魚（さけ）有「繁榮」（さかえる）的好兆頭，鰤魚則因為每個成長階段都有不同的名字，象徵著「出人頭地」。既然美味又吉利，在除夕夜以外的日子也應該多吃才對。

●今天的樂趣

【鰤魚日】
這個季節的鰤魚別稱「寒鰤」，脂肪非常肥美。「鰤」是由「魚」字旁加上十二月的別稱師走的「師」而成的，又因為二（ぶ）十（り）與鰤魚（ぶり）諧音，所以今天就是「鰤魚日」。

【百貨開張日】
一九〇四年（明治三十七年）的今天，日本第一間百貨公司「三越和服店」向顧客公布了「百貨公司宣言」替隔天的開幕宣傳，於是今天就成為「百貨開張日」了。

12月　師走

21日

距離元旦經過…………354日
距離除夕尚有…………10日

［二十四節氣］
大雪

［七十二候］末候
鱖魚群

迴文大考驗

今天的日期一字排開是「一二二一」，不管由上往下還是由下往上讀起來都一樣，這種文體稱為迴文。說到迴文，大家會想到哪些句子呢？最耳熟能詳的不外乎「竹林燒起來了」（竹やぶ焼けた）、「舞跳完了」（ダンスがすんだ）、「我輸了」（私負けましたわ），不過這種長度的迴文其實只是小兒科。古人也透過和歌與戲謔的狂歌來詠唱迴文，而相傳最古老的迴文歌，是平安時代歌學書中記載的這一首：

むら草に　草の名はもし　備はらば
なぞしも花の　咲くに咲くらむ
（如果草原上每種植物都有名字，為何還能長出這麼多花？）

●今天的樂趣

【迴文日】
由來是日期本身就是迴文。創作迴文可以鍛鍊頭腦，近日來頗受矚目。今天的標題「迴文大考驗」（中が回文、全部いかがかな）也是迴文。

【末大師】
每月二十一日是弘法大師空海的緣日。今天是今年最後一次緣日，故別稱「末大師」或「終大師」，信眾都會趁今天前往真言宗的寺院參拜。

22日

距離元旦經過…………355日

距離除夕尚有…………9日

［二十四節氣］
冬至

［七十二候］初候
乃東生

冬至

今天是冬至，是一年之中白天最短，夜晚最長的日子。中午太陽的位置也是一年之中最低的，因此能量也最弱。反過來說，從明天開始白天就會慢慢變長，太陽的能量也會逐漸回升。古人因為擁有這樣的思維，所以將冬至當成充滿意義又特別的一天。

在這天泡柚子浮在水面的柚子浴，也顯示出日本人對冬至的重視。就像端午節（P150）泡菖蒲浴一樣，柚子的芳香能夠避邪除穢，讓人們以潔淨的身心迎接太陽恢復能量的明日早晨。而為了勉勵大家挺過接下來的嚴冬，「冬至泡柚子浴不會感冒」的習俗便流傳下來了。

說到抵禦嚴冬，當然不能忘了南瓜。日本人認為冬至吃南瓜就不會感冒。南瓜的採收期為夏天到秋天，保存性卻是一等一之高。在蔬菜不足的冬天食用營養價值高的南瓜，可說是老祖宗克服寒冬的生活智慧。此外，有些地區的人認

●今天的樂趣

【乃東生】

「乃東」是夏初時分悄悄枯萎的「夏枯草」的別稱，在這個山野綠意蕭索的季節，乃東卻早一步抽出了新芽。「乃東生」與夏至（P202）初候的「乃東枯」是成對的候名。

【柚子湯】

柚子富含萜烯、檸檬醛

為吃七種結尾有「ん」的食物，就會好「運」（うん）連連，因此也會在冬至享用胡蘿蔔（にんじん）、銀杏（ぎんなん）、烏龍麵（うどん）等食物。

冬至在古中國還有「一陽復始」的別稱。所謂一陽復始，就是指「冬去春來」，也含有「厄運已過，好運將至」的意思。比起「白天還很短，接下來只會更冷」，倒不如正面思考「明天開始陽光就會變溫暖，春天也不遠了」，這樣日子才能過得比較舒坦。說冬至教會了我們這樣的生活哲學，應該也不算誇大吧？

等精油成分，能促進血液循環，避免洗澡後身體發寒。

【冬至南瓜】
南瓜果肉的黃色據說能夠消災解厄，與同樣可避邪的紅豆一起煮，就成了冬至的經典菜色「冬至南瓜」了。

【冬至粥】
相傳帶來疾病的瘟神害怕紅豆，因此日本人在冬至也有吃紅豆粥祈求平安健康的習俗。

12月 師走

23日

距離元旦經過	356日
距離除夕尚有	8日

［二十四節氣］
冬至

［七十二候］初候
乃東生

冬將軍來自哪裡

「冬將軍」指的是西伯利亞冷氣團，或者由西伯利亞冷氣團帶來的嚴寒低溫。這個響噹噹的名號，確實道盡了強烈冷氣團有多麼寒冷，又會帶來多少風雪。

我一直以為冬將軍是日本將軍，原來是俄羅斯將軍。一八一二年（文化九年）法國皇帝拿破崙遠征莫斯科，因不敵當地的嚴寒氣候與大雪而撤退，英國記者將這段歷史形容為「慘輸霜將軍」（General Frost）。至於「霜將軍」為何在日本成了「冬將軍」，來龍去脈不得而知，不過倒是成了民眾熟悉的氣象用語。

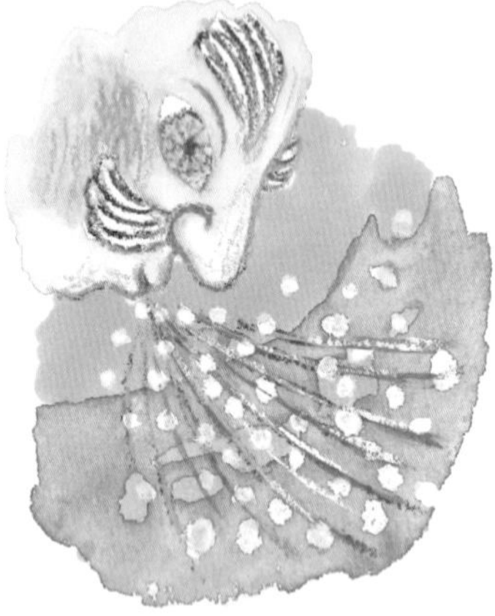

●今天的樂趣

【西伯利亞冷氣團】

這是指冬天在西伯利亞誕生的大陸冷氣團。來到日本附近時，冷氣團會在日本海上空吸收熱能與水蒸氣，為日本海沿岸帶來大雪。

【東京鐵塔完工日】

一九五八年（昭和三十三年）的今天，是綜合電波塔東京鐵塔完工的日子。現在東京鐵塔的職責已經交棒給東京晴空塔，但依然是許多人心目中的東京地標。

12月 師走

24日

距離元旦經過…………357 日

距離除夕尚有…………7 日

［二十四節氣］
冬至

［七十二候］初侯
乃東生

平安夜

平安夜是慶祝耶穌誕辰「聖誕節」的前一晚，全世界的教會都將在今晚舉辦彌撒，基督徒也會在這天禱告。聖誕樹、聖誕花圈、蠟燭等隨處可見的裝飾，其實都有各自的深刻含意。例如以冷杉等冬天也不凋零的常綠樹裝飾而成的聖誕樹，就象徵著「永恆」，點綴在樹頂的星星則是耶穌誕生之際的伯利恆之星。不過日本的聖誕節不太帶有宗教色彩，而是開派對、互贈禮物的日子。平安夜是大家熟悉的快樂年末盛事，瞭解它的由來及背景，也有另一番樂趣呢。

● 今天的樂趣

【平安夜】

「夜」是指節日的前一晚或前一天。在日語，「聖夜」也指平安夜。

【聖誕節裝飾】

聖誕節花圈的圓環造型意味著「永恆的愛」，冬青與松果等材料代表「收成」與祈禱新年豐收，四處點滿蠟燭則象徵著救世主基督耶穌的光芒普照眾生。

【末地藏】

日本人心中的孩童守護神——地藏菩薩今年最後的緣日也在今天。

◆ 季節的樂趣

【聖誕大餐】

日本人過聖誕節一定要吃烤雞或炸雞，其實這個習俗起源於烤火雞。一六〇〇年代，移民美國的英國人開始抓野火雞吃以慶祝豐收，後來這個習俗就在歐美流傳開來了。

12月　師走

25日

距離元旦經過…………358日
距離除夕尚有…………6日
［二十四節氣］
冬至
［七十二候］初候
乃東生

聖誕老人與三太九郎

今天一早，想必會有很多孩子發現枕畔或樹下放著禮物而興奮得蹦蹦跳跳吧。讓全世界小孩引頸企盼的聖誕老人，形象來自西元四世紀的基督教聖人——聖尼古拉斯。尼古拉斯將財寶分給貧民的故事，與聖誕節贈禮的習俗結合，便創造出了現在的聖誕老人形象。

在日本，聖誕老人從明治時代起逐漸廣為人知，在明治三十年出版的書將他描述成一位以「北國老爺爺　三太九郎（註）」名義送孩子禮物的人。

（註）聖誕老人（サンタクロース）與三太九郎（サンタクロー）諧音。

● 今天的樂趣

【聖誕節】

「聖誕節」就是耶穌的生日，又稱「耶誕節」。

【聖誕老人的形象】

拉著馴鹿、乘著雪橇的聖誕老人，是美國詩人在一八二〇年代所寫的詩中勾勒的形象。有些國家的聖誕老人非常獨特，像德國就有善良聖誕老人與邪惡聖誕老人，瑞典的聖誕老人則像小妖精一樣矮不隆咚。真希望「三太九郎」也能流傳下來……

【末天神】

在祭祀菅原道真的天滿宮，這天也是今年最後的緣日。

12月 師走

26日

距離元旦經過…………359日

距離除夕尚有…………5日

［二十四節氣］
冬至

［七十二候］初侯
乃東生

數日子

聖誕節結束後，日本的年末就會一口氣匆忙起來。我家也會撤除聖誕樹和花圈，解決剩下的蛋糕等餐點，正式開始除舊佈新，然後一邊想著這個也得做、那個也得做，折指頭倒數離除夕還剩幾天……這種日本家家戶戶都會出現的一瞬，稱為「數日子」，同時也是冬天的季語。在這幾天，被要事追著跑的焦慮與即將過年、輕飄飄的心會交織在一起，所以更要打起精神來好好度過。

●今天的樂趣

【數日子】

「數日子」（数え日）指掰手指為今年倒數，或指今年剩下的日子，也可以寫成「数へ日」，屬於比較新的季語。日本童謠〈新年〉開頭的歌詞「再睡幾天就過年了」，真是再應景不過了。

【職業棒球誕生日】

日本第一支職業棒球隊「大日本東京棒球俱樂部」（現在的讀賣巨人）於一九三四年（昭和九年）的今天誕生，為了紀念就制訂了「職業棒球誕生日」。

【觀音淨身】

「觀音淨身」是石川縣小松市那谷寺所舉行的年節儀式。人們將為十一面千手觀世音菩薩像清理灰塵，準備迎接新年。

◆季節的樂趣

【柚子】

柚子是這個季節的寶物，只在冬至（P406）泡柚子浴就太可惜了。把柚子皮切絲，撒在燉菜或湯裡便會香氣撲鼻，尋常菜色也能頓時充滿冬日氛圍。把柚子果汁當成柚子醋，也是很棒的醬汁。

12月 師走

27日

距離元旦經過…………360日

距離除夕尚有…………4日

［二十四節氣］
冬至

［七十二候］次侯
麋角解

什麼時候該擺正月裝飾？

門松、注連繩等正月裝飾，是新年不可或缺的吉祥物，還沒擺出來的人差不多也該起身準備了。這些正月裝飾都是為了新年之神——年神所擺的，所以自古以來，日本人就相信若沒在年內將擺好，容易招來厄運。

很多人都以為正月裝飾只要趕在年內擺好就行，但日本人凡事都會討個吉利。二十九日有「苦待」（くまつ、因同「九松」）、「二重苦」（にじゅうく，音同「二十九」）等負面含意，挑在三十一日擺又會變成「一夜飾」，因此一般都會盡量避開這兩天。要擺正月裝飾的話，今天、明天、以及十二月三十日這三天就是最後機會了。

●今天的樂趣

【麋角解】

「麋」指的是駝鹿等大型鹿，棲息於訂定七十二候的中國。雄鹿會不斷長新角，每到這個季節便脫落。

【形形色色的正月裝飾】

•**門松**…左右成對擺在玄關或門口，讓年神降臨時附在上面。門松有「祭祀」（まつる）、「等待」（まつ）等含意，將門松擺出來就是在告訴年神「我家已經準備好招待您了」。

•**注連繩**…注連繩象徵神聖的場所，掛上注連繩代表家裡非常清淨，足以迎接神明。此外，注連繩也是將不乾淨的東西擋在家門外的結界。

•**鏡餅**…鏡餅是一種又圓又扁的年糕，造型模仿自讓神明降臨的銅鏡，是獻給年神的供品。

【淺草仲見世紀念日】

一八八五年（明治十八年）的今天，東京淺草寺門前的仲見世商店街重新開幕，為了紀念便制訂了這個日子。

12月 師走

28日

距離元旦經過…………361 日

距離除夕尚有…………3 日

［二十四節氣］
冬至

［七十二候］次侯
麋角解

御用納與仕事納

今天或許是一年之中聽到最多「辛苦了」的日子吧。行政機關及公共設施將在今天迎接「御用納」結束今年的辦公，不少企業及商店也仿效政府，選在今天「仕事納」結束工作。

年末收工的風景各不相同，不過許多公司都會在收工後邀員工小酌一番，有的則是請所有職員一起大掃除。在感謝這一年來於工作上協助我們的人、事、物的同時，也別忘了對自己說聲「辛苦了！」覺得「家事哪有在收工！」的人，不妨也在今天放一天假，慰勞一下自己吧。

●今天的樂趣

【御用納】
「御用納」是指公家機關結束今年的辦公，日期大多為十二月二十八日。相對的，開工日「御用始」則大多訂在一月四日。

【返鄉車潮】
趕在年假期間返鄉過年的車潮，差不多要開始湧現了。出國旅遊的人潮也陸續擠滿機場。雖然塞車令人疲憊，但一想到接下來就能悠哉放假，這點辛苦也不算什麼了。

12月 師走

29日

距離元旦經過…………362日

距離除夕尚有…………2日

［二十四節氣］冬至

［七十二候］次候 麋角解

準備年菜

婆婆家每年都會準備正統年菜。「今天要弄鯡魚子和蜜黑豆！」、「明天要煎伊達卷、切煮染要用的蔬菜……」婆婆總會像這樣擔任指揮官，大家一起熱熱鬧鬧在廚房忙進忙出。

每次準備年菜，都會深刻體會到這些菜煮起來有多費功夫。為了祭拜神明、與家人一起吃新年的第一道飯，古人不曉得花了多少心思來構思年菜。即使現在民眾的生活習慣、口味都跟以前不同，但年菜的吉利始終不變。希望這每一道菜的由來與好兆頭，都能代代相傳下去。

●今天的樂趣

【年菜】

年菜在日文叫做「御節」（おせち）。原本季節交替之際祭拜神明的料理稱為「節供」，之後演變成「御節」，最後就專指年菜了。為了祈求「喜氣重重」，年菜都會裝在重箱（套盒）裡。

- **鯡魚子**：就是鯡魚卵，數不清的魚卵象徵多子多孫。
- **蜜黑豆**：「豆」（まめ）與「硬朗」（まめ）諧音，代表健康平安。
- **佃煮小魚**：沙丁魚苗是農田的肥料之一，象徵豐收。
- **紅白魚板**：紅代表喜慶，白則有淨化的含意。
- **栗金團**：「金團」是指金色的棉被（布団），象徵生意興隆。
- **紅白泡菜**：模仿婚喪喜慶常用的紅白裝飾「水引繩」。
- **昆布卷**：「昆布」（こんぶ）與「喜慶」（よろこぶ）諧音。
- **伊達卷**：造型如卷軸，象徵知識與文化。

【福之日】

「福之日」是瞭解正月儀式原本的含意及由來並招攬福氣的一天。之所以訂在今天，是因為新年前的二十九日可以唸成「福氣」（ふく）。

12月　師走

30日

距離元旦經過…………363日

距離除夕尚有…………1日

［二十四節氣］
冬至

［七十二候］次候
麋角解

壓歲錢

小時候說到過年，總會特別期待領「壓歲錢」，不過現在已經完全反過來，不是「領」壓歲錢而是「包」壓歲錢了。我都會想著外甥和姪子高興的小臉，一面在紅包袋上寫下他們的名字。

壓歲錢在日文最早叫做「年玉」，也就是獻給年神的供品。內容依地區而不同，有些是年糕，有些是用紙包起來的米，起源於和家人、親戚一同分享「來自神明的贈禮」。「玉」則是從「賜」（尊者賜予的東西）變化而來的。因為這層背景的緣故，若要包紅包給長輩，就不能稱「壓歲錢」而要改稱「賀歲錢」（お年賀），並裝入繫有紅白水引繩的禮金袋或紅包袋裡，才符合禮數。

●今天的樂趣

【紅包袋】

「紅包袋」（ポチ袋）是包壓歲錢或禮金時不可或缺的工具，語源眾說紛紜，不過一般都認為來自「一點薄禮」（これっぽっち）。這種把錢包進袋子裡，一面說著：「小小心意，還請笑納……」一面遞給對方的模式，充分展現了日本人的含蓄與優雅。

【年終收盤】

只要沒和週六或週日重疊，各地證券交易所就會在今天收盤。每年東京證券交易所還會邀請年度紅人到場，敲響收盤的鐘聲。

12月　師走

31日

距離元旦經過…………364日

大晦日

［二十四節氣］
冬至

［七十二候］次候
麋角解

除夕

今天是一年的最後一天「除夕」。除夕在日文稱為「大晦日」，原本「晦日」是指農曆每個月的最後一天，但由於一年的尾聲是最重要的日子，古人便加上「大」字，稱之為「大晦日」。

可是為什麼這天非常重要呢？因為日本人還在使用農曆時，一天是從日落開始計算的。換言之，新年之神——年神將在夜裡造訪，因為除夕夜就算是「元日」了。

很多家庭都會允許孩子在這天熬夜守歲，我小時候遇到除夕也都很興奮，因為可以體會大人晚睡的感覺。其實這是通宵迎接年神所遺留下來的習俗，就連「除夕夜早睡會長白頭髮」、「皺紋會增加」等討人厭的傳說也一併留了下來。今晚前往神社寺廟跨年並新年參拜，也是源於一家之主守在氏神神社迎接年神的傳統「年籠」。

除夕在日文別名「除日」，當晚則稱

●今天的樂趣

【除夕】

「晦日」又讀為「こづもり」，所以也有人稱「除夕」（大晦日）為「おおつごもり」

【除夕夜敲鐘】

所謂「煩惱」，就是一〇八種污染身心、令人痛苦的念頭。也有人認為一〇八是十二月、二十四節氣、七十二候數字加總

為「除夜」，由來是「除去舊的一年」。而除去的舊年裡，也包含了我們的煩惱與罪孽。

今天各地寺院都會敲響一〇八下鐘聲，象徵除去人類的一〇八種煩惱。一想到肅穆的鐘聲將帶走我們的憂愁，就覺得能聽聞鐘聲是一種福氣。

另一方面，神社也會舉辦「年越祓」（大祓）儀式，將一年來累積在我們身心的罪孽轉移到紙人身上，藉此淨化身心。

借助神明和佛祖之力為一年收尾，是與神佛和睦相處的日本獨特的風景。感謝今年的庇佑，明年也請多指教——隨著人們的祈禱，夜逐漸深了。

（十二、二四、七二）。當鐘聲敲完一〇八下，一整年便平安結束了。

【紅白歌唱大賽】

「紅白歌唱大賽」是日本的國民歌唱節目，由紅組與白組分庭抗禮，演唱每年的當紅歌曲及過去的經典名曲。第一屆於一九五一年（昭和二十六年）一月三日透過廣播電台播放，一九五三年（昭和二十八年）起則改由電視播放。

【跨年蕎麥麵】

除夕吃蕎麥麵的習俗是在江戶時代中期流傳開來的。蕎麥麵一切就斷，代表能切割厄運與辛勞，細長的麵條則象徵著長壽。

2月 如月

29日

四年一度的閏年——二月二十九日

「閏年」是為了調整曆法與實際季節的落差而額外增設日或月的年仨。採用新曆的我們，每四年就會遇到一次閏年。

閏年會在西洋年整除四的時候到來，最近一次是二〇二〇年。為什麼是四年一度呢？祕密就在於「一年」下來，「地球繞行太陽的時間」。

嚴格測量一年的時間，會發現並非三百六十五天，而是三百六十五．二四二一九九天。將小數點以下的「〇．二四二一九九」四捨五入，四年的量大約就是一天，因此每四年才會多設一天二月二十九日來調整。不過，這個「大約一天」也只是粗略估算而已。為了消除誤差，十六世紀的羅馬教皇額我略十三世制訂了兩個複雜的規則：一、如二一〇〇年可以整除一百的年份，視為平年；二、如二〇〇〇年可以整除四百的年份，視為閏年。這正是新曆別稱「額我略曆」（格里曆）的由來。

可是為什麼要以二月二十九日為閏日呢？原因眾說紛紜，最可信的說法是受到額我略曆的根源——古羅馬曆法的影響。在古羅馬，二月

是一整年的最後一個月，原本就只有二十八天，許多宗教儀式與年節活動都在此月舉行。後來一年的第一個月變成一月，最後一個月變成十二月，但為了在額我略曆上制訂閏日，便選擇了古代別具意義的「最後一個月」設置二月二十九日。

日本採用新曆後不久，明治天皇就在一八九八年（明治三十一年）公布了「閏年相關飭令」制訂法律上的閏年時機。不過，這個法律的閏年標準並非西曆，而是「皇紀」。明治天皇以初代天皇——神武天皇即位的西元前六百六十年為「元年」，設立了日本獨特的紀元。例如二〇一九年就會加上六六〇，也就是皇紀二六七九年。「閏年相關飭令」將能用四除盡的皇紀視為閏年，減去六六〇後可用一百除盡的皇紀視為平年，而可用四百除盡的皇紀也視為閏年。

日本有句玩笑話「二月二十九日出生的人每四年才增加一歲」，其實在閏日出生就跟在其他天過生日一樣，每年都會增加一歲。日本法律規定國民「在生日前一晚的二十四點即多一歲」，因此潤日出生的人在二月二十八日深夜迎來二十四點的瞬間，就會長一歲。

讓三百六十五天更有趣的曆法知識

【農曆與新曆】

古人依據日月及季節變化創造了各種曆法，農曆與新曆也不例外。

日本的農曆又叫「太陰太陽曆」，以新月變成滿月又變回新月的期間為「一個月」，而地球繞行太陽一周的期間為「一年」。據說這個曆法誕生於中國，約在六世紀傳入日本。不過日本現在用的農曆其實是配合日本的生活不斷改良，直到江戶時代後期天保年間（一八三一年至一八四五年）才出現的「天保曆」。

相對的，新曆就是我們現在所用的曆法，別稱「格里曆」，它將地球繞太陽一周的時間訂為「一年」，又把一年訂為「三百六十五天」。世界各國都採用這個曆法，日本則是在一八七二年（明治六年）採用。

【二十四節氣】

二十四節氣是從中國傳入日本的曆法，它依據太陽的運行劃分出季節節令，把一年分成二十四等分，所以一個節氣是十五天。

一年之中有「二至二分」，分別是太陽高度最高的夏至、太陽高度最低的冬至，以及介於兩者之間的春分及秋分，這四天也是春夏秋冬各季的中間日。另外，代表季節開始的立春、立夏、立秋、立冬（四立）跟二至二分又合稱為「八節」，八節再分成三等分便是「二十四節氣」。為了標明季節的變化，古人替各個節氣取了意義雋永的名稱來表示天氣和農作物的生長情況。

【七十二候】

七十二候是把二十四節氣又分成三等分的曆法，也就是把一年分成七十二等分，一候約是五天。七十二候的候名跟二十四節氣一樣表現了季節變化，但描寫得更加具體。

七十二候跟農曆及二十四節氣一樣，皆誕生於中國古代，但傳入的候名很多都不符合日本的風土民情，因此日本自己發展出了獨具特色的候名。本書採用的候名是參考江戶時代附有漢字且淺顯易懂的寶曆曆及寬政曆，並佐以現代日文標音。

四季	二十四節氣	七十二候
春	立春	東風解凍
		黃鶯睍睆
		魚上冰
	雨水	土脈潤起
		霞始靆
		草木萌動
	驚蟄	蟄蟲啓戸
		桃始華
		菜蟲化蝶
	春分	雀始巢
		櫻始開
		雷乃發聲
	清明	玄鳥至
		鴻雁北歸
		虹始見
	穀雨	葭始生
		霜止出苗
		牡丹華
夏	立夏	蛙始鳴
		蚯蚓出
		竹笋生
	小滿	蠶起食桑
		紅花榮
		麥秋至
	芒種	螳螂生
		腐草為螢
		梅子黃
	夏至	乃東枯
		菖蒲華
		半夏生
	小暑	溫風至
		蓮始開
		鷹乃學習
	大暑	桐始結花
		土潤溽暑
		大雨時行
秋	立秋	涼風至
		寒蟬鳴
		蒙霧升降
	處暑	綿柎開
		天地始肅
		禾乃登
	白露	草露白
		鶺鴒鳴
		玄鳥去
	秋分	雷乃收聲
		蟄蟲坏戸
		水始涸
	寒露	鴻雁來
		菊花開
		蟋蟀在戸
	霜降	霜始降
		霎時施
		楓蔦黃
冬	立冬	山茶始開
		地始凍
		金盞香
	小雪	虹藏不見
		朔風拂葉
		橘始黃
	大雪	閉塞成冬
		熊蟄穴
		鱖魚群
	冬至	乃東生
		麋角解
		雪下出麥
	小寒	芹乃榮
		水泉動
		雉始雊
	大寒	款冬華
		水澤腹堅
		雞始乳

【雜節】

雜節是二十四節氣以外的季節節令，對日本人而言是別具意義的節日。原本雜節只記載於農曆上，但因為和生活緊密連結，現在許多月曆和行事曆也都會記載雜節。

本書選錄的雜節有：「節分」（P46）、「彼岸」（P94、P304）、「八十八夜」（P147）、「入梅」（P191）、「半夏生」（P215）、「土用」（P234）、「二百十日」（P282）、「二百二十日」（P295）。

【五節】

五節是指將當季時令供奉給神明、大家一同歡慶的五個年節活動。原本只有貴族才過五節，自從江戶時代幕府將五節設為國定假日後便普及到民間了。

1月7日	3月3日	5月5日	7月7日	9月9日
人日節	上巳節	端午節	七夕節	重陽節

【十二支】

古人習慣用天干地支標記年月日。現在我們聽到「干支」通常會想到十二生肖，其實這與「天干」搭配起來共有六十種組合。「戊辰戰爭」、「壬申之亂」等歷史事件就是用天干地支代表的年份命名的。兵庫縣的阪神甲子園球場也是因為在「甲子」年（一九二四年）落成而有了這個名字。人們將虛歲六十一歲稱為「還曆」並大肆慶祝，也是因為天干地支組成的六十年過了整整一輪，又回到了一開始。

此外，地支不只能標記日月，也用來記錄方位和時刻。例如代表鬼門的「丑寅方」（東北方），以及「午前」、「正午」、「午後」等詞就是由此流傳下來的。

天干

甲	乙	丙	丁	戊
己	庚	辛	壬	癸

地支

子	丑	寅	卯	辰	巳
午	未	申	酉	戌	亥

地支 方位

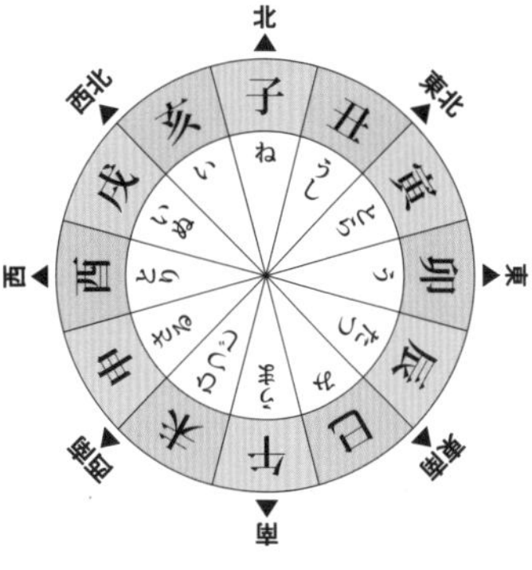

地支　時刻

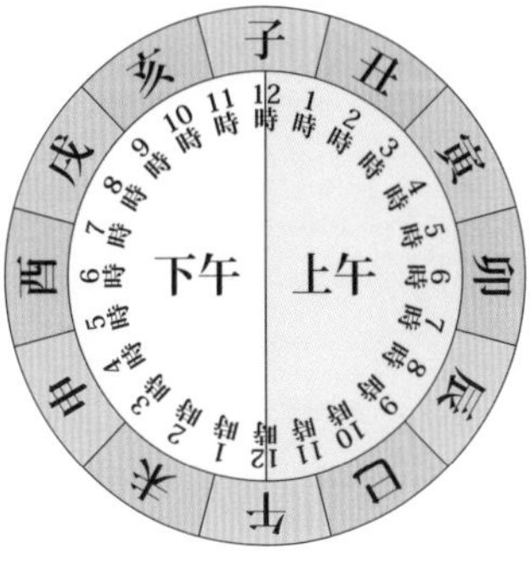

天干地支表

甲子 きのえ ね	甲戌 きのえ いぬ	甲申 きのえ さる	甲午 きのえ うま	甲辰 きのえ たつ	甲寅 きのえ とら
乙丑 きのと うし	乙亥 きのと い	乙酉 きのと とり	乙未 きのと ひつじ	乙巳 きのと み	乙卯 きのと う
丙寅 ひのえ とら	丙子 ひのえ ね	丙戌 ひのえ いぬ	丙申 ひのえ さる	丙午 ひのえ うま	丙辰 ひのえ たつ
丁卯 ひのと う	丁丑 ひのと うし	丁亥 ひのと い	丁酉 ひのと とり	丁未 ひのと ひつじ	丁巳 ひのと み
戊辰 つちのえ たつ	戊寅 つちのえ とら	戊子 つちのえ ね	戊戌 つちのえ いぬ	戊申 つちのえ さる	戊午 つちのえ うま
己巳 つちのと み	己卯 つちのと う	己丑 つちのと うし	己亥 つちのと い	己酉 つちのと とり	己未 つちのと ひつじ
庚午 かのえ うま	庚辰 かのえ たつ	庚寅 かのえ とら	庚子 かのえ ね	庚戌 かのえ いぬ	庚申 かのえ さる
辛未 かのと ひつじ	辛巳 かのと み	辛卯 かのと う	辛丑 かのと うし	辛亥 かのと い	辛酉 かのと とり
壬申 みずのえ さる	壬午 みずのえ うま	壬辰 みずのえ たつ	壬寅 みずのえ とら	壬子 みずのえ ね	壬戌 みずのえ いぬ
癸酉 みずのと とり	癸未 みずのと ひつじ	癸巳 みずのと み	癸卯 みずのと う	癸丑 みずのと うし	癸亥 みずのと い

参考文献

福田アジオ、菊池健策、山崎祐子、常光徹著、福原敏男『知っておきたい日本の年中行事事典』(吉川弘文館)
学研辞典編集部編『今日は何の日? 年中行事・記念日事典』(学習研究社)
日本記念日協会編、加瀬 清志『すぐに役立つ 366 日記念日事典』(創元社)
講談社編『365 日「今日は何の日か?」事典』(講談社)
新谷尚紀『絵でつづるやさしい暮らし歳時記』(日本文芸社)
広田千悦子『くらしを楽しむ七十二侯』(泰文堂)
『晋遊舎ムック 七十二候がまるごとわかる本』(晋遊舎)
白井明大『日本の七十二候を楽しむ―旧暦のある暮らし―』(東邦出版)
冷泉為人『五節供の楽しみ』(淡交社)
生活たのしみ隊編『春夏秋冬を楽しむくらし歳時記』(成美堂出版)
平野恵理子『にっぽんの歳時記ずかん』(幻冬舎)
三越伊勢丹『三越伊勢丹日本の年中行事暮らしアルバム』(マガジンハウス)
広田千悦子『にほんのお福分け歳時記』(主婦の友社)
角川学芸出版編『合本俳句歳時記』(角川学芸出版)
三越『日本を楽しむ年中行事』(かんき出版)
夏生一暁『日々の歳時記』(PHP 研究所)
『晋遊舎ムック日本の祭りがまるごとわかる本』(晋遊舎)
菅田正昭『日本の祭り 知れば知るほど』(実業之日本社)
関根久夫『埼玉の日本一風土記』(幹書房)
鳩居堂監修『鳩居堂の日本のしきたり豆知識』(マガジンハウス)
永田美穂監修『面白くてためになる!日本のしきたり』(PHP 研究所)
日本の暮らし研究会『日本のしきたりがよくわかる本』(PHP 研究所)
飯倉晴武『日本人のしきたり』(青春出版社)
高橋順子『雨の名前』(小学館)
高橋健司『空の名前』(角川書店)
高橋順子『風の名前』(小学館)
倉嶋厚、原田稔 編著『雨のことば辞典』(講談社)
多摩六都科学館監修、森山晋平『夜空と星の物語 日本の伝説編』(PIE International)
柴田晋平ほか『星空案内人になろう!』(技術評論社)
國學院大學日本文化研究所 編『縮刷版 神道事典』(弘文堂)
平藤 喜久子『日本の神様と楽しく生きる―日々ご利益とともに―』(東邦出版)
三橋健、平井かおる『暮らしのしきたりと日本の神様』(双葉社)
戸部民夫『「日本の神様」がよくわかる本』(PHP 研究所)
川口謙二『日本の神様読み解き事典』(柏書房)
茂木貞純『知識ゼロからの伊勢神宮入門』(幻冬舎)
神社本庁監修『神社のいろは』(扶桑社)
神社本庁監修『神社のいろは 続』(扶桑社)
村越英裕『仏教のしきたりと季節の伝統行事』(笠倉出版社)
長田幸康『知識ゼロからの仏教入門』(幻冬舎)
瓜生中『知識ゼロからのお寺と仏像入門』(幻冬舎)
大江吉秀、田中ひろみ『日本のほとけさまに甘える―たよれる身近な17仏―』(東邦出版)
環境デザイン研究所編『花の七十二候』(誠文堂新光社)
高橋治『くさぐさの花』(朝日新聞出版)
岩槻秀明『散歩の樹木図鑑』(新星出版社)
岩槻秀明『街でよく見かける雑草や野草のくらしがわかる本』(秀和システム)
木村正典『二十四節氣の暮らしを味わう日本の伝統野菜』(ジー・ビー)
藤田智監修、丹野清志『[四季を味わう] ニッポンの野菜』(玄光社)
吉田企世子『旬の野菜の栄養事典』(エクスナレッジ)
高橋書店編集部編『からだにおいしい野菜の便利帳 伝統野菜・全国名物マップ』(高橋書店)
細川博昭『身近な鳥のすごい事典』(イースト・プレス)
叶内拓哉『日本の鳥 300』(文一総合出版)
日本酒サービス研究会・酒匠研究会連合会監修『初歩からわかる日本酒入門』(主婦の友社)
大森正司『おいしい「お茶」の教科書』(PHP 研究所)
鈴木昶『食べるくすりの事典』(東京堂出版)
瀬戸内和美『日本の知恵ぐすりを暮らしに―身近な食材でからだ調う―』(東邦出版)
青木直己『図説 和菓子の歴史』(筑摩書房)
吉沢久子『心を届ける。和菓子と暮らしの歳時記』(主婦の友社)
鳥越美希『暮らしの歳時記 お茶と和菓子の十二カ月』(ピエ・ブックス)
講談社編『旬の食材春の魚』(講談社)
講談社編『旬の食材夏の魚』(講談社)
講談社編『旬の食材秋の魚』(講談社)
講談社編『旬の食材冬の魚』(講談社)
生田與克『築地魚河岸仲卸直伝 おいしい魚の目利きと食べ方』(PHP 研究所)
産経新聞編集局『食に歴史あり ～洋食・和食事始め～』(産経新聞出版)
山下景子『手紙にそえる季節の言葉 365 日』(朝日新聞出版)
辻和子『歌舞伎の解剖図鑑』(エクスナレッジ)
河合敦『日本人は世界をいかにみてきたか』(ベストセラーズ)
中村明蔵『薩摩民衆支配の構造:現代民衆意識の基層を探る』(南方新社)
桜井慎太郎『図解 UFO』(新紀元社)
装道礼法きもの学院『入門初修課程理論編』(装道出版局)
鈴木淑弘『< 第九 > と日本人』(春秋社)
園田英弘『忘年会』(文藝春秋)
千葉公慈『知れば恐ろしい 日本人の風習』(河出書房新社)
岡田芳朗『明治改暦―「時」の文明開化』(大修館書店)
『広辞苑 第七版』(岩波書店)
小学館『日本大百科全書』(小学館)
『ブリタニカ国際大百科事典(小項目電子辞書版)』(ブリタニカ・ジャパン)
平野彦次郎『故事熟語字典』(金昌堂)
日本史広辞典編集委員会編『山川日本史小辞典』(山川出版社)